図録 知的財産法

前田　健・金子敏哉・青木大也　編

麻生　典
小嶋崇弘
小島　立
佐藤　豊
澤田悠紀
髙野慧太
武生昌士
谷川和幸
中山一郎
西井志織
長谷川遼
平澤卓人
比良友佳理
渕麻依子
山根崇邦
吉田悦子

著

弘文堂

はしがき

　本書は、知的財産法について、中学・高校の社会科の授業で使っていたような「資料集」を作ろうというものです。知的財産法という科目は、文章による説明だけでは十分に伝わらないことも多く、発明や著作物の写真などを実際に見てもらわないと説明ができないこともたくさんあります。個々の教員の方々が授業の中で適宜補ってこられたものと思いますが、私たちは、誰もが参照できるような標準的な資料集を作りたいと考えました。幸い、この企画には『図録日本国憲法』という偉大な「先輩」がいました。私たちは同書も参考にしながら企画を練り、ようやく完成に至ったのが本書です。

　こうして完成した本書『図録知的財産法』には、次の3つの特徴があります。

　第1に、本書は、知的財産法のうち特許法、著作権法、商標法、意匠法、不正競争防止法などを取り扱っています。知的財産法の主要な法分野を網羅していますが、すべての事項を取り上げているわけではありません。知的財産法のエッセンスを伝えることを主眼に置きつつ、特に図表や写真を見せたほうがわかりやすくなる事項を重点的に扱っています。一方で、普通の教科書ではあまり取り上げられない「映画・ゲームと著作権」や「特許を使ったイノベーション戦略」といった最新の話題や、「デザインの法的保護」といった分野横断的な話題を取り上げています。これにより知的財産法に対して心から興味をもってもらい、より深い学習への端緒となることを狙っています。

　第2に、本書は、法学部で初めて知的財産法を学ぶ学生だけでなく、他学部の学生でも十分に理解できるよう、平易に解説をすることを心がけました。知的財産法は、いまや創作活動・表現活動やそれにまつわるビジネスに従事するすべての人にとって必修の法律になりつつあります。大学でも、理科系の学生や芸術系の学生に対して知的財産法の講義を提供するところがどんどん増えていっていると思います。本書は、そのような法律に必ずしも親しんでいない人にも、知的財産法のエッセンスをつかんでもらえるものとなっていると自負しています。

　第3に、本書の執筆陣には、若手を中心に知的財産法の第一線で活躍している研究者を揃えています。いずれも、担当の分野での豊富な研究経験と教育経験を有しています。数多くの大学における教育経験で培ったノウハウを集積することで、ひとりの教員では決して作成することのできない充実した資料集になるとともに、どのような授業でも参照しうる標準的なものとなったと思います。知的財産法の基本を一通り勉強したい人にとっても、美術・デザインの知的財産保護といった特定の分野にフォーカスして知的財産法を学びたい人にとっても、その需要に耐えうる豊富な資料を用意できたと思います。

　本書の完成に至るまでは、多くの方にお世話になりました。特に、弘文堂編集部の登健太郎さんの貢献には筆舌に尽くしがたい多大なものがありました。本書の企画の立ち上げから、原稿のチェック、掲載写真の許諾の取得に至るまで、すべて登さんのお力により実現できたことです。また、デザイナーの宇佐美純子さんには、執筆者の無茶な要求に丁寧に応えてくださり、わかりやすくセンスのよい図表やイラストを作成いただきました。おふたりのご尽力がなければ本書を完成することはできませんでした。この場を借りて深く御礼申し上げます。

執筆者を代表して
前田健　金子敏哉　青木大也

目次

1 知的財産法とは

I　知的財産法の歴史

1 知的財産法の歴史

知的財産法の制度としての歴史は意外と古く、たとえば特許に関しては15世紀に遡ります。特に17世紀にイギリスで専売条例が誕生すると、18世紀以降、ヨーロッパ各国、そしてアメリカ等で相次いで特許制度が導入されていきました。

一方、著作権法については、(それまでも出版業者を保護する法律等はありましたが)1709年(1710年という見方もあります)にイギリスで登場したアン女王法が著名です。

日本では、(それまでも条例等による保護はありましたが)1899 (明治32) 年に現代に通じる特許法、著作権法が制定されました(☞6-1②、17-1②)。

↓アン女王法

public domain

2 知的財産法を活用した偉人たち

有名な発明家である**トーマス・エジソン**は、特許制度を活用した人物でもありました。たとえば右に紹介している電灯の図は、実際にエジソンの取得した特許に関する特許公報に掲載された図面にあるものです。

また日本人では、たとえば現在のトヨタグループの創始者である**豊田佐吉**が挙げられるでしょう。豊田が最初に取得した特許は、右に紹介している木製人力織機に関するものでした。その後豊田は、自動織機の開発等、目覚ましい成果を挙げていくことになります。

↓エジソン(左)と「電灯」(右)

public domain および特許公報

↓豊田佐吉(左)と「豊田式木製人力織機」(右)

public domain および特許公報

II　知的財産法の種類

知的財産とは、「発明、考案、植物の新品種、意匠、著作物その他の人間の創造的活動により生み出されるもの……、商標、商号その他事業活動に用いられる商品又は役務を表示するもの及び営業秘密その他の事業活動に有用な技術上又は営業上の情報」とされています(知的財産基本法2条1項)。それを保護するのが知的財産法ということになりそうですが、知的財産法という名の、そのものズバリの法律があるわけではありません。右図のように、知的財産を保護するために、それに対応したさまざまな法律が定められています。たとえば、発明を保護するための特許法、商標を保護するための商標法といった具合です。こういった法律をまとめて、知的財産法と呼んでいるのです。なお、知的財産の保護等に関する原則を示すものとして、先ほど触れた知的財産基本法がありますが、具体的な制度を定めているわけではありません。

さまざまある知的財産法を分類する1つの視点として、**創作法**と**標識法**という区別があります。創作法は、知的財産の創作を促進することを目的とした法のことです。たとえば、発明を奨

↓知的財産法の種類

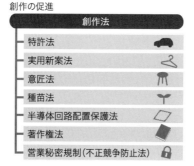

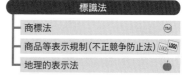

特許庁「2020年度知的財産権制度入門テキスト」をもとに筆者作成

励するために、新しい発明に特許を付与する特許法は、創作法に分類されます。一方標識法は、業務上の信用の保護を目的としています。商標を保護する商標法は、その商標に蓄積された業務上の信用を保護するための法律ですので、標識法に分類されます。もちろんこれ以外にも、たとえばその法律を所管する官庁による分類(たとえば、特許法や意匠法は特許庁、著作権法は文化庁といった具合)や、その保護に特別な手続を必要とするもの(たとえば、特許法による保護を受けるためには、発明について出願という手続きをとる必要があります)とそうでないものという分類もあります。

★○×問題でチェック★

問1　知的財産法は第二次世界大戦後にできたものである。
問2　知的財産法という名前の法律がある。

創作法	特許法	発明を保護する法律。保護を受けるためには要出願。保護期間は出願から20年
	実用新案法	（発明よりも簡易な）考案を保護する法律。保護を受けるためには要出願 保護期間は出願から10年
	意匠法	意匠（デザイン）を保護する法律。保護を受けるためには要出願 保護期間は出願から25年
	種苗法	植物の新品種を保護する法律。保護を受けるためには要出願 保護期間は登録から25年
	半導体回路配置保護法	半導体集積回路の回路配置を保護する法律。保護を受けるためには要申請 保護期間は登録から10年
	著作権法	著作物（コンテンツ）を保護する法律。保護を受けるための手続きは不要 保護期間は創作時から著作者の死後70年
	営業秘密規制（不正競争防止法）	不正競争防止法はさまざまな不正競争行為を規制する法律であり、営業秘密（企業秘密）の不正利用もその1つ。保護を受けるための手続きは不要だが、秘密としての情報管理をしていたか等が問われる
標識法	商標法	商標（トレードマーク）を保護する法律。保護を受けるためには要出願 保護期間は登録から10年で、更新が可能
	商品等表示規制（不正競争防止法）	不正競争防止法は、一定の要件を充たす商品等表示（トレードマーク）の保護も定める。保護を受けるための手続きは不要だが、商標法と比べて保護の請求時に要求される要件が厳しい
	地理的表示法（GI法）	特産品の農林水産物等の名称（地理的表示）を保護する法律 私的な権利を付与するものではなく、国がニセモノを規制する制度

筆者作成

各法律の概略は上図のとおりです。このうち不正競争防止法（不競法）は、さまざまな不正競争行為を規制する法律であり、その中には、創作法的なものから、標識法的なものまで含まれています。なお、ここに挙げた以外にも、たとえば芸能人の顔写真等に関する顧客吸引力は、**パブリシティ権**（☞32）として民法上の保護を受けますし、また会社名（**商号**）については商法や会社法で特別な保護が与えられており、こういったものも、知的財産を保護する制度ということができるでしょう。

III 顔真卿事件

↓事件の概要

| X（財団法人書道博物館）
顔真卿真蹟の「顔真卿自書建中告身帖」を所有 | →（所有権侵害だ！） | Y（有限会社書芸文化新社）
書籍・和漢墨宝選集第二四巻「顔真卿楷書と王澍臨書」を出版 |

筆者作成

↓顔真卿自書告身帖

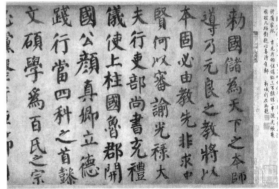

台東区立書道博物館所蔵

知的財産のように形のないもの（**無体物**と呼びます）と、物理的に存在するもの（**有体物**と呼びます）との関係はどうなっているのでしょうか。

その一端が問題となったのが、顔真卿事件（最高裁昭和59年1月20日判決）です。原告Xは中国唐代の著名な書家である顔真卿の自筆である「顔真卿自書建中告身帖」を所有していました（もちろん「自書告身帖」は大変古いものなので著作権による保護は受けません）。被告Yは出版社で、「自書告身帖」の前の所有者の承諾のもとで写真撮影された「自書告身帖」の写真乾板を譲り受け、これを利用して、書籍に「自書告身帖」の写真を掲載しました。原告Xは、被告Yの行為が原告Xの「自書告身帖」に関する**所有権**の侵害であるとして、訴訟を提起しました。

最高裁は、「第三者が有体物としての美術の著作物の原作品に対する排他的支配権能をおかすことなく原作品の著作物の面を利用したとしても、右行為は、原作品の所有権を侵害するも

のではない」として、原告Xの請求を認めませんでした。裁判所は、いくら有体物としての美術品を所有しているといっても、その所有権は、あくまでその美術品の「有体物の面に対する排他的支配権能」にすぎないのであって、知的財産法のカバーするような無体物の面には及ばないとしているのです。現物である有体物と、それに化体している知的財産とは、区別して理解する必要があります。

↓顔真卿

public domain

2　知的財産法は何のためにあるのか

I　功利主義と権利論（インセンティブ論と自然権論）

1　功利主義

　知的財産法の存在理由をめぐっては、古くから2つの考え方が唱えられてきました。1つが功利主義（インセンティブ論）です。功利主義とは、制度の正当性をそれが人々にもたらす結果（帰結）によって判断する立場のことです。**ベンサム**の「最大多数の最大幸福」をその理念とします。功利主義によれば、知的財産法の存在意義は、創作を奨励し、創作物の豊富化を促すことで、社会全体の便益を増大させる点にあるというわけです。

↓功利主義・インセンティブ論

> 制度や政策の正当性をそれが人々にもたらす**結果（帰結）**によって判断する立場
>
> 社会が知的財産制度を創設し維持すべき理由は、それが**社会全体の便益を増大させる**から。これに反する結果を生じさせる制度や政策は正当化しえない

筆者作成

↓ベンサム

public domain

2　権利論

　もう1つが権利論（自然権論）です。権利論とは、他の社会的な目標よりも個人の権利保障に優先的な価値を認める立場のことです。**ロック**の労働所有論、**カント**や**ヘーゲル**の人格的自律論、ドイツの**基本権論**などをその理念とします。権利論によれば、知的財産法の存在意義は、創作者にその創作の成果に対する権利を保障する点にあるというわけです。

↓権利論・自然権論

> ある制度や政策を実現するうえで他の社会的な目標よりも**個人の権利を保障すること**に優先的な価値を認める立場
>
> 社会が知的財産制度を創設し維持すべき理由は、知的財産の創作者にその**創作の成果に対する権利**を保障するため。創作者への権利の割り当てを犠牲にするような制度や政策は、社会に便益をもたらすものであったとしても正当化しえない

筆者作成

↓ロック　　↓カント　　↓ヘーゲル

public domain　　　public domain　　　public domain

3　功利主義・権利論からみた知的財産法の構造

↓功利主義・権利論からみた知的財産法の構造

> **特許法**
> 発明をしただけでは特許権を付与せず、その発明について特許出願をなし、新規性や進歩性等の特許要件の審査をクリアして、登録料を納付した出願人に対してのみ特許権を付与
> →**功利主義と親和的**
>
> **著作権法**
> 社会全体の福利増進やインセンティブの付与に必要がなくても、著作物を創作すれば、創作と同時に、創作をした者に著作者人格権と著作権が自然発生
> →**権利論と親和的**

筆者作成

　特許法は、特許出願され特許要件の審査を通過した発明についてのみ権利を付与しています。産業の発達に寄与しうるものを選別している点で、特許法は功利主義的といえます。一方、著作権法は、その権利がもたらす帰結にかかわらず著作物を創作した者に創作と同時に権利を自動的に認めますが、この点で権利論的といえます。

II　知的財産法をとりまく環境の変化

1　特許法の危機

　特許法をとりまく近年の環境の変化は、特許法の存在意義にも影響を与えています。たとえば、スマートフォンに代表される電子機器の分野では、1つの製品に極めて多数の特許が関係しており、権利関係が錯綜しています。そのため、特許侵害の存否を事前に調査することが難しく、世界中で特許紛争が生じています。また、自らは事業を実施せず、買収した特許権に基づいて高額なライセンス料を要求するパテントトロールの存在も無視しえなくなりました。その結果、電子・ソフトウェア産業では特許に関する費用がその便益を大きく上回るようになり、特許の存在がかえって研究開発の足枷（かせ）となってイノベーションを阻害しているという、**特許の危機・破綻（たん）論**が叫ばれるようになりました。

↓『破綻する特許』　↓『特許の危機』

現代人文社HP　　シカゴ大学出版局
（Chicago Univ. Press）HP

★○✕問題でチェック★

問1　功利主義によれば、知的財産法の存在意義は社会の利益を増大させる点にある。
問2　スマートフォンなどの電子機器の分野では、特許侵害を事前に調査することが容易である。

2 著作権法の憂鬱

同様に、著作権法をとりまく環境の変化も、著作権法の存在意義に影響を与えています。たとえば、デジタルネットワーク技術の普及により、だれでも簡単に世界中の著作物にアクセスして利用することができるようになりました。また、自らブログを書いたり、動画を撮影したり、その成果をインターネット上で公表して全世界に発信することも可能となりました。従来

↓『FREE CULTURE』

翔泳社HP

はプロの創作者や一部の業者（例：出版社、放送局）しかできなかった行為が、だれでも日常的にできるようになったのです。こうした**アマチュア創作文化の隆盛**は、創作者のニーズの多様化をもたらしました。プロは職業として創作を行う以上、著作物を排他的に管理して収益をあげることが重要となります

↓クリエイティブ・コモンズ

Wikipedia

が、アマチュアの場合、純粋に自己表現を目的として創作を行う場合も多く、一定の条件（例：氏名表示）さえ守ってくれれば著作物を自由に利用してほしいと思う場合も少なくありません。リミックス、パロディ、同人誌など既存の著作物を利用した二次創作が盛んな点もアマチュア創作の特徴といえます。

こうした環境の変化に対

↓『著作権法』

有斐閣HP

し、著作権法は、事前に許諾を得ていない著作物の利用を法的に禁止する原則を堅持してきました。その結果、私たちのプライベートな領域のすみずみにまで著作権法の規律が及ぶようになり、著作権に抵触することなしに日常生活を送ることが困難となっています。このため、著作権に対する反発が強まり、その存在意義に疑問が呈されるなど、著作権法は**憂鬱の時代**を迎えています。そうした中で最近では、情報の独占ではなく情報の共有こそ文化の発展の基礎となるとするコモンズの思想が興隆し、事前許諾を要しない、著作物のより自由な利用環境を実現するための**クリエイティブ・コモンズ**の活動などが注目を集めています。

III 知的財産法は何のためにあるのか

以上のとおり、今日、知的財産法は何のためにあるのかが改めて問われています。そうした検討の手がかりとして、次の3冊をご紹介します。

第1に、懐疑的道具主義の構想を提示するピーター・ドラホスの**『知財の哲学』**です。ドラホスによれば、知的財産権とは、社会的に承認された公共目的を実現するために特別に認められた他者の行為の自由を制約する特権であると

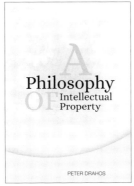
↓『知財の哲学』

オーストラリア国立大学出版局
（ANU Press）HP

します。国家は各種知的財産法の任務とされた公共目的の達成度合いを不断に検証する責務を負い、特権の保有者もその目的の実現可能性を最大限に高める義務を負うとします。

第2に、知的財産法政策学の構想を提示する田村善之の**『知財の理論』**です。田村によれば、知的財産法の根拠は、制度を設けたほうが多くの者の多くの利益を改善する可能性があると政治的に決定された点にあるとします。しかし、知的財産法の立法過程には、多数の者に拡散された利益が組織化されにくく反映されづらいという問題があるため、そうした立法過程の

↓『知財の理論』

有斐閣HP

↓『知財の正義』

勁草書房HP

バイアスに対抗しうる枠組みの構築が必要であるとします。

第3に、リベラルな権利論の構想を提示するロバート・マージェスの**『知財の正義』**です。マージェスによれば、知的財産権とは、創作者が自らの才能で身を立てることを可能にするために創作的労働の成果に対して付与される権利であり、創作者の自律と経済的独立の保障がその基盤であるとします。アマチュア創作者に関しても、自己の創作物の利用態様を自ら決定できる自律は重要であり、創作者自身による権利の不行使や権利の自発的放棄によって利用環境の変化に対応すべきとします。

★○×問題でチェック★

問3　アマチュア創作者の作品であっても著作権法で保護される。
問4　知的財産法が現に存在する以上、その存在理由はもはや問題とならない。

3　知的財産法を担う人・組織

Ⅰ　知的財産制度に関わる行政機関

1　文化庁

　知的財産法の諸法にはそれぞれ所管省庁があり、それらを中心に政策研究や法改正の準備作業が行われます。そして著作権法を所管するのが文部科学省の外局である文化庁です。文化行政全般を担う文化庁の所管であることは、著作権法が文化政策の一端を担うものであることを意味します。また、著作権法は、著作権登録等の手続きや、権利者不明の著作物の利用の裁定等を、文化庁長官が行うこととしています。なお、文化庁庁舎は京都に移転しますが、著作権法の担当部署は東京に残る予定です。

▼文化庁の入る庁舎（2020年12月現在）

筆者撮影

3　経済産業省・農林水産省

　経済産業政策に関わる不正競争防止法（不競法）を所管するのは、経済産業省です。同法については、時代の要請に応じて、不正競争類型の新設など、さまざまな内容の法改正が行われていますが、同省がその準備作業を担っています。営業秘密管理指針や限定提供データ指針等のガイドラインの策定も行っています。
　農林水産政策に関わる種苗法や地理的表示（GI）法（特定農林水産物等の名称の保護に関する法律）を所管するのが、農林水産省です。同省が策定した審査基準・要領に基づいて、種苗法やGI法の登録手続きを行っています。

▼経済産業省の入る庁舎 ▼農林水産省の入る庁舎

筆者撮影　　　　　　　　　　筆者撮影

2　特許庁

　経済産業政策に関わる特許法・実用新案法・意匠法・商標法を所管するのが、経済産業省の外局である特許庁です。特許庁は特許等の出願手続きを担い、同庁が策定した**審査基準**のもとで、同庁職員の**審査官**が出願を審査します。出願公開や登録の際の公報も特許庁が発行し、出願や登録の内容はウェブ上のデータベースで公開されます。なお、特許査定や特許の有効性等をめぐる紛争は、解決に専門的知識が必要なため、いきなり裁判で争うのではなく、まず特許庁における**審判**等で争われます。

▼特許庁の入る庁舎　　▼特許情報プラットフォーム（J-PlatPat）

筆者撮影　　　　　　　https://www.j-platpat.inpit.go.jp

4　知的財産戦略本部

　知的財産戦略本部は、わが国の知的財産政策の基本を定める**知的財産基本法**に基づいて、内閣総理大臣を本部長として、内閣のもとに設置される組織です。知的財産政策に関わる諸々の事務は、さまざまな省庁によって管轄されていますが、戦略本部は、知財教育等も含む、知的財産の創造・保護・活用に関する**推進計画**を策定するなどして、政策全体の司令塔・調整役を担っています。

▼知的財産戦略本部および知財戦略の推進体制

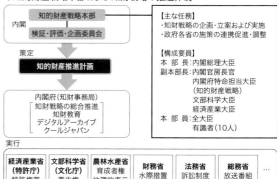

内閣府 HP をもとに作成

★○×問題でチェック★

8　　3 知的財産法を担う人・組織　　　問1　著作権法の所管省庁は法務省である。
　　　　　　　　　　　　　　　　　　問2　特許出願の審査は特許庁職員である審査官が担当する。

II　知的財産制度に関わる裁判所

1　知的財産に関する訴訟の流れ

↓特許権、実用新案権、回路配置利用権、プログラムの
　著作物についての著作者の権利に関する侵害訴訟の管轄

本来の一審管轄裁判所	一審	控訴審	上告審
東日本の地方裁判所	東京地方裁判所	知的財産高等裁判所	最高裁判所
西日本の地方裁判所	大阪地方裁判所		

※他の知的財産に関する侵害訴訟では、各地の地裁が一審管轄権をもつ場合、
　東京地裁ないし大阪地裁が競合する管轄権をもつ

筆者作成

↓審決等取消訴訟の管轄

一審	上告審
知的財産高等裁判所	最高裁判所

筆者作成

特許権やプログラムの著作権等に関する民事事件では、審理に専門知識が必要です。そのため、どの裁判所が事件を管轄するかについて、通常の訴訟とは異なるルールがあります。たとえば、本来であれば一審を東日本各地の地方裁判所が管轄すべき事件でも、必ず東京地裁が管轄し（**専属管轄**）、その中でも知的財産権部という専門部署の裁判官が事件を担当します。その事件の控訴審は知的財産高等裁判所（知財高裁）が管轄します。また、特許査定や特許の有効性等をめぐる紛争は、まず特許庁の審判等で争われますが、その結果に不服がある場合の訴訟（**審決等取消訴訟**）の一審は、知財高裁が管轄します。

2　知的財産高等裁判所

知財高裁は、知的財産関係の民事事件の審理を充実・迅速化するために設けられた、専門裁判所（東京高裁の特別の支部）です。知財高裁には、知財事件の審理に必要とされる知識や経験をもった裁判官が多く配属されています。また、各種技術分野の専門知識をもった**裁判所調査官**が置かれ、裁判官による技術の理解をサポートしています。研究者等の**専門委員**が争点となる技術を説明する場合もあります。判例を明確に示すべき事件等では、知財高裁内の各部から集めた5人の裁判官で**大合議**が行われ、その判決は先例として重視されます。なお、知財高裁と東京地裁の知的財産権部は、新設のビジネス・コートの庁舎に入っています。

↓知財高裁の入る庁舎

筆者撮影

↓知財高裁裁判官のキャリアの例（髙部眞規子裁判官）

昭和54年4月	司法修習生（33期）
昭和56年4月	富山地裁判事補
昭和59年4月	東京地裁判事補
昭和62年4月	千葉地家裁松戸支部判事補
平成 2年4月	高松地家裁判事補
平成 3年4月	高松地家裁判事
平成 6年4月	東京地裁判事（知的財産権部）
平成10年4月	最高裁調査官（知財事件を担当）
平成15年4月	東京地裁部総括（平成19年3月まで知的財産権部）
平成21年4月	知財高裁判事
平成25年4月	横浜地家裁川崎支部長
平成26年5月	福井地家裁所長
平成27年6月	知財高裁部総括
平成30年5月	同所長

知財高裁HPをもとに筆者作成

III　知的財産制度に関わる専門職──弁理士

↓日本弁理士会発行の漫画
『閃きの番人──弁理士ジョージの事件簿』（背景に描かれた弁理士バッジの菊は正義、桐は国家繁栄を表す）

© ヒロカネプロダクション

弁理士は、依頼に応じて、特許や商標の出願等に関する特許庁での手続における代理や、それらの手続きに関連する鑑定等の事務を行います。一方、弁理士や（弁理士が設立した）特許業務法人以外の者が、報酬を得てこうした業務を行うことはできません（弁護士を除く）。そのため、これらの業務は**専権業務**と呼ばれます。ほかにも弁理士は、知的財産に関する水際措置、裁判外紛争手続、契約における代理・相談等の業務を担います。弁理士には技術的な知識を活かして特定分野を専門に扱う人もいます。また、企業内で働く人もいれば、弁護士と同じ事務所で働く人もいます。なお、弁理士登録には資格試験合格が必要です。

↓弁理士の業務

専権業務	・特許・実用新案・意匠・商標等に関する特許庁での手続等の代理等
その他の業務	・関税法上の水際措置の手続における代理・相談 ・特許・実用新案・意匠・商標・回路配置・（一部の）不正競争に関する事件、著作物に関する権利に関する事件の、裁判外紛争解決手続における代理・相談 ・特許・実用新案・意匠・商標・回路配置・著作物に関する権利・技術上の秘密ないしデータの売買契約、通常実施権許諾契約等の締結の代理・媒介・相談 ・外国の行政官庁等に対する特許・実用新案・意匠・商標に関する権利についての手続き資料の作成その他の事務 ・発明・考案・意匠・商標・回路配置・事業活動に有用な技術上の情報の保護に関する相談　etc.

筆者作成

★○×問題でチェック★
問3　知財高裁は刑事事件も含めて知財事件を専門に扱う高等裁判所である。
問4　弁理士や弁護士の資格をもたない個人が、報酬を得て他人の特許出願手続を代理することはできない。

4 知的財産法の国際的側面

Ⅰ　権利独立の原則と属地主義の原則

▼ BBS事件の概要

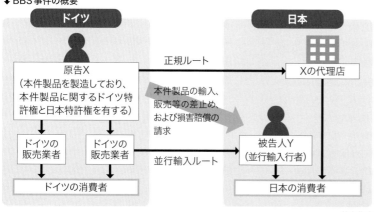

筆者作成

知的財産権には**権利独立の原則**および**属地主義の原則**が妥当するといわれています。これら2つの原則は、権利の発生に行政処分が介在する産業財産権（特許権、実用新案権、意匠権および商標権）に加えて、法律上の要件を充たせば無方式で権利が発生する著作権にもあてはまります。

特許製品の並行輸入が問題となった最高裁平成9年7月1日判決（BBS事件）は、いわゆる特許独立の原則について、「特許権

の相互依存を否定し、各国の特許権が、その発生、変動、消滅に関して相互に独立であること、すなわち、特許権自体の存立が、他国の特許権の無効、消滅、存続期間等により影響を受けないということ」、「属地主義の原則とは、特許権についていえば、各国の特許権が、その成立、移転、効力等につき当該国の法律によって定められ、特許権の効力が当該国の領域内においてのみ認められることを意味するものである」と述べています。

たとえば、ある同一の発明にドイツと日本の両方で特許権が与えられても、権利独立の原則によれば、それら2つの特許権はお互いに独立していますから、たとえ日本で特許権が無効とされても、ドイツの特許権は有効に存続します。また、第三者が無許諾で上記発明の実施をしている場合でも、属地主義の原則により、特許権が存在するのはドイツと日本ですから、ドイツと日本における実施行為のみが規制の対象となります。それ以外の国で上記発明の実施を止めたい場合には、当該国の特許権を取得しなくてはなりません。

Ⅱ　知的財産権に関する多国間条約の枠組み

▼知的財産権に関する主な国際条約

	パリ条約	ベルヌ条約	TRIPs協定
成立	1883年	1886年	1994年
分野	産業財産権	著作権	知的所有権の貿易関連の側面
基本原則	内国民待遇	内国民待遇	内国民待遇、最恵国待遇
	優先権	無方式主義	パリ条約やベルヌ条約等の未加盟国もこれら条約の遵守義務あり
	紛争解決手続きなし	紛争解決手続きなし	WTOの紛争解決手続きを利用

筆者作成

各国が権利独立の原則と属地主義の原則に基づき、どこまでの範囲の知的成果物を知的財産法で保護するか、保護期間を何年にするか、外国人の権利者に権利を認めるかといった内容をバラバラに決めてしまうと、複数の国で活動したい自然人および法人は不満を覚えるでしょう。複数の国々における知的財産権の保護水準を平準化してほしいという声の高まりを受け、

19世紀の終わりに多国間条約の枠組みが成立しました。それが産業財産権の分野における**工業所有権の保護に関するパリ条約**（1883年）、著作権の分野における**文学的及び美術的著作物の保護に関するベルヌ条約**（1886年）です。

これらの条約には**内国民待遇**が規定されています。内国民待遇とは、「自国民に与える保護と同等以上の保護を条約締結国民に与える」（文化庁『著作権テキスト～初めて学ぶ人のために～〔令和2年度〕』（2020年）42頁）という原則のことです。

産業財産権に関するパリ条約の特徴として**優先権**が挙げられます。複数の国でビジネスを展開する企業は、それらの国々で特許権を同時に取得したいでしょう。競争相手に先に特許出願されないためには、それらの国々で出願のための準備を同時並行的に行わなければなりませんが、出願の際の言葉や様式が異なる各国で一刻を争う作業を同時に進めるコストは非常に大きいのです。その企業がある国で特許出願を行い、そこでの出願日を確保して第三国へ出願できるといった制度が存在すれば、出願人にとっては好都合でしょう。このような目的で優先が導入され、同様の制度は**特許協力条約**（PCT）などでもみられます。

★ ○×問題でチェック ★

問1　ある発明にかかる日本での特許権が無効となると、それと同一の発明にかかるドイツでの特許権も無効になる。
問2　ベルヌ条約には紛争解決手続きについての定めがある。

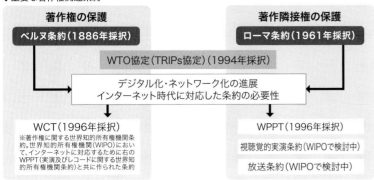

↓主要な著作権関連条約

著作権の保護
ベルヌ条約（1886年採択）

著作隣接権の保護
ローマ条約（1961年採択）

WTO協定（TRIPs協定）（1994年採択）

デジタル化・ネットワーク化の進展
インターネット時代に対応した条約の必要性

WCT（1996年採択）
※著作権に関する世界知的所有権機関条約。世界知的所有権機関（WIPO）において、インターネットに対応するために右のWPPT（実演及びレコードに関する世界知的所有権機関条約）と共に作られた条約

WPPT（1996年採択）

視聴覚的実演条約（WIPOで検討中）

放送条約（WIPOで検討中）

文部科学省HPをもとに作成

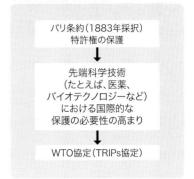

↓主要な特許権関連条約

パリ条約（1883年採択）
特許権の保護

先端科学技術
（たとえば、医薬、バイオテクノロジーなど）
における国際的な
保護の必要性の高まり

WTO協定（TRIPs協定）

筆者作成

　ベルヌ条約では**無方式主義**が定められています。無方式主義とは、「著作権・著作隣接権を享有及び行使する際に、登録、作品の納入、著作権の表示など、いかなる方式も必要としないという原則」（文化庁・前掲42頁）です。

　パリ条約やベルヌ条約は、締約国に最低水準の保護義務を課しているだけです。したがって、より高い知的財産権の保護水準を求めようとするならば、これらの条約を改正しなくてはなりませんが、条約改正には全会一致が必要であるため、いわゆる「途上国」の加盟国数が増えている現状では、その実現は非常に困難です。そこで、先進国（特にアメリカ）は、貿易問題（通商問題）の枠組みにおいて知的財産権を含めた包括的な「パッケージ」として交渉を行い、その中で知的財産権の保護水準の強化を目指すようになりました。

　その結果、GATT（貿易と関税に関する一般協定）ウルグアイ・ラウンド交渉の結果として、**TRIPs協定**（知的所有権の貿易関連の側面に関する協定）が1994年に成立しました。TRIPs協定には、内国民待遇に加えて、加盟国がいずれかの国に与える最も有利な待遇を他のすべての加盟国に対して与えなければならないという**最恵国待遇**が定められています。また、TRIPs協定は、パリ条約やベルヌ条約の未加盟国に対しても、これら条約の遵守を義務づけています。さらに、ある国がパリ条約やベルヌ条約等の条約が要求する保護水準を満たしていないと考えられる場合に、外国がその是正を求めてWTOの紛争解決手続に訴えることが可能になった点も、TRIPs協定の大きな特徴です。

↓TPP11（CPTPP）参加国

カナダ

メキシコ

日本

マレーシア

ベトナム

シンガポール

ブルネイ

ペルー

ニュージーランド

チリ

オーストラリア

日本貿易協会HPをもとに作成

　上記の11カ国は、**TPP（環太平洋パートナーシップ）協定**に参加している国々です。TPP協定は、アジア太平洋地域において、モノの関税だけでなく、サービス、投資の自由化を進め、さらには知的財産、金融サービス、電子商取引、国有企業の規律など、幅広い分野で21世紀型のルールを構築する経済連携協定（首相官邸ウェブサイト（https://www.kantei.go.jp/jp/headline/tpp2015.html））であり、わが国の知的財産法のルール作りにも影響を与えています。

★○×問題でチェック★
問3　パリ条約やベルヌ条約には、知的財産権の保護水準の上限についての定めがある。
問4　パリ条約やベルヌ条約は、締約国の過半数の賛成が得られれば改正できる。

Ⅲ　渉外的な知的財産関係訴訟における国際裁判管轄

現在のインターネット環境において
は、知的財産権に関係する法的紛争が
渉外的な要素を含むことは珍しくありま
せん。ここでは渉外的な著作権侵害に
関する**国際裁判管轄**について考えてみま
しょう。

著作権侵害は「権利侵害」ですから、
不法行為に該当することが多いと考えら
れます。民事訴訟法は、「不法行為が
あった地が日本国内にあるとき（外国で
行われた加害行為の結果が日本国内で
発生した場合において、日本国内におけ
るその結果の発生が通常予見することの
できないものであったときを除く。）」（民
事訴訟法3条の3第8号）は、日本の裁判所に国際裁判管轄
を認めています。

それでは、上図において「不法行為があった地（不法行為
地）」はどのように判断すればよいでしょうか。

渉外的な要素を含む不法行為においては、**加害行為地**と**結
果発生地**にズレが生じる**隔地的不法行為**が珍しくなく、その場
合には、加害行為地と結果発生地の両方を不法行為地として
国際裁判管轄を認めることが一般的な考え方です。

この考え方に即して、上記の図の場合について考えてみましょ

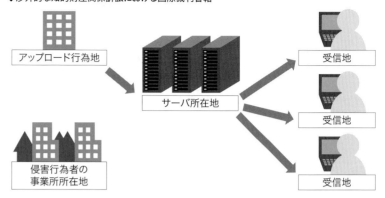

↓渉外的な知的財産関係訴訟における国際裁判管轄

アップロード行為地

サーバ所在地

侵害行為者の
事業所所在地

受信地

受信地

受信地

『文化審議会著作権分科会国際小委員会国際裁判管轄・準拠法ワーキングチーム報告書』
（2010年）5頁をもとに作成

う。もっとも、この場合にも、(a) 加害行為地をどこと考える
のか（候補としては、サーバ所在地、アップロード行為地、被
疑侵害行為者の居住地）、(b) 結果発生地をどこと考えるのか、
(c) 受信地に不法行為地に基づく裁判管轄（不法行為地管
轄）を認めることは妥当か、(d) 不法行為地管轄に基づき裁
判所は他国の損害まで裁判管轄権をもつべきか、といった困難
な問題が生じます（「文化審議会著作権分科会国際小委員会
国際裁判管轄・準拠法ワーキングチーム報告書」（2010年）
5〜9頁）。

Ⅳ　渉外的な知的財産関係訴訟における準拠法

渉外的な要素を有する知的財産権の
紛争においては、当該紛争における当事
者間の法律関係にどこの国の法を適用す
べきかという、いわゆる**準拠法**の問題が
生じることが珍しくありません。ここでは
渉外的な著作権侵害訴訟における準拠
法について考えてみます。

ここでも、思考実験を兼ねて、国際
裁判管轄の場合と同様に、著作権侵害が
「権利侵害」であるということで、不法
行為の準拠法を参照してみることが有益
でしょう。

準拠法については**法の適用に関する通
則法**を参照します。同法17条は不法行
為の準拠法について、「不法行為によって
生ずる債権の成立及び効力は、加害行
為の結果が発生した地の法による。ただし、その地における結
果の発生が通常予見することのできないものであったときは、加
害行為が行われた地の法による」と規定しています。したがっ
て、不法行為の準拠法は、原則としては「加害行為の結果が
発生した地の法」ということになりますが、「加害行為の結果が

↓渉外的な知的財産関係訴訟における準拠法

A国に住む X が著作権をもっている音楽が、B国の Y によりC国のサーバに違法にアップ
ロードされ、A国で最も多く閲覧（ブラウジング）された場合、X はどの国の法律に基づき、
どの範囲の損害について、損害賠償請求することができるのか。

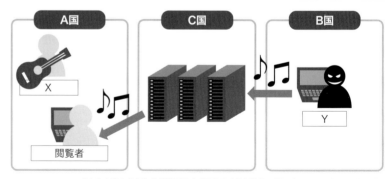

A国

C国

B国

X

閲覧者

Y

『文化審議会著作権分科会国際小委員会国際裁判管轄・準拠法ワーキングチーム報告書』
（2010年）29頁をもとに作成

発生した地の法」を一義的に定めることは、国際裁判管轄のと
ころで確認したように、難しい場合も多いのが現実です。

上図において、準拠法となりうる国の法は、A国法、B国法
またはC国法ですが、「加害行為の結果が発生した地の法」は
どの国の法と評価すべきでしょうか。

★○×問題でチェック★

　　問5　外国で行われた著作物の無断アップロード行為に対する著作権侵害訴訟において、日本の裁判所が審理する余地がある。

問6　渉外的な要素を含む知的財産権侵害訴訟では、常に加害行為地の法を適用しなくてはいけない。

Ⅴ　並行輸入

　並行輸入とは、国内直営店や正規代理店を介したルートとは別のルートで、真正商品を輸入する行為を指します。真正商品に日本の特許権や商標権等が認められる場合に、当該真正商品の輸入が特許法上の「実施」（特許法2条3項）や商標法上の「使用」（商標法2条3項）に該当し権利侵害にあたるか否かという点については、争いがありました。

　特許製品の並行輸入が問題となった事件（☞Ⅰ）において、最高裁平成9年7月1日判決（BBS事件）は「特許権者が国外において特許製品を譲渡した場合

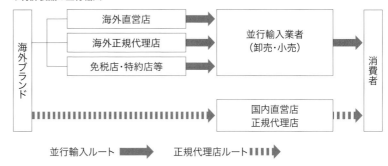

↓特許製品の並行輸入

日本流通自主管理協会「並行輸入とは」（高橋靖治『図解よく分かるこれからの貿易〔新版〕』（同文舘出版・2011年）22頁より）をもとに作成

においても、譲受人又は譲受人から特許製品を譲り受けた第三者が、業としてこれを我が国に輸入し、我が国において、業として、これを使用し、又はこれを更に他者に譲渡することは、当然に予想されるところである」、「特許権者は、譲受人に対しては、当該製品について販売先ないし使用地域から我が国を除外する旨を譲受人との間で合意した場合を除き、譲受人から特

許製品を譲り受けた第三者及びその後の転得者に対しては、譲受人との間で右の旨を合意した上特許製品にこれを明確に表示した場合を除いて、当該製品について我が国において特許権を行使することは許されないものと解するのが相当である」と述べて、本件特許製品の並行輸入は特許権侵害とはならないと結論づけました。

　商標法における並行輸入の問題が争われた事件としては、最高裁平成15年2月27日判決（フレッドペリー事件）があります。本件は、商標権者である原告XからS国外3か国において本件登録商標と同一の商標の使用許諾を受けてポロシャツを生産していたA社が、その契約に違反してC国にある工場において下請け製造させたポロシャツを、S国の別の業者を介して被告Yが日本に輸入する行為が問題となりました。

　最高裁は「商標権者以外の者が、我が国における商標権の指定商品と同一の商品につき、その登録商標と同一の商標を付したものを輸入する行為は、許諾を受けない限り、商標権を侵害する（商標法2条3項・25条）。しかし、……、（1）当該商標が外国における商標権者又は当該商標権者から使用許諾を受けた者により適法に付されたものであり、（2）当該外国における商標権者と我が国の商標権者とが同一人であるか又は法律的若しくは経済的に同一人と同視し得るような関係があることにより、当該商標が我が国の登録商標と同一の出所を表示するものであって、（3）我が国の商標権者が直接的に又は間接的に当該商品の品質管理を行い得る立場にあることから、当該商品と我が国の商標権者が登録商標を付した商品とが当該登録商標の保証する品質において実質的に差異がないと評価される場合には、いわゆる真正商品の並行輸入として、商標権侵害としての実質的違法性を欠くものと解するのが相当である」という一般論を述べ、「本件商品は、S国外3か国において本件登録商標と同一の商標の使用許諾を受けたA社が、Xの同意なく、契約地域外であるC国にある工場に下請製造させたものであり、本件契約の本件許諾条項に定められた許諾の範囲

↓商標法における並行輸入

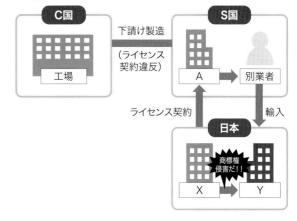

著者作成

↓商標法における並行輸入にかかる違法性阻却の要件

①輸入商品の真正商品性
②内外権利者の実質的同一性
③品質の実質的同一性

筆者作成

を逸脱して製造され本件標章が付されたものであって、商標の出所表示機能を害するものである」として、Yの商標権侵害を認めました。

5 知的財産法のエンフォースメント

I　総　論

1 エンフォースメントとは

↓エンフォースメント

> **エンフォースメント**
>
> 法律の条文に規定されている権利の内容を、裁判手続きを通して、禁止や損害賠償、刑罰などの形で実際に実現すること

筆者作成

各知的財産権の権利の内容はそれぞれの法律の条文で定められていますが、権利は条文に書かれているだけでは絵に描いた餅です。侵害者に侵害行為を実際にやめてもらったり、侵害行為によって生じた損害を賠償してもらったりするなど、権利が行使され、権利の内容が現実のものになって初めて、真の意味で権利が保障されたといえるでしょう。法律の条文に規定されている権利の内容を、裁判手続きを通して実際に実現することを、権利の**エンフォースメント**といいます。

2 民事訴訟と刑事訴訟

知的財産法のエンフォースメントには、大きく分けて民事と刑事の2つのルートがあります。権利者Xが被疑侵害者（侵害行為を行っていると疑われている人）Yを訴えるという、私人同士の裁判が**民事訴訟**です。XとYは、個人（自然人）のこともあれば企業（法人）のこともあります。それに対し、侵害行為を行ったと疑われる被疑者を検察官が訴追して、犯罪行為を行ったかどうか、行っていたとしたらどれくらいの刑罰を科すべきかを争うのが**刑事訴訟**です。それぞれの訴訟ルートは個別に、独立して進められます。

↓民事訴訟と刑事訴訟

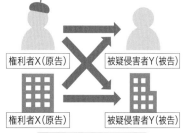

> **民事訴訟**
> ☑私人が私人を訴える民事訴訟
> ☑企業と人や、人同士、企業同士の訴訟になることも
> ☑裁判所は、私人間の権利関係の紛争について、法律を適用して当事者間の権利関係を判断する

> **刑事訴訟**
> ☑検察官が、国家の代理人として、犯罪を犯したと疑われる人や企業（被疑者）を起訴し、訴訟を追行する
> ☑裁判所は、被疑者が犯罪を行ったかどうか、刑罰を科すべきかどうか等を判断する

筆者作成

II　民事的救済

1 差止請求

民事的救済の第1の柱として**差止請求**があります。具体的には、現在行われている侵害行為の**停止**や、将来行われる侵害行為の**予防**を請求できます。判決文の主文には、対象物を特定したうえで「複製をしてはならない」といった形で記載されます。さらに、差止請求の実効性を確保するため、侵害行為によって生成された物や、侵害行為を行うための機械や器具等の廃棄等も請求できます。具体的には、書籍やDVDといった侵害品の在庫の廃棄や、今後侵害行為に使うことが可能なマスターテープの廃棄を求めることができます。右表は著作権法、商標法を例に挙げていますが、特許法に関しては**21-II**を参照してください。

↓差止請求の関連条文（著作権法、商標法）

著作権法	商標法	請求できる内容	判決文の例
112条1項	36条1項	侵害行為の停止または予防の請求	被告は、別紙被告商品目録記載のDVD商品を複製し、頒布してはならない。
112条2項	36条2項	侵害行為を組成した物、侵害行為によって作成された物またはもっぱら侵害の行為に供された機械や器具の廃棄その他侵害の予防・停止に必要な措置の請求	被告は、前項記載の商品の在庫品およびその原版を廃棄せよ。

筆者作成

★○×問題でチェック★

問1　同じ知的財産権侵害事件に関する民事訴訟と刑事訴訟はまとめて同時並行で進められる。
問2　差止請求として、侵害の停止や予防に加え、すでに作られた侵害品の在庫の廃棄も請求できる。

2 損害賠償請求

　さらに、民事的救済の第2の柱として、**損害賠償請求**があります。差止請求によって、現在の、そして将来の侵害行為をやめてもらうことはできますが、過去にすでに行われてしまった侵害行為については、時間を巻き戻して侵害行為をなかったことにすることは不可能です。そこで、裁判の時点（厳密には、口頭弁論終結時）より前に行われた侵害行為について、それによって権利者に生じた損害を侵害者に金銭的に回復・填補させるのが損害賠償の基本的な考え方です。差止請求が現在進行形および将来の侵害行為に対するエンフォースメントであるのに対して、損害賠償請求はすでに行われてしまった侵害行為に対するエンフォースメントである点に注意しましょう。

　知的財産権侵害における損害賠償請求では、しばしば、賠償額の算定が問題となります。壺が壊されたといったケースのように、有体物（手にとることのできる物理的なモノ）に対する侵害行為であれば、被害が目に見える形で発生しているので算定も比較的容易ですが、知的財産という無体物（情報のように、手にとることのできない財産）の場合は、侵害者が侵害行為をしたからといって何かが目に見える形ではっきりと減るわけではないので、損害額を決めるのが難しいからです。そこで、各知的財産法の中には損害額の算定方法に関する規定がいくつか設けられています。

　基本的には、**逸失利益**（著作権法114条1項、特許法102条1項、商標法38条1項）や**侵害者利益**（著作権法114条2項、特許法102条2項、商標法38条2項等）などに基づいて算定することになります。逸失利益とは、「侵害行為なかりせば得べかりし利益」、つまり侵害行為がなければ権利者が本来得られたはずの利益のことで、（侵害者の販売等数量）×（権利者の単位あたりの利益）をベースに計算します。侵害者利益とは、侵害者が侵害行為により得た利益額を損害額として推定することを指します。このほか、**実施料相当額・使用料相当額**、つまりライセンス料相当額を損害額として推定することもできるという規定があります（著作権法114条3項、特許法102条3項、商標法38条3項）。

　特許法に関しては**21-III**も参照してください。

↓損害賠償請求と差止請求

口頭弁論終結時

過去の侵害行為に対して
＝損害賠償請求

これから行われる
将来の侵害行為に対して
＝差止請求
（侵害行為の停止・予防等）

筆者作成

III　刑事罰

1 刑事罰の目的

　知的財産権のエンフォースメントは、IIで説明した民事上の救済に加え、刑事政策によってもはかられています。一定の権利侵害行為を犯罪としてとらえ、刑罰によって威嚇することで、侵害行為が社会に蔓延しないようにする、というのが刑事罰の目的です。各知的財産法には罰則を伴う規定があるので、それぞれが特別刑法の1つであるということになります。

　知的財産法の中でも、特許法は「業としての実施行為」を規制するため（特許法68条）、主に企業の事業活動に関わるものといえますが、著作権法は業として行う行為でなくても処罰対象になっているため、私人であっても十分罪に問われる可能性があるという点で注意が必要です。マンガ海賊版サイト「漫画村」に漫画作品を権利者に無断でアップロードしていた人が著作権侵害罪で逮捕されたというケースや、ネット掲示板に違法に音楽ファイルを大量にアップロードしてだれでもダウンロードできるようにしていた人が書類送検されたといったケースが実際にあります。また、インターネットオークションやフリマアプリなど、一般人でも気軽に物を売買できるサービスが増えていますが、海賊版CDやDVDを販売すると著作権侵害に、偽ブランド品を販売すると商標権侵害罪に問われ、販売金額が大きい場合や悪質な場合には逮捕されることもあります。マンガ海賊版サイトの問題については**15-III3**も参照してください。

　このように近年では、インターネットを利用した侵害行為が増加傾向にあるため、警察はサイバーパトロール等で警戒を強めています。インターネット上の権利侵害のまん延については**16-I3**も参照してください。

↓知的財産権侵害事犯の検挙状況の推移（2014〜2018年）

区分		2014年		2015年		2016年		2017年		2018年	
年次		事件数（事件）	人員（人）	事件数（事件）	人員（人）	事件数（事件）	人員（人）	事件数（事件）	人員（人）	事件数（事件）	人員（人）
合計		574	838	606	868	594	730	515	658	514	626
	商標法違反（偽ブランド事件等）	247	381	316	457	304	381	302	375	309	364
	著作権法違反（海賊版事件等）	270	348	239	290	238	267	172	207	169	205
	その他	57	109	51	121	52	82	41	76	36	57

令和元年警察白書105頁をもとに作成

★ ○×問題でチェック ★

問3　将来の知的財産権侵害を止めてもらうことは請求できるが、過去の侵害行為については救済できない。

問4　私人による知的財産権侵害は、犯罪にはならず刑事罰が科されることはない。

2 刑事罰の内容

現在の日本の刑法一般では、全部で5種類の刑罰が存在します（死刑、懲役刑、禁錮刑、拘留刑、罰金刑）。ですが、知的財産権の侵害行為に対して科せられる刑事罰の種類は、**懲役刑と罰金刑**の2種類だけです。刑罰の重さの上限は、それぞれの法律で定められています。右表はそれぞれの法律の代表的な刑事罰に関する規定をまとめたものですが、ほかにも、みなし侵害（権利侵害行為に該当はしないが、権利者の利益を不当に害する一定の行為について、権利を侵害したものと擬制されるもの）の罪などがそれぞれ規定されています。

↓各法律における侵害の罪の主な規定

特許法 196条	特許権又は専用実施権を侵害した者……は、10年以下の懲役若しくは1000万円以下の罰金に処し、又はこれを併科する。
実用新案法 56条	実用新案権又は専用実施権を侵害した者は、5年以下の懲役若しくは500万円以下の罰金に処し、又はこれを併科する。
意匠法 69条	意匠権又は専用実施権を侵害した者……は、10年以下の懲役若しくは1000万円以下の罰金に処し、又はこれを併科する。
商標法 78条	商標権又は専用使用権を侵害した者……は、10年以下の懲役若しくは1000万円以下の罰金に処し、又はこれを併科する。
著作権法 119条1項	著作権、出版権又は著作隣接権を侵害した者……は、10年以下の懲役若しくは1000万円以下の罰金に処し、又はこれを併科する。
不正競争防止法 21条1項	営業秘密に関する刑事罰について、一定の行為に該当する場合、「10年以下の懲役若しくは2000万円以下の罰金に処し、又はこれを併科する」ことが規定されている。
不正競争防止法 21条2項	営業秘密に関する刑事罰以外の刑事罰について、1号から6号に該当する場合には、「5年以下の懲役若しくは500万円以下の罰金に処し、またはこれを併科する」ことが規定されている。

筆者作成

3 親告罪と非親告罪

↓親告罪と非親告罪

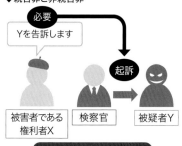

親告罪	非親告罪
検察官が被疑者を起訴するには被害者の告訴が必要	検察官は被害者の告訴がなくても被疑者を起訴できる

筆者作成

↓コミックマーケット@東京ビックサイト

ZUMA Press／アフロ

知的財産権と刑事罰に関しては、近年、**非親告罪化**をめぐって著作権法の分野で大きな議論がありました。親告罪とは、検察官が被疑者を起訴するのに**被害者の告訴**が必要なタイプの犯罪を指します。それとは逆に、非親告罪は、被害者の告訴がなくても、検察官が被疑者を起訴することができる犯罪を指します。親告罪は主に、訴追することで事実が明るみになると、かえって被害者の不利益になるおそれがあるタイプの犯罪（刑法230条の名誉毀損罪や同231条の侮辱罪など）や、被害が軽微で、被害者の意思を無視してまで訴追する必要がないタイプの犯罪（同261条の器物損壊罪など）にとられている仕組みです。

従来、著作権侵害に関する刑事罰は大部分が親告罪とされていましたが、増加する海賊版を取り締まるため、非親告罪にすべきではないかという議論が高まるようになりました。権利者の利益をしっかり保護するという観点からは、被害者の告訴がなくても訴追できる非親告罪化は一見すると妥当なものに見えます。しかし、世の中には権利者が侵害行為を知っているけれどあえて告訴せず見逃してあげているというケースも数多く存在します。その代表例として、同人誌などの**二次創作**があります。いまやコミックマーケット（コミケ）は一大イベントといっても過言ではありませんが、既存の漫画の登場人物を使った二次創作の中には、著作権法に抵触するものも少なくありません。権利者がさまざまな理由で（告訴する手間を避けたい、同人文化が将来の漫画家を育成する側面もある、原作の売上にダメージを与えずむしろ宣伝になる等）、あえて「お目こぼし」や「黙認」をしているおかげで同人文化は成り立っており、一律に非親告罪としてしまうと表現活動を萎縮させるという声がありました。このような議論の末、TPP11協定（☞**4-Ⅱ**）に伴い2018（平成30）年12月30日に施行された改正著作権法では、著作権等侵害罪のうち一部のみを非親告罪化するにとどめることにしました（著作権法123条2項・3項）。著作物を「原作のまま」販売やアップロードする行為、すなわち、漫画や小説などの海賊版を販売する行為や、映画の海賊版をネット配信する行為は非親告罪となった一方で、「原作のまま」ではない利用、すなわち漫画等の同人誌をコミックマーケットで販売する行為については親告罪のままとすることになったのです。

問5 知的財産権侵害の罪の法定刑は、すべて一律の重さである。
問6 親告罪とは、被害者の告訴がなくても刑事訴追できるタイプの犯罪をいう。

Ⅳ　水際措置

1　水際措置とは

以上のエンフォースメントに加えて、外国から日本国内に、知的財産権を侵害する物品が国境を越えて入ってくるのを防ぐために、**関税法**で知的財産侵害物品の輸出入行為に関する罰則規定が定められています。知的財産侵害物品を輸出入した者、もしくは輸出入しようとした者は関税法に基づき10年以下の懲役もしくは1000万円以下の罰金に処せられ、またはこれらを併科されます。日本国内の市場に侵害品が上陸しないように、国境のところで流通を元から遮断するという意味で、このような取り組みを**水際措置**（みずぎわ）といいます。日本全国の空港や港などの玄関口で、**税関**が輸出入の貨物や海外旅客の手荷物などを日々監視、取締りしています。税関によって発見され没収された侵害品は、滅却（廃棄・焼却）等の処分となります。海外旅行から日本に帰ってくる際、税関検査場で偽ブランド品や海賊版の持ち込み禁止を呼びかけるポスターを目にしたことがある人もいるでしょう。なお、税関では知的財産権を侵害する物品のほかにも、麻薬や拳銃などさまざまな輸出入禁止・規制品をチェックする役割を担っています。

知的財産権侵害物品の中には、医薬品や化粧品など、直接人の体内に取り込んだり肌に塗ったりするものや、携帯電話のバッテリーや子供のおもちゃのように安全性が重要な商品があります。品質が保証されておらず粗悪な物品が国内市場に入ってきてしまうと、さまざまな健康被害を引き起こすおそれがあります。水際措置は、権利者の利益を保護するだけでなく、私たちの健康や安全をも守っているといえるでしょう。

各地の税関では広報活動の一環として、実際に税関で没収されたコピー商品を展示している施設もあります。輸入差止件数は、中国からのものが最も多く、9割近くを占めており、物品の内訳としてはバッグや衣類、靴やサングラスなどのブランド物のファッションアイテムのコピー品（商標権を侵害する物品）が多いことがわかります。近年ではインターネット通販を使った個人輸入が増加していますが、インターネット上で売られている侵害品を購入、輸入しようとすると、たとえそれが侵害品だと知らなくても税関により没収されたり、重い罪に問われたりする場合があるため注意が必要です。

↓知的財産侵害物品に関する関税法の罰則規定

知的財産権侵害物品を輸出した者もしくは輸出しようとした者、輸入した者もしくは輸入しようとした者は、10年以下の懲役もしくは1000万円以下の罰金に処しまたはこれを併科される（関税法108条の4第2項・3項、109条2項・3項）

侵害物品は税関により没収、廃棄され、日本への持ち込みができない（関税法69条の2第2項、69条の11第2項、118条1項・2項）

筆者作成

↓横浜税関

アフロ

↓神戸税関広報展示室で展示されているコピー商品

著者撮影

↓東京税関にて輸入検査で発見された、中国から密輸入されようとした商標権侵害物品（腕時計、財布、バッグ）

東京税関HP

↓税関における知的財産侵害品の輸入差止実績の推移

財務省HPをもとに作成

↓品目別輸入差止実績構成比（件数ベース）

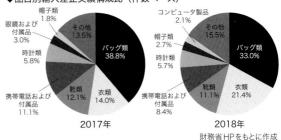

財務省HPをもとに作成

↓国・地域別輸入差止件数構成比の推移

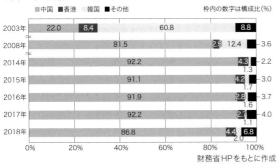

財務省HPをもとに作成

6 著作権法とは

I 著作権法とは

1 著作権制度の目的

> **著作権法1条** この法律は、著作物並びに実演、レコード、放送及び有線放送に関し著作者の権利及びこれに隣接する権利を定め、これらの文化的所産の公正な利用に留意しつつ、著作者等の権利の保護を図り、もつて文化の発展に寄与することを目的とする。

　著作権法は、**文化の発展**に寄与することを目的として、創作的表現をめぐる関係者の利害を調整するルールを提供する法律です。具体的には、著作権法は著作物を創作した著作者に独占的な権利（**著作者人格権・著作権**）を与えて著作者の利益を保護するとともに、特定の場合には著作権が制限されることや著作権の保護期間が一定期間に限られることについても定めています。つまり、文化の発展のためには、著作物に対する独占的な権利を通じて著作者に創作へのインセンティブを与えることが重要ですが、それと同時に、第三者が著作物を自由に利

用し享受できる領域を確保することも等しく重要であると著作権法は考えているのです。このように、著作物の**保護と利用のバランス**を適切にはかるということは著作権法を考える上でとても大切な視点となります。

　そして、この第三者は将来の創作者でもあり、著作物を享受した結果、さらに新しい創作活動を行う可能性もあるのです。

2 著作権制度の歴史

　近代の世界の著作権法に大きな影響を与えたのは、1709年にイギリスで書籍の保護に関して定められた法律です。この法律は、制定された時の女王の名にちなんで**アン女王法**と呼ばれています（☞1-I**1**）。アン女王法は、書籍の印刷に関する独占的な権利を一定期間著作権者が有することを定めたものでした。これに対して、日本の著作権法の萌芽となるのは、1869（明治2）年の出版条例です。出版条例の制定に関しては福沢諭吉の大きな働きかけがあったと伝えられています。ただ、出版条例は、出版者あるいは著作者の保護を目的としているものの、その内容としてはむしろ出版の取締りに重点を置いたものでした。そして、この出版条例から版権保護の部分を分離したものが1887（明治20）年の版権条例です。版権条例は、ベルヌ条約（☞4-II）への加盟のために1899（明治32）年に著作権法が制定されるまで存続しました。

　また、1931（昭和6）年ごろには、ヨーロッパの著作権団体の代理人としてドイツ人プラーゲ氏が著作権使用料の取り立てを始めました。その額が高額であったものの法律的にはその主張は正しかったことから、プラーゲ氏の活動は著作権への意識に欠けていた当時のわが国の関連業界に大きな衝撃を与えることになりました（いわゆるプラーゲ旋風）。しかし、これを機にわが国において著作権概念が普及したともいわれています。

　旧著作権法は1970（昭和45）年に全面改正され、現行著作権法が成立します。著作権法は、その後も社会状況や技術の進歩に合わせて細かな改正を重ねながら現在に至っています。

↓著作権制度の歴史

1869（明治2）	出版条例制定
1887（明治20）	版権条例制定
1899（明治32）	旧著作権法制定・ベルヌ条約締結
1970（昭和45）	著作権法の全面改正・現行著作権法の制定

筆者作成

↓出版条例

図書ヲ出版スル者ハ官ヨリ之ヲ保護シテ専売ノ利ヲ収メシム保護ノ年限ハ率ネ著述者ノ生涯中ニ限ルト雖モ其親属之ヲ保続セント欲スル者ハ聴ス

国文学研究資料館近代書誌・近代画像データベース

↓ウィルヘルム・プラーゲ（1888-1969）

島根大学総合図書館HP

問1　著作権法は文化の発展に寄与することを目的としている。
問2　現行著作権法が成立したのは明治時代である。

3 著作権制度の概要

↓著作権法の特徴——特許法との違い

	保護対象	目的	権利取得のための審査	権利の存続期間
著作権法	思想・感情の創作的な表現	文化の発展	なし（自動的に発生）	原則として著作者の死後70年
特許法	発明	産業の発達	あり	出願から20年

筆者作成

↓著作権法を構成する各種の権利

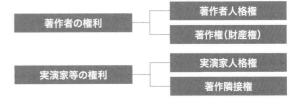

筆者作成

著作権法と特許法はいずれも知的財産法における中心的な存在であり、創作法といわれるグループに属しています（☞**1-Ⅱ**）が、両者の間には上記のような相違があります。

また、より具体的には、著作権法は著作物を創作した著作者の権利と、実演家・レコード製作者・放送事業者・有線放送事業者といった実演家等の権利について定めています。実演家等は著作物を創作する者ではありませんが、著作物が広く社会に伝達されることもまた文化の発展のために必要であるという観点から、こうした伝達行為を担う者にも一定の保護が与えられているのです。

Ⅱ 著作権の保護期間

↓著作権の切れた小説等をインターネット上に公開している青空文庫

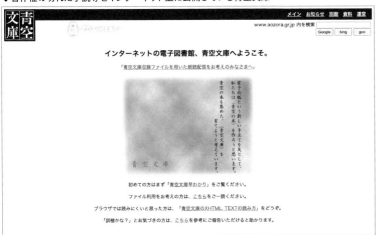

青空文庫HP

↓著作権が消滅している作品の例：ムンク「叫び」

public domain

著作権・著作者人格権は、著作物の創作と同時に、何らの手続を要することなく発生します。これを無方式主義といいます（著作権法17条2項）。著作物に©というマークが付されていることもありますが、これはわが国の著作権法においては法的な意味はありません。

著作権による保護は、いくつかの例外を除き、著作者の死後70年が経過するまで続きます。このように、永久的に続く物の所有権と異なり、著作権は一定の期間の経過後に消滅することになっているのは、著作権法の目的と関係します。つまり、著作権という独占的な権利を認めることは創作へのインセンティブを与えるために必要ですが、そのインセンティブとして必要な期間が経過したあとには、だれもが自由にその著作物を利用できる（**パブリックドメイン**とする）ことが文化の発展という著作権法の目的に合致すると考えられているのです。多くの著作物は先人が生み出した創作の上に段階的に発展していきますし、また、他人の表現の自由との緊張関係という問題もあります。パブリックドメインとなった著作物はだれでも自由に利用すること

↓保護期間の原則と例外

原則

・創作時に発生し著作者の死後70年（51条）

例外

・無名・変名の著作物（周知の変名は除く）（52条）→公表後70年（死後70年経過したことが明らかであればその時点まで）
・団体名義の著作物（53条）→公表後70年（創作後70年以内に公表されなかったときは創作後70年）
・映画の著作物（54条）→公表後70年（創作後70年以内に公表されなかったときは創作後70年）

筆者作成

ができ、そのような著作物を集めたインターネット上のサイトなどもあります。

なお、2018（平成30）年TPP（環太平洋パートナーシップ協定）（☞**4-Ⅱ**）の発効に伴い、著作権の保護期間はそれまでの著作者の死後50年から死後70年に延長されました。

★ ○✕問題でチェック ★

問3 著作権法と特許法の保護対象は同一のものである。
問4 著作権は現在では原則として著作者の死後70年で消滅する。

著作権の保護期間は、創作の時から著作者の死後70年が経過するまでということになっていますが、実際に著作者の正確な死亡日を確認することは難しい場合もあるため、暦年主義が採用されています（著作権法57条）。つまり、著作者が死亡した年の翌年の1月1日から70年が経過した12月31日に著作権が消滅することになります（創作や公表が基準となる場合も同様です）。したがって、死亡の日や公表日、創作の日によっては実際に保護されている期間に差が出ることがあります。

↓著作権の発生から消滅までのイメージ
（例：三島由紀夫『仮面の告白』の場合）

著作権発生	起算開始	保護期間終了
1949年 小説完成	1970年 11月25日 著作者死亡 ／ 1971年 1月1日	2040年 12月31日

筆者作成

III 著作権を取得するのはだれか

1 著作者

著作者とは**著作物を創作する者**のことを指し（著作権法2条1項2号）、著作者には、**著作権と著作者人格権**が原始的に帰属します（17条1項）。このように著作者に著作物に関する権利が帰属する原則を**創作者主義**と呼びます。著作権法は、思想・感情の創作的な表現を保護するものですから、著作者の認定は、事実行為としての創作的な表現を行ったのはだれかを客観的に判断することによって行います。したがって、単に著作物の発注を行った者やアイデア・資金の提供を行ったにすぎない者、表現の作成に物理的に関与していても創作的表現を行ったといえない者は著作者にはあたりません。

↓著作者の認定

著作者に該当しないとされた事例
・詩集の編集にあたり、収録候補の詩等の案を示した者（最高裁平成5年3月30日判決［智恵子抄事件]） ・雑誌のインタビュー記事において、取材を受けて発言したが文章表現を行っていない者（東京地裁平成10年10月29日判決［SMAP大研究事件]） ・塑像の制作工程において助手として準備や粘度付け等に関与したにすぎない者（知財高裁平成18年2月27日判決［ジョン万次郎像事件]）

筆者作成

しかし、著作者として権利行使を行う場合に自分が著作者であることを立証することが難しい場合もあります。そこで、著作物の原作品に、または著作物の公衆への提供もしくは提示の際に、実名（氏名もしくは名称）または周知の変名（雅号、筆名、略称その他実名に代えて用いられるもの）が著作者名として通常の

↓著作者の推定

この場合「中山信弘」が著作者であると推定される

編集部撮影

方法により表示されている場合には、その者を**著作者として推定する**という推定規定が置かれています（著作権法14条）。

もっとも、14条はあくまで推定の規定ですから、ある者の氏名

↓反証が成立した事例（東京地裁平成17年6月23日判決および知財高裁平成18年2月27日判決［ジョン万次郎像事件]）

ジョン万次郎像の著作者がだれであるかが争われた事例において、判決は、「被告がジョン万次郎像の制作者として、自己のサインをその台座部分に施しているため、著作権法14条により、ジョン万次郎像の著作者であると推定されるものの、その推定は覆されたものというべきであり、ジョン万次郎像は、原告により制作され、著作されたものと認められる」とした。

筆者作成

が著作者として表示されている場合にも、別の者が著作者であるという反証が成立すれば推定は覆ります。しかし、この反証は困難なことが多いともいわれています。

創作行為は1人で行われるとは限らず、創作行為に複数の者が関与することも少なくありませんが、そのうち、一定の要件を充たすものを**共同著作**と呼びます。そして、共同著作によって創作された著作物を**共同著作物**と呼びます（著作権法2条1項12号）。共同著作物であると認められる場合には、共同で創作された著作物であることを尊重する特別な効果が定められています。なお、共同著作物と区別すべきものに**結合著作物**があります。たとえば、作詞者と作曲者とで1つの歌を作り上げた場合、歌として一体的に利用されるものの、歌詞と楽曲それぞれに独立しても利用可能であることから、歌は共同著作物ではなく結合著作物であり、歌詞と楽曲はそれぞれ別の著作物として扱われます。

↓共同著作物

共同著作の要件
・①2人以上の者が創作すること ・②2人以上の者が共同して創作すること ・③各人にかかる部分を分離して個別的に利用することができないものであること

↓

共同著作の効果
・著作者人格権：著作者全員の合意による行使 ・著作権：共同著作者間の共有 ・保護期間：最後に死亡した著作者の死後70年

筆者作成

問5　著作物の制作のための資金を提供したにすぎない者もその重要性から著作者となりうる。
問6　書籍の表紙に著作者として氏名が表示されている者は著作者であると推定される。

2 職務著作

今日の社会においては、企業をはじめとする法人等の内部で、従業員が職務上たくさんの著作物を作成しています。そこには、内部向けの会議資料のようなものから外部向けのパンフレット、新聞記事のようなものまで多様な種類のものが含まれます。これらの著作物について、一定の要件を充たす場合には、その法人等の使用者を著作者とする制度が**職務著作**です。

職務著作制度が設けられている趣旨には、使用者の保護と第三者の保護という2つの側面があります。現実に著作物を作成した従業員等が著作者であるとすると、職務上作成された著作物にもかかわらず法人等がそれを利用するたびにその従業員等に許可を得なければならず使用者の円滑な業務活動に支障が生じます。また、第三者としても著作物を利用する際にだれに許諾を得ればよいのかわからず著作物の利用が阻害されてしまうおそれがあります。このような事態を避けるために職務著作制度が設けられているのです。

なお、職務著作が成立する典型的な場合は、使用者と著作物を作成した者との間に雇用関係がある場合ですが、それに限られないとする見解も有力であり、実際に職務著作の成立を認めた裁判例も存在します。

職務著作が成立するための要件は著作権法15条1項に定められていますが、これを分解すると5つの要件に整理することができます（ただし、プログラムの著作物については右図（4）の公表名義の要件が不要です。同条2項）。職務著作が成立する場合には、従業員等が創作した著作物について、使用者である法人等が著作者となります。つまり、著作権と著作者人格権はすべて法人等に帰属します。逆にいうと、従業員等は自分が作成した著作物について何の権利ももたないということになります。

↓職務著作が成立する典型的な事例

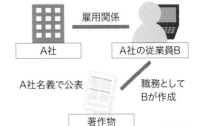

筆者作成

↓職務著作の意義
（最高裁平成15年4月11日判決［RGBアドベンチャー事件]）

「著作権法15条1項は、法人等において、その業務に従事する者が指揮監督下における職務の遂行として法人等の発意に基づいて著作物を作成し、これが法人等の名義で公表されるという実態があることにかんがみて、同項所定の著作物の著作者を法人等とする旨を規定したものである。」

筆者作成

↓職務著作の要件

(1)「法人等の発意」に基づくこと
(2)「法人等の業務に従事する者」による創作であること
(3)「職務上作成される著作物」であること
(4)「法人等が自己の著作の名義の下に公表するもの」であること
(5) 著作物の作成の時に契約や就業規則等に「従業者等を著作者とする」という「別段の定め」がないこと

筆者作成

3 映画の著作物の取扱い

映画の著作物（☞**14-1 3**）に関しては、権利の帰属について他の著作物とは異なる取り扱いをすることになります。映画の著作物の著作者は、「制作、監督、演出、撮影、美術等を担当してその映画の著作物の全体的形成に創作的に寄与した者」であり（著作権法16条）、著作者人格権はこの映画の著作物の著作者に帰属します。他方、映画の著作物の著作権は**映画製作者**に帰属します（29条1項）。映画製作者とは「映画の著作物の製作に発意と責任を有する者」であると規定されています（2条1項10号）。ただし、29条の適用を受けるためには、映画の著作物の製作について参加する約束（**参加約束**）が必要です。

↓映画の著作物の権利の帰属

映画の著作物の著作者	映画の著作物の著作権者
(例)プロデューサー、監督、ディレクターなど	(例)映画会社、製作委員会など
企画から完成に至るまでの全製作過程に関与する等一貫したイメージをもって映画制作の全体に参加している者	映画製作の意思を有し、かつ経済的なリスクを負担し、権利義務の主体となる者

筆者作成

↓著作権法29条1項の趣旨
（知財高裁平成24年10月25日判決［テレビCM事件]）

「29条1項は、映画の著作物に関しては、映画製作者が自己のリスクの下に多大の製作費を投資する例が多いこと、多数の著作者全てに著作権行使を認めると、映画の著作物の円滑な利用が妨げられることなどの点を考慮して、立法されたものである。」

筆者作成

↓映画の著作者について争われた事例

・本件のプロデューサーは、企画書の作成から映画の完成に至るまでの全製作過程に関与し、具体的かつ詳細な指示をして最終決定をしており、著作物の全体的形成に創作的に寄与したといえる。他方、本件監督は、設定デザイン、美術、キャラクターデザインの一部の作成に関与しているが、製作過程を統轄し、細部にわたって製作スタッフに対し指示や指導をしたものではなく著作物の全体的形成に創作的に寄与したとはいえない（東京地裁平成14年3月25日判決［宇宙戦艦ヤマト事件]）
・主としてスポンサー、テレビ局、広告代理店との交渉等を担当しており、創作面での具体的な関与はなく、スタッフに対して指示を与えたこともない本件プロデューサーは全体的な創作に寄与したものということができない（東京地裁平成15年1月20日判決［超時空要塞マクロス事件]）

筆者作成

7 著作物性

I　はじめに

↓著作物性の要件の関係【図1】

思想または感情

具体化　創作性

表現

筆者作成

著作権が発生するためには、権利を主張したい作品について**著作物**と認められる必要があります。著作物性が認められるためには、①思想または感情、②表現、③創作性、④文芸、学術、美術または音楽の範囲に属することの4つの要件を充たす必要があります（著作権法2条1項1号）。④の要件は、**26-II**で取り扱っていますので、以下では①②③について順に紹介します（編集著作物については☞**15-III2**）。

この①②③の関係は図1のように整理できます。著作者の何らかの「思想」または「感情」が、文字や音声として具体的に「表現」されており、その具体化の過程に「創作性」がある必要があります。

II　思想または感情

著作物性が認められるためには、人の**思想または感情**が表現されている必要がありますが、これは人間の何らかの精神活動の所産であれば認められます。これに対し、㋐事実それ自体と、㋑人間以外の手による表現物については、人間の精神活動ではないとして、著作物性が問題となります。

事実それ自体は、人間の精神活動が表れてはいないので、著作物とは認められません。このことは、著作権法10条2項で確認的に規定されています。たとえば、新型ウイルスの今日の感染者数という事実それ自体は著作物ではありません。最初に発見・公表した者以外に使えないとすれば、それ以後の表現の過大な制約と

↓サルの自撮り画像【図2】

Danita Delamont／アフロ

↓ The Next Rembrandt プロジェクト【図3】

ANP Photo／アフロ

なるからです。ただし、事実を何らかの創作的な文章で表現したときには、著作物となりえます。

また、人間以外の手による表現物も著作物とは認められません。たとえば、サルの自撮り画像（図2）には、当該サルの思想や感情が表れていると考えることはできますが、それを根拠として著作物と認めることはできません（サルに自撮り画像を撮らせた人間の精神活動を根拠として著作物と認められることはありえ

ます）。さらに、AI（人工知能）が絵画を制作した場合はどうでしょうか。たとえば図3の絵画は、AIに画家レンブラントの絵画のデータを読み込ませ、新しいレンブラント風の絵画を制作したものです。この場合、直接的に新しい絵画を制作したのはAIですが、AIの思想または感情を理由として著作物性を認めることはできません。レンブラントの思想・感情や、AIの作成に関与した者の思想・感情について著作物性を検討することになります。

問1　著作物性が認められるためには、①〜④の要件のすべてを充たす必要がある。
問2　サルの自撮り画像には著作物性は認められない。

III 表現

↓アイデアと表現【図4】

アイデア → 具体化 → 表現

サルにシャッターを押させて写真を撮る

写真A　写真B　写真C

筆者作成

↓不可避的表現【図5】

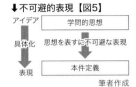

アイデア → 具体化 → 表現

学問的思想

思想を表すに不可避な表現

本件定義

筆者作成

「表現」の要件は、その作品が㋐媒体に表れていることと、㋑アイデアでないことの2つの意味があります。まず㋐の意味として、著作物は、文字や音声、映像のように、五官で認識できる状態になっている必要があります。

㋑の意味として、アイデア表現二分論（☞ **10-Ⅲ3**）におけるアイデアではないことも必要です。たとえばサルの自撮り画像を撮るという発想には、それを具体化したさまざまな写真が考えられます（図4）。そのため、その発想それ自体は「アイデ

ア」として保護されません。

しかし、表現といえるほど具体的な特徴であっても、事実や思想・アイデアを表すに**不可避的な表現**といえるときには、著作権法上の保護が否定されます（図5）。このような不可避的表現に独占権を及ぼせば、アイデア等の保護を否定した趣旨が無意味になるからです。

具体例として、日本の城の基礎知識事件（東京地裁平成6年4月25日判決）があります。原告書籍には、「城とは人によって住居、軍事、政治目的をもって選ばれた一区画の土地と、そこに設けられた防御的構築物をいう」（本件定義）が記載されていました。裁判所は、城に関する原告の学問的思想と同じ思想に立つ限りは同一または類似の文言を採用するほかないので、不可避的な表現だとして著作物性を否定しました。

Ⅳ 創作性

著作物と認められるためには、問題となっている作品が**創作性**をそなえている必要があります。作者の何らかの**個性が発揮**されていれば創作性が認められ、高度の独創性や芸術性は不要です。たとえば、図6の写真のように、単に商品を撮影したように見えるものでも、被写体の組合せや配置、構図・カメラアングル、光線・陰影にそれなりの独自性が表れているとして創作性が認められます（知財高裁平成18年3月29日判決）。

↓スメルゲットジェル・ハワイアンブルー【図6】

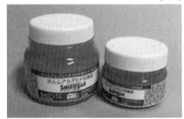

http://smellget.trialmall.com/ranali-log/ から転載

↓ありふれた表現【図7】

発想

通常の予想の範囲？

表現

筆者作成

このような個性が表れているかが問題となる場合として、**ありふれた表現**があります。ありふれた表現は、個性の表出があるとはいえないために、創作性が認められません。ある発想に対して通常予想される範囲内の表現であると、ありふれた表現となります（図7）。たとえば、『ラストメッセージin最終号』という書籍に関する事件（東京地裁平成7年12月18日判決）では、さまざまな雑誌の休廃刊の際の挨拶文の創作性が問題となり、裁判所は、休廃刊の告知や読者への感謝・お詫び等の表明、これまでの編集方針や今後の予定、出版社の関連雑誌の紹介について、ありふれた表現で記述している場合には創作性を欠くとしました。具体的な肯定例・否定例はここ

に掲載したとおりです。それぞれの判断の決め手はわかるでしょうか。

↓肯定例②
（『TOUCH』1989年号4月4・11日号）

■読者のみなさまへ

長らく本誌をご愛読いただき、ありがとうございました。

『タッチ』は、創刊以来、新しいメディアの可能性を探ってまいりましたが、新雑誌『サピオ』へ移行するため、本号をもって、ひとまず休刊いたします。

『サピオ』は、「多価値化」と「国際化」の流れを踏まえながら、優れた人間の知恵を通して、世の中をより深く読みとり、また21世紀への展望に役立つメディアをめざします。『タッチ』から『サピオ』へ。読者の皆様の変わらぬご支援を、心よりお願い申しあげます。

『ラストメッセージin最終号』114頁

↓肯定例①（『GORO』1992年1月2日号）

バトンタッチ。
GOROの次へ。
永い間のご愛読あがとうございます。今号をもってGOROは、18年間の歴史に引リをうちますが、集部の情熱は、ぞくりそのまま新雑誌引き継がれます。
皆さのご支援と声援を編今まで通りよろしく。

『ラストメッセージin最終号』51頁

↓否定例①
（『銀座3丁目から』1993年5月号）

本誌はこの号でおしまいです。永い間のご愛読に感謝します。

筆者撮影

『ラストメッセージin最終号』9頁

↓否定例②
（『VEGETA』1993年4月号）

「VEGETA・ベジタ」休刊のお知らせ

小誌は、昭和六三年四月に、野菜と健康の情報誌「VEGETA・ベジタ」として創刊し、その理念に多くのかたがたより深いご賛意と共感をたまわり、厚いご支援の中で現在に至りました。

しかしながら、このたび突然ではございますが、諸般の事情により本号（四月号）をもちまして休刊の止むなきに至りました。

創刊以来五年の永きにわたりました読者の皆様、またお力添えをいただきました諸先生に、ここにあらためまして心よりお礼もうしあげますとともに、不本意ながら休刊の運びとなりましたことを、深くお詫びいたします。

いずれ、再スタートの機をかたく心に据う所存でございますので、なにとぞ事情をご賢察のうえ、ご理解たまわりますよう伏してお願いもうしあげます。

『ラストメッセージin最終号』18頁

8 著作権の内容

Ⅰ 支分権とは

↓支分権の内容と特徴

		権利	特徴
著作物の有体物の提供によって需要を満たす行為を禁止する	コピーを作成することを禁止する	複製権（21条）	複製を禁止する権利 営利・非営利は問わない ただし私的複製は原則適法（30条）
	公衆に提供する行為を禁止する	譲渡権（26条の2）	公衆に著作物の原作品またはコピーを譲渡することを禁止する権利
		貸与権（26条の3）	公衆に著作物を貸与することを禁止する権利 非営利かつ無料なら適法（38条4項）
		映画の著作物の頒布権（26条）	映画の著作物の譲渡、貸与を禁止する 公衆に提示することを目的として複製物を譲渡・貸与することも禁止
		その他複製権を補完する権利（113条） 輸入の禁止、侵害品であることを知っての頒布等の禁止、プログラムの違法複製物の使用など	
著作物の公衆に対する無形的利用によって需要を満たす行為を禁止する権利		公衆送信権（23条）	公衆送信を禁止する権利 営利・非営利は問わない
		上演権・演奏権（22条）	公衆に対する上演、演奏、口述することを禁止する権利 非営利かつ無料ならば適法（38条）
		口述権（24条）	
		映画の著作物の上映権（22条の2）	
		原作品の展示権（25条）	美術の著作物or未発行の写真の著作物の原作品を公に展示することを禁止する権利 原作品の所有者またはその同意を得た者による展示は適法（45条。ただし屋外は制限あり（同条2項））
当該著作物に関連する需要を満たす行為の禁止		翻案権（27条）	当該著作物を翻訳、編曲、変形、脚色、映画化、その他翻案をすることを禁止する権利

筆者作成

　著作権法は、著作権者が、他の人が当該著作物を利用するにあたり禁止できる行為を個別に列挙し、それぞれの権利を**支分権**として規定しています（これを**支分権主義**といいます）。逆に、列挙されていない著作物を利用する行為（読書、友人への貸与、私的な演奏など）は著作権侵害となることはありません。著作権者はこれらの支分権をすべてもちますが、特定の支分権のみ譲渡したり利用を許諾することができます。

　支分権の内容として著作権者が禁止できる行為は、その著作物を楽しもうとする人に提供して利益を得ることが想定されているものです。著作物を楽しもうとする人に著作物を提供する方法としては、①書籍やDVDなどの有体物として提供するのが一般的ですが、音楽や演劇、映画といった著作物であれば②演奏や実演、上演によって提供することもでき、最近であれば③放送やインターネットによっても提供されます。

　そこで、著作権法は、①について、有体物として著作物を提供するために必要な行為である複製について著作権者に独占させるために**複製権**を規定しています（21条）。著作物が1つ、2つと複製されれば、1つ、2つのその著作物についての需要が満たされることが想定されています。著作権が英語でcopyrightというように、著作権は複製権を出発点としています。もっとも、近代では、複製を行うことができるのは出版社等の限られた者だけでしたが、複製技術の発達でだれでもコピー機などで簡単に複製できるようになりました。そこで、著作権法は私的領域での複製を許容するため**私的複製**を許容しています（30条）。

　この複製権に加えて、違法な複製で作成された複製物等を頒布すること等を禁止できる権利（113条1項2号）を定めているほか、さらに、公衆への著作物の譲渡を禁止できる**譲渡権**（26条の2）を定めて、有体物で著作物を提供して利益を得ることを著作権者が独占できるようにしています。ただし、いったん著作権者等が流通に置いた有体物については、すでに利益を得ているので権利行使できないとしています（**権利の消尽**。26条の2第2項）。

↓譲渡権と消尽

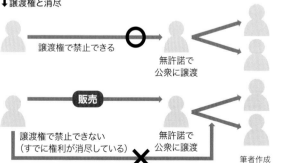

筆者作成

★○×問題でチェック★

問1　支分権はあくまで例示であり、支分権として挙げられていない行為でも、著作権侵害となる場合がある。
問2　著作権者が流通に置いた著作物の複製物を購入した者は、同複製物をネットオークションで販売できる。

他方で、著作物を他人に貸す行為については、たとえば書籍をいったん貸しても返却されるとすれば、それ自体で有体物としての書籍が増えて同時に読める人の数が増えるわけではありません。そのため、著作権法は貸与行為を禁止してきませんでした。ところが、貸レコード業が誕生し、レコードを借りた消費者がダビングをすることでレコードの売上を減らすことになりました。このように技術の発達により、貸与行為でも著作物の需要を満足できることになったため、公衆への貸与を禁止する**貸与権**が定められました（著作権法26条の3）。ただし、図書館など非営利かつ無償での貸与は著作権者の利益を大きく害さないため適法とされています（38条4項）。

なお、映画の著作物については、譲渡権、貸与権に代わって**頒布権**が定められています。これは、公衆への譲渡、貸与だけでなく、公衆に提示する目的での特定少数の者への譲渡や貸与も禁止の対象としています。映画の配給制度（配給を受けた映画館が公衆に提示する）を前提とした権利です。

次に、②について、著作物の無形的な利用によって需要者に提供する行為である上演、演奏、口述、上映のうち、公に行われるものに限り著作権者が禁止できることにしています。これが、**上演権**、**演奏権**（22条）、**口述権**（24条）、**上映権**

（22条の2）です。ただし、有体物の提供とは異なり、上演、演奏、口述、上映をしても需要者はその場で著作物を享受できる一方、有体物としての著作物は通常手元に残りません。そこで、これらの行為は、公衆に見せたり聞かせたりする目的（＝「公に」）で行われるものに限り禁止できるとしています。また、非営利かつ無償で行われる場合は大規模なものが頻繁には行われないと考えられるので適法とされています（38条）。

また、③について、公衆への送信行為を広く禁止する権利として**公衆送信権**を定めています（23条）。公衆送信には、無線での放送や有線放送のほか、ユーザがウェブサイトにアクセスすることで自動的に送信される場合などの**自動公衆送信**も含まれます。また、現実に送信が行われていなくても、インターネットに接続されたサーバに著作物をアップロードした時点で**送信可能化権**の侵害となります。これらの行為は受信者における複製を招く可能性があるため、営利非営利を問わず禁止できる行為としています。このほか放送など公衆送信された著作物を公衆に伝達することを禁止できる**伝達権**も定められています。

なお、①～③以外にも、絵画や彫刻など原作品に特別の価値がある著作物があり、そのような著作物は展示されたものを見ることでも楽しむことができます。そこで、美術の著作物については原作品を公に展示することも著作権者が禁止できます。これが**展示権**です（25条）。ただし、美術の著作物を購入した者がその著作物を展示できないとすることは不都合ですから、所有者は屋外の場所に恒常的に設置する場合を除き公に展示できます（45条）。そのため、展示権は、屋外への設置や所有者以外の展示を禁止するという限定的なものとなっています。

以上のような支分権は、長い著作権法の歴史の中で、技術の発展とともに形成されてきたものなのです。

↓映画の著作物の頒布権

	譲渡	貸与
通常の著作物	公衆への譲渡は侵害だが特定少数への譲渡は適法	公衆への貸与は侵害だが特定少数への貸与は適法
映画の著作物	公衆への譲渡・貸与は頒布権侵害になることに加えて、特定少数への譲渡、貸与でも公衆に提示する目的ならば頒布権侵害	

筆者作成

↓公衆送信の概念

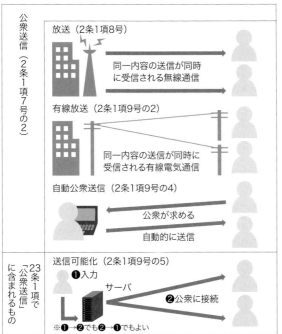

筆者作成

↓支分権の歴史

年	支分権に関するできごと
1899（明治32）年	日本が**ベルヌ条約**に加盟 旧著作権法成立 **複製権**（当時は有形複製と無形複製（上演、演奏含む）を含む概念）
1931（昭和6）年	旧著作権法改正で**放送権**を新設
1971（昭和46）年	現行著作権法が施行 **複製権**、**上演権**、**演奏権**、**放送権**、**有線放送権**、**口述権** **展示権**、映画の**上映権**および**頒布権**
1981（昭和56）年	貸レコード業の登場
1984（昭和59）年	**貸与権**を新設（1983（昭和58）年の暫定措置法の著作権法への取り込み）
1986（昭和61）年	**有線送信権**を規定
1996（平成8）年	**WIPO著作権条約**が採択される（公衆への伝達行為への規制を要求）
1997（平成9）年	従来の放送権・有線送信権を包含する**公衆送信権**を規定
1999（平成11）年	**上映権**を映画以外に拡大 **譲渡権**を新設
2004（平成16）年	適法録音物の**演奏権**からの除外が廃止 書籍・雑誌について**貸与権**を適用しないとした附則を廃止

小林尋次『再刊 現行著作権法の立法理由と解釈』（第一書房・2010年）、加戸守行『著作権法逐条講義（6訂新版）』（著作権情報センター・2013年）を参考に筆者作成

★○×問題でチェック★

問3　購入した著作物の複製物を友人1人に貸す場合も、著作権者の許諾を要する。

問4　映画の著作物は、公衆が訪れる映画館で上映するため当該映画館に貸与する場合でも、著作権者の許諾を要する。

Ⅱ　「公衆」概念

　以上のような支分権において重要なのが、**公衆**の概念です。譲渡権、貸与権、公衆送信権は、「公衆」に行う限りで権利範囲に含まれ、「公衆」に対して行わなければ侵害にはなりません。また、上演権、演奏権、口述権、上映権も「公に」すなわち「公衆に直接見せ又は聞かせることを目的として」行われなければ侵害になりません。これは、多数の者や不特定の者に対してなされる著作物の利用から大きな利益が得られることが多いためです。

　公衆には不特定かつ多数の場合は当然含まれますが、著作権法2条5項で特定かつ多数の場合も含まれるとされています（多数の会員が集まる場での演奏会など）。不特定かつ少数の場合は著作権法の条文上は明らかにされていませんが、これも「公衆」と解する見解が有力です。1つの美術品の原作品をオークションで販売する場合、「公衆」に対する譲渡と考えられています（ただし著作権者が販売した美術品の転売であれば権利が消尽しています）。

　近時の判決では、契約すればだれであってもその著作物を利用するサービスを受けられる場合には、「公衆」に対する著作物の利用行為であるとされます。たとえば、まねきTV事件判決（最高裁平成23年1月18日判決）は、契約した者であればだれでもテレビ番組のデジタルデータの送信を受け、テレビ番組を視聴できるようにしたサービスについて、「公衆」に対する送信行為と判断されています。また、不特定の受講者を受け入れるダンス教室の受講生に対する音楽の再生は、「公衆」に対する演奏であり、演奏権侵害となるとした判決もあります（名古屋地裁平成15年2月7日判決）。さらに、音楽教室における教師の

↓JASRAC音楽教室事件の報道

教室曲使用料 徴収可
東京地裁判決　ＪＡＳＲＡＣ勝訴

音楽教室で演奏される楽曲に、日本音楽著作権協会（ＪＡＳＲＡＣ）が著作権使用料を徴収できるかどうかが争われた訴訟の判決で、東京地裁は28日、「徴収できる」と判決し、音楽教室側の請求を棄却した。

佐藤達文裁判長は「徴収は、文化の発展に寄与するという著作権法の目的にかなう」と述べ、ＪＡＳＲＡＣ側の主張を全面的に認めた。

原告は「ヤマハ音楽教室」をはじめ、教室を運営する全国約250の個人・企業・団体。2017年2月、教室側で楽曲の使用料を徴収する方針を公表したため、徴収権などを有する作曲者ら著作権者をする権利。佐藤裁判長はこの演奏について、「公衆に聞かせることを目的とした演奏」と判決。6月に著作権法は「公衆に聞かせることを目的として」いるため、「徴収できる」と定める。この点について、教室での演奏について、生徒は「不特定または多数」にあたるため侵害だと判断した。

教室での演奏について、生徒は「不特定」で、少人数で行われていることから「多数」にもあたらないと主張。

これに対し、佐藤裁判長は教室側が「主体」ではなく事業者だと述べた。

さらに、教室のレッスンは誰でも申し込みが可能なことから、事業者から見た生徒は「不特定」で、継続的に行う地域に教室があることから「多数」にあたるとした。

毎日新聞2月29日北海道朝刊22面

↓「公衆」概念の整理

	不特定	特定
多数	当然に「公衆」	2条5項で「公衆」とされる
少数	「公衆」と解するのが有力	公衆ではない

筆者作成

演奏について、レッスンの受講者が「公衆」であるとして音楽教室の演奏権侵害を肯定した判決もあります（知財高裁令和3年3月18日判決［音楽教室事件］）。

Ⅲ　二次的著作物の権利

↓二次的著作物の権利の関係図

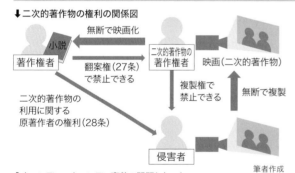

筆者作成

↓キャンディ・キャンディ事件で問題となった
新たに書き下したリトグラフ等の原画（左）
と連載漫画の1コマ（右）

判決別紙

　ある著作物について、編曲、変形や翻訳などを加えたり小説を映画化するなど創作的表現を変更する行為については、翻案権の侵害行為となるため、著作権者の許諾を要します。

　そして、このようにして原著作物に創作的表現が加えられて作成された著作物を二次的著作物といいます。この二次的著作物について無断で複製や上映などの侵害行為がなされた場合、二次的著作物を作成した著作者は侵害行為者に権利行使できます。他方で、原著作物の著作者は、二次的著作物の著作者と同一の権利を有するとされており（著作権法28条）、この場合、原著作物の著作者が有しないが二次的著作物の著作者が有する権利も行使できます。たとえば、小説が映画化された場合、小説の著作者はその映画について頒布権を有します。

　さらに、二次的著作物で新たに加えられた表現を第三者が利用した場合、原著作物の著作者が権利行使できるかという問題があります。**キャンディ・キャンディ事件**ではこの点が争われ、高裁判決（東京高裁平成12年3月30日判決）は、『キャンディ・キャンディ』のストーリーの作者は、漫画家が連載漫画とは別に書き下ろしたキャラクターのイラスト（図左）についても権利を有するとしました（最高裁平成13年10月25日判決は結論を維持しましたが、この点の解釈は不明です）。しかし、このような解釈を採用すると、自らが創作していない表現について権利を認めることになってしまい、創作的な表現を保護する著作権法の原則に反するとの批判がなされています。

★○×問題でチェック★

問5　会員のみが参加できるコンサートであれば会員100名であっても演奏権の侵害にはならない。
問6　原著作物が映画化された場合、原著作物の著作者は同映画について頒布権を行使できる。

IV 著作権侵害の主体（間接侵害）

↓権利侵害の主体の拡張
① 背後の者を侵害主体と認めた判決

	侵害主体と認められた者	実際に複製や演奏等をする主体と行為
最高裁昭和63年3月15日判決 [クラブキャッツアイ事件]	スナックを経営しカラオケ装置を設置した者	ホステスや客が歌唱
東京地裁平成15年1月29日中間判決 [ファイルローグ事件]	ファイル交換システムを提供した主体	ユーザがファイル交換
東京高裁平成17年3月3日判決 [2ちゃんねる事件]	インターネットの電子掲示板運営者	ユーザが著作物を掲示板に掲載
最高裁平成23年1月20日判決 [ロクラクII事件]	ユーザの指示でテレビ番組を録画しパソコンに送信する機器を販売した者	ユーザが指示して放送番組を録画
知財高裁平成28年10月19日判決 [Live Bar X.Y.Z.→A事件]	ライブハウスの運営主体	ミュージシャンが自由に演奏
知財高裁令和3年3月18日判決 [音楽教室事件]	音楽教室の運営主体	教師が演奏（生徒の演奏については否定）

② 背後の者を権利侵害の幇助者と認めた判決

	幇助者と認められた者	実際に複製や演奏等をする主体と行為
最高裁平成13年2月13日 [ときめきメモリアル事件]	ゲームソフトの内容を改変するメモリーカードを輸入・販売した業者	プレイヤーがメモリーカードを用いてゲームをプレイ
大阪地裁平成15年2月13日判決 [ヒットワン事件]	許諾を得ていない店舗にカラオケ装置をリースしたリース業者	各店舗の経営者
知財高裁平成20年9月30日判決 [土地宝典事件]	コピー機を設置した民事法務協会（法務局が著作物を貸出し）	不動産業者等が土地宝典を複製

筆者作成

これまで説明してきたように、著作権法は支分権主義を採用しており、複製や演奏といった特定の著作物の利用行為のみが侵害となります。そうすると、だれが著作物の利用行為をしているのかを確定させる必要があります。通常は、実際にコピーしたり歌を歌ったりする人が著作物の利用行為を行っている主体です。そして、特許法には間接侵害の規定がありますが、著作権法には間接侵害の規定がありません。もっとも、裁判所の判断においては、複製や演奏といった行為を他の人に行わせる機器やサービスを提供した者について、著作権侵害の主体としたり、著作権侵害の幇助者（民法719条）として責任を認めるものが数多く登場しています（これを著作権の**間接侵害**や**侵害主体論**と呼んでいます）。

この発端となったのは、**クラブキャッツアイ事件**です（最高裁昭和63年3月15日判決）。これはカラオケスナックにおけるカラオケ伴奏を伴った客の歌唱が問題となった事件です。最高裁は、スナック経営者が客の歌唱を管理し、客の歌唱で営業上の利益を増大させることを意図していたとして、カラオケスナックの経営者に演奏権侵害の責任を認めました。

その後、親機と子機からなる「ロクラク」という機器について、親機はサービス事業者のところに置いておきユーザが子機を通じて親機に指示を送ると親機がテレビ番組を録画し、子機に番組を送信するというテレビ番組録画送信のサービスについて、最高裁は、サービス事業者が複製の実現に枢要な行為をしているとして、サービス事業者を複製の主体と判断しました（最高裁平成23年1月20日判決 [ロクラクII事件]）。

音楽教室における演奏のうち、教師が行う演奏は音楽教室による演奏権の侵害になるとされました（知財高裁令和3年3月18日判決 [音楽教室事件]）。他方で、生徒が行う演奏については、演奏技術等の習得やその向上をはかることを目的として行われること、教師による伴奏は生徒の演奏を補助するものにすぎないこと、生徒は自主的に演奏するのであって、演奏することを強制されるものではないことなどを考慮し、

↓ロクラクII事件

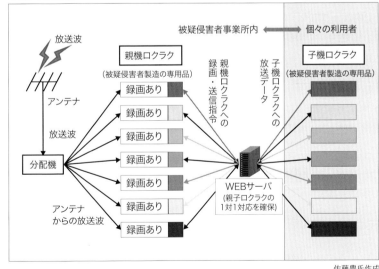

佐藤豊氏作成

音楽教室による演奏権侵害にはならないと判断しました（最高裁令和4年10月24日判決 [音楽教室事件]）。

★ ○×問題でチェック ★

問7　著作権法には間接侵害の規定がない。

問8　番組を録画する機器を事業者が管理していたとしても、どの番組を録画するかをユーザが決定していれば事業者は複製権侵害とならない。

9 著作権の制限

Ⅰ　はじめに

↓著作権の制限に関する規定の一覧

・私的使用のための複製（30条） ・付随対象著作物の利用（30条の2） ・検討の過程における利用（30条の3） ・著作物に表現された思想または感情の享受を目的としない利用（30条の4） ・図書館等における複製等（31条） ・引用（32条） ・教科用図書等への掲載（33条） ・教科用図書代替教材への掲載等（33条の2） ・教科用拡大図書等の作成のための複製等（34条） ・学校教育番組の放送等（34条） ・学校その他の教育機関における複製等（35条） ・試験問題としての複製等（36条） ・視覚障害者等のための複製等（37条） ・聴覚障害者等のための複製等（37条の2） ・営利を目的としない上演等（38条） ・時事問題に関する論説の転載等（39条） ・政治上の演説等の利用（40条）	・時事の事件の報道のための利用（41条） ・裁判手続等における複製（42条） ・行政機関情報公開法等による開示のための利用（42条の2） ・公文書管理法等による保存等のための利用（42条の3） ・国立国会図書館法によるインターネット資料およびオンライン資料の収集のための複製（43条） ・放送事業者等による一時的固定（44条） ・美術の著作物等の原作品の所有者による展示（45条） ・公開の美術の著作物等の利用（46条） ・美術の著作物等の展示に伴う複製等（47条） ・美術の著作物等の譲渡等の申出に伴う複製等（47条の2） ・プログラムの著作物の複製物の所有者による複製等（47条の3） ・電子計算機における著作物の利用に付随する利用等（47条の4） ・電子計算機による情報処理およびその結果の提供に付随する軽微利用等（47条の5） ・翻訳、翻案等による利用（47条の6） ・複製権の制限により作成された複製物の譲渡（47条の7）

筆者作成

　著作権法は、21条から27条までで、著作者がそれをする権利を専有するとされる行為（支分権の対象となる行為）を定めています。したがって、著作物に依拠し、類似性がある状態で、支分権の対象となる行為を著作者に無断で行うことは、原則として認められません。

　ただ、支分権の対象となる行為をすべて著作権侵害としてしまうと、困ったことが起きます。たとえば、遊園地に出かけたときに気軽に写真を撮ることができなくなります。なぜかというと、遊園地で撮影した写真に遊園地のキャラクターの姿が写り込んだ場合、キャラクターの姿を撮ることは「複製」にあたるからです。

　しかし、これが侵害となるのでは、日常生活があまりに窮屈になってしまいます。また、これを侵害としたところで、権利者が対価を得るには撮影された写真をすべてチェックして写り込んでいるものを見つけなければならず、非現実的です。

　そこで著作権法は、30条から47条の7までで、「支分権の対象となる行為であっても侵害にならない行為」を詳細に定めています。以下では、そのうち主なものをいくつかピックアップして説明します。

Ⅱ　私的使用のための複製（30条）

　著作権法30条1項は、「**個人的に又は家庭内その他これに準ずる限られた範囲内**」において、「**その使用する者**」が行う**複製**について、同項各号に掲げる場合を除き、複製権侵害とはならないと規定しています。私的な複製は許容されるとして、具体的にどのような場合に権利侵害となるのでしょうか。

　まず、**公衆の使用に供することを目的として設置されている自動複製機器を用いて複製する場合**（1号）です。コピー機やBlu-rayドライブのような、自動複製機器（複製の機能を有し、これに関する装置の全部または主要な部分が自動化されている機器をいいます）を使うと、大量に複製が行われ、権利者に与える不利益が大きくなるため、公衆の使用に供されることを目的として設置されている自動複製機器を使った複製は、30条の適用対象から外されています。もっとも、当分の間、「**『専ら文書又は図画の複製に供する』自動複製機器を用いた複製**」については、**権利制限の対象**となります（著作権法附則5条の

2）。ですから、たとえば、コンビニのコピー機を使って他人の著作物をプリントした場合は、1号の対象外です。

↓公衆の使用に供することを目的として設置されている自動複製機器の例

アフロ

問1　著作権法では、支分権の対象となる行為であっても、一般的な4要件を充たせば、非侵害となる。
問2　コンビニコピー機を使って他人の著作物を複製すると、私的複製の対象とならない。

↓技術的保護手段が講じられている製品の例：日本初のコピーコントロールCDの読み取り面。通常のCDと異なり、音楽トラック（内側）とパソコンでの再生のためのデータを収録したトラック（外側）との間に筋が見える

筆者撮影

次に、**技術的保護手段の回避により可能となり、またはその結果に障害を生じないようになった複製を、その事実を知りながら行う場合**（2号）です。音楽や動画は、パソコンを使って音楽をリッピングすることができないものや、暗号化を解除する装置を経由しなければ動画を視聴できないものを用いて流通することがあります。これらのように、技術的保護手段（著作物を利用するための機器が特定の反応をするようにしたり（例：コピーコントロールCD）特定の変換を必要とするようにしたりする（例：DVD、デジタルテレビ放送）手段をいいます）が講じられた状態で流通する著作物を、技術的保護手段を回避するツールを用いて複製する行為については、著作権法30条の適用対象から外されています。

さらに、**著作権を侵害する自動公衆送信を受信して行うデ**

↓コピーコントロールCDに付されている注意書き

このCDをお買い上げ頂き、ありがとうございます。
このCDに入っている楽曲は、コピー防止機能が施されています。
お客様に高品質なサウンドをそのまま楽しんで頂けますように、細心の注意を払ってこの機能を組み込んでおります。ご利用の前に以下の説明をお読みください。

●このオーディオCDはコピー防止機能付きです。
●通常のCDプレーヤー（ミニコンポ・CDラジカセなど）は再生できます。
　ただし、MP3再生対応CDプレイヤーでは再生できない場合があります。
●WindowsパソコンのCD-ROMドライブではオーディオトラックを再生できません。
　しかし、パソコン上で起動する音楽再生専用のアプリケーションが
　含まれていますので、これによりエクストラトラックに収録されたオーディオを
　再生して楽しむことができます。
●Macintoshでは、オーディオトラック・エクストラトラックともに再生できません。

このアプリケーションの動作条件
CPU：Intel Pentiumプロセッサ133MHz以上
OS：Microsoft Windows
　　　95/98/NT/2000/Me/XP
メモリ：32MB以上
CD-ROMドライブ必須
サウンド機能・スピーカーまたは
ヘッドホン必須

筆者撮影

ジタル方式の複製などを、その事実を知りながら行う場合（3号・4号）があります。ウェブ上の録音物や録画物を、無許諾でアップロードされたものと知ったうえでダウンロードする行為は、30条の適用対象から外されています（3号）。加えて、録音・録画物以外のもの（例：コミックのPDFファイル）についても、無許諾でアップロードされたものと知ったうえでダウンロードする行為は、30条の適用対象から外されています。ただし、録音・録画物以外で、ダウンロードされたものの侵害部分が軽微なものについては、30条の適用対象です（4号）。

Ⅲ　私的録音・録画補償金（30条3項）

複製技術が現在のように発展する以前は、複製機器を使って複製をすると、複製のたびに複製物の品質が劣化することが少なくありませんでした。ところが、複製にデジタル技術が使われるようになると、だれもが簡単に高品質の複製物を短時間に作れるようになり、しかも複製を繰り返しても複製物の品質がほとんど劣化しなくなりました。この状況下では、私的使用のための複製といえども、高品質の複製物が多量に作られ、権利者に与える不利益が従来に比べて大きくなるおそれがあります。そこで、デジタル録音やデジタル録画に使われる機器やそのような機器で使うための記録媒体を使って私的複製をする人から補償金を徴収することで、権利者に利益を還流させる仕組みが導入されました。具体的には、機器や記録媒体の価格に上乗せされる形で補償金が徴収されています。これが、著作権法30条3項の**私的録音・録画補償金**です。

私的録音・録画補償金の対象となる機器や記録媒体は、内閣が出す命令（**政令**）により別に指定されることになっています。1993年に制度が導入されたあと、補償金の対象となる機器や記録媒体は、長い間**アナログの音声や動画をデジタルに変換してデジタル録音・録画する装置と、その装置で使う媒体**に限られていました。たとえば、音楽用CD-RやMDとそれらのレコーダー（アナログの音声を入力してデジタル録音する機能のあるもののみ）、DVD-RやBlu-Ray（アナログ放送のデジタル録画に対応するもののみ）とそれらのレコーダーです。

日本では、テレビ放送がデジタル化され、アナログ放送をデジタル変換する録画機器の需要は失われました。この状況で、デジタルテレビ放送のみをデジタル録画する機器が補償金制度の対象となるかが問題となりました。裁判所は、そのような機器は

私的録画補償金制度の対象外であるとしました（知財高裁平成23年12月22日判決［東芝私的録画補償金事件］）。

その後、2022年に政令が改正され、アナログからデジタルへの変換を伴わないデジタル録画のための光ディスクとそれに録画するための装置が補償金の対象に追加されました。なお、スマートフォンやタブレット端末は、補償金の対象にはされていません。

↓私的録音補償金の対象となっている記録媒体。上は音楽用CD-R、下中央はMD。それぞれ、私的録音補償金に関する注意書きがある。なお、右下にあるスマートフォンは私的録音補償金の対象となっていない。

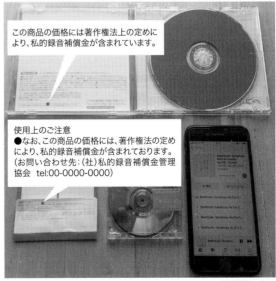

この商品の価格には著作権法上の定めにより、私的録音補償金が含まれています。

使用上のご注意
●なお、この商品の価格には、著作権法の定めにより、私的録音補償金が含まれております。
（お問い合わせ先：(社)私的録音補償金管理協会　tel:00-0000-0000）

筆者撮影・加工

★○×問題でチェック★
問3　DVDの暗号化を解除するソフトを使った、動画ファイルのリッピングは、私的複製の対象となる。
問4　ウェブ上に無許諾でアップロードされた動画を、そうと知ってダウンロードしても、私的複製の対象となる。

9 著作権の制限　**29**

指定された媒体や機器の価格への上乗せとして購入者からメーカーが受け取った私的録音・録画補償金は、メーカーから権利者に直接分配されるのではなく、**文化庁長官の指定管理団体**（著作権法104条の2）に一括して支払われます。録音・録画機器や媒体については、**私的録音補償金管理協会（SARAH）**が指定管理団体とされています（録画機器や媒体については、私的録画補償金管理協会という団体が指定管理団体でしたが、東芝私的録画補償金事件判決の後に徴収額がゼロとなり、**2015年に解散**しました）。

SARAHは、管理手数料を差し引いた額のうち、20%を**共通目的基金**に、80%を権利者への補償金に充てることになっています。(104条の8、著作権法施行令57条の6)。共通目的基金とは、著作権や著作隣接権の保護に関する事業や、著作物の創作の振興および普及のための事業に使われるものとされ、SARAHは、共通目的基金を使って、著作権制度の研究・教育に関する助成金を支給しています。残り80%の権利者への補償金は、SARAHが定めて文化庁長官に届出を行った**私的録音補償金分配規程**に基づき、次のように分配されます。音楽の著作物の著作権者への分配として日本音楽著作権協会（JASRAC）に36%、実演家の権利

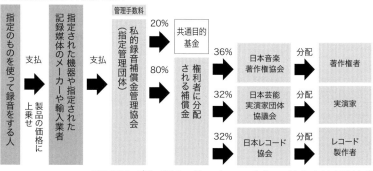

↓私的録音補償金の分配の流れ

JASRAC ウェブページ（https://www.jasrac.or.jp/bunpai/private/detail1.html）に掲載の図1を筆者が一部修正して作成

をもつ者への分配として日本芸能実演家団体協議会（芸団協）に32%、レコード製作者の権利を持つ者への分配として日本レコード協会（RIAJ）に32%がそれぞれ分配されます。分配を受けた団体は、JASRACであれば音楽の著作物の著作権者にさらに分配を行い、芸団協であれば実演家の権利を持つ者にさらに分配し、RIAJであればレコード製作者の権利を持つ者にさらに分配を行います。なお、音楽の著作物の著作権者や実演家の権利を持つ者、レコード製作者の権利を持つ者が、直接、補償金の対象となる機器や媒体を買った人に補償金を請求することは認められません（104条の2）。なお、2022年に新たに指定された録画機器・媒体への補償金の具体的な分配の仕方などは、今後決定される見通しです。

次に、私的録音補償金や私的録画補償金の徴収額の推移をみてみましょう。1993年に私的録音・録画補償金の制度が始まった時点では、「私的録音のための機器と媒体」のみが補償金の対象でした。「私的録画のための機器や媒体」については、制度開始当初は私的録画補償金の対象の指定が見送られました。

録音機器・媒体に関しては、1993年当時、デジタル録音の機器であるMDレコーダーはすでに一般家庭向けに発売されていましたので、MDのほか2つの種類のデジタル録音機器とそれらに用いる媒体が私的録音補償金の対象として指定されました。そのあと、1998年に音楽用CD-Rレコーダーとそれに用いる媒体が追加された後は、現在に至るまで追加はありません。

一方、録画機器・媒体については、1993年当時はまだ、デジタル録画ができる機器は一般家庭向けに発売される前でしたので、私的録画補償金の対象となる機器の指定は1993年の段階では見送られました。その後、1999年にDVCとD-VHS（いずれも、アナログの動画をデジタル変換したうえで磁気テープに録画する機器）が指定され、2000年にDVD-R（データ用のものを除く）ほか5種、2009年にBlu-rayが指定されました。もっとも、いずれもアナログ・デジタル変換の機能のある録画機器とそれに用いる媒体としての指定でした。

グラフにあるように、私的録音補償金は、制度が始まってから

↓私的録音・録画補償金の推移

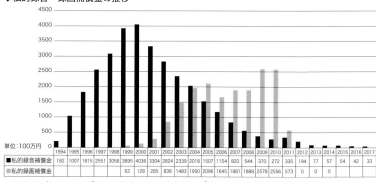

単位:100万円	1994	1995	1996	1997	1998	1999	2000	2001	2002	2003	2004	2005	2006	2007	2008	2009	2010	2011	2012	2013	2014	2015	2016	2017
■私的録音補償金	182	1007	1815	2551	3058	3895	4036	3304	2824	2339	2018	1507	1154	820	544	370	272	335	194	77	57	54	42	33
▨私的録画補償金		62	128	285	838	1483	1950	2096	1645	1881	1888	2578	2556	573	0	0								

JASRAC プレスリリース「CISAC 総会における決議事項ー『私的録音録画補償金制度』の機能回復に向けてー」（https://www.jasrac.or.jp/smt/release/19/1906_5.html）に掲載のグラフをもとに筆者作成

しばらくは順調に額を伸ばしていたものの、2000年に40億円となったのを境に右肩下がりとなり、2013年に1億円を割り込んだのち、2017年には3300万円にとどまっています。私的録画補償金のほうは、1999年に初めて対象となる機器や媒体が指定されてから、2005年、2009年から2010年にピークを迎えたあと、2011年に急激に額を落とし、2013年以降はゼロになっています。

このような徴収額の推移をたどった要因として、技術の発展により、私的録画の回数を制限できるようになった（例：デジタルテレビ放送の「ダビング10」）ために、さらに私的録画のための機器や媒体の購入者に補償金を支払わせることへの反発が生じ、補償金の対象となるものの指定が進まなかったこと、また、そもそも私的録音や録画をしなくても、サブスクリプションサービスで音楽や動画を楽しめるようになったことが挙げられます。

★〇×問題でチェック★

問5　私的録音補償金は、著作権者が直接利用者に請求して支払ってもらうことができる。
問6　地上波デジタル放送の開始により、私的録画補償金の制度は廃止された。

Ⅳ　付随対象著作物の利用（30条の2）

　街頭で写真撮影や生配信をする際、街頭の大型画面の画像が写り込むことがあります。それが他人の著作物であれば、著作権侵害になりえます。大型画面に覆いをかければ写り込みを避けることはできますが、非現実的です。また、ぬいぐるみを抱いた自分の姿をSNSにアップロードすると、ぬいぐるみが写り込んでいますので、やはり著作権侵害になりえます。このままでは日常生活が窮屈になってしまいます。

　そこで、著作権法30条の2は、**複製や伝達の対象に付随する著作物**は、利益を得る目的の有無、分離の困難性の程度、付随する著作物の果たす役割その他の要素に照らし**正当な範囲内**において、**著作権者の利益を不当に害さないこと**を条件に、無許諾で利用することができるとしています。

↓街並みを写真撮影したところ、街頭に設置された巨大なディスプレイに表示された著作物が写り込んだ例

アフロ

Ⅴ　著作物に表現された思想または感情の享受を目的としない利用（30条の4）

　著作物に表現された思想や感情を享受することが目的ではない行為であっても、形式的に支分権の対象となる行為にあたることがあります。たとえば、単に録音や録画の技術などの開発のための試験で生じる複製、情報解析のために多量の著作物をコンピュータに読み込ませる過程（いわゆる機械学習の過程）で生じる複製、コンピュータでの情報処理の際のキャッシュへの複製など、人間の知覚での認識を伴わない利用があります。

　著作権法30条の4は、これらの利用や、これらにとどまらず、**著作物に表現された思想や感情の享受を目的としないものでありさえすれば**、**著作権者の利益を不当に害さないこと**を条件として、著作物を**利用する（複製のみならず、支分権の対象となる行為すべてが対象です）**行為を、広く著作権侵害の対象外としています。

↓機械学習の過程での著作物の複製は侵害になるだろうか？

Ⅵ　引用（32条）

　新たに文学作品を書くなど、表現行為をするときに、他人の著作物に込められたアイデアだけを使うことは、そもそも自由に行えます。たとえば、ミュージカル「ウエスト・サイド・ストーリー」が、戯曲「ロミオとジュリエット」に着想を得て作り出されたものであることは、よく知られています。

　ただ、新たに表現行為をしようとすると、どうしても、他人の著作物の表現そのものを使わざるをえない場合がありえます。たとえば、ある文学作品の批評記事を書くためには、その文学作品の批評の対象となる「表現」が批評記事の読者に伝わらなければ、正確な批評記事は書けません。

　そこで、**公表された著作物**については、**公正な慣行に合致する**やり方で、報道、批評、研究その他の引用の目的に照らし合わせて**正当な範囲**であれば、引用して利用できるとされています（著作権法32条）。

　具体的には、パロディ・モンタージュ事件判決（最高裁昭和55年3月28日判決）で引用として利用することができるとされるための条件が示されました。パロディ・モンタージュ事件は、雪山で複数名のスキーヤーが描いたシュプールを撮影した写真の写真家と、その写真のパロディ作品を作ったパロディ作家との間で争われました。パロディ作家は、元となった写真の左右を切り取ったうえで、新たにタイヤの写真を貼り付けてパロディ作品にしました。写真家は、パロディ作家の行為が著作権侵害であると主張し、パロディ作家は、自分の行為は引用にあたり侵害ではないと主張しました。最高裁は、引用にあたるというためには、**引用する側の著作物と引用される側の著作物が明瞭に区別して認識で**

↓パロディ・モンタージュ事件で問題とされた作品（左：元となった作品、右：パロディと主張された作品）

黒川典是＝成相肇（編）『パロディ、二重の声』
（東京ステーションギャラリー・2017年）219頁、220頁

きること、**引用する側の著作物が主で、引用される側の著作物が従である関係**でなければならないこと、引用される側の著作物の著作者人格権を侵害しないこと、がその条件であるとしました。

　パロディ・モンタージュ事件は、1970（昭和45）年に全面改正される前の旧著作権法が適用される事件でした。したがって、この条件は、旧著作権法の「自己の著作物中に正当の範囲内に於て節録引用すること」との文言を解釈したものであって、現在の著作権法32条を解釈したものではありません。にもかかわらず、現在の著作権法が適用される裁判例でも、長い間、この条件が用いられてきました。

★〇✕問題でチェック★

　問7　街中で写真を撮った際に街頭の広告が写り込んだ場合、直ちに削除しなければ複製権侵害となる。
　問8　パロディ・モンタージュ事件判決が示した引用の要件は旧著作権法の要件であり、現行法で使われたことはない。

この裁判例の流れに一石を投じたのが、美術鑑定書事件判決（知財高裁平成22年10月13日判決）です。美術鑑定書事件は、絵画の著作権者と、絵画の真贋鑑定をする業者との間で争われた事件です。この事件の真贋鑑定の業者は、絵画の真贋鑑定の依頼主に対して発行する「鑑定証書」の裏面に、鑑定対象となった絵画の縮小印刷を貼り付けていました。絵画の著作権者は、この鑑定証書の裏面の縮小印刷などが複製権侵害であると主張し、真贋鑑定の業者は、この縮小印刷は引用としての利用として許されるべきであると主張しました。美術鑑定書事件判決は、パロディ・モンタージュ事件判決が示した条件にこだわりませんでした。すなわち、引用の条件として、引用して利用する方法や態様が公正な慣行に合致したものであり、かつ、引用の目的との関係で正当

↓美術鑑定書事件で問題とされた美術鑑定書における絵画の利用形態のイメージ。鑑定証書の裏面に鑑定対象の絵画を縮小印刷したものを挟み込んだうえでラミネート加工されていた

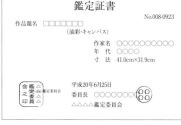

筆者作成

な範囲内、すなわち、社会通念に照らして合理的な範囲内であることが必要である、と著作権法32条の文言に忠実な解釈をしました。そのうえで、引用としての利用にあたるかは、著作物を利用する側の利用の目的のほか、その方法や態様、利用される著作物の種類や性質、利用される著作物の著作権者に及ぼす影響の有無・程度などを**総合考慮して判断**される、としました。

VII　学校その他の教育機関における複製等（35条）

↓35条1項から3項までの役割分担図

35条1項

・非営利目的で設置された教育機関における授業に使用する目的でなされる複製
・非営利目的で設置された教育機関における授業を受ける者に対する公衆送信
→対面授業のない遠隔授業についての権利制限としても機能

例：対面授業のない状態で受講者に著作物を一斉送信する
→**公衆送信に該当**

黒板へ教科書の記載を転記する
→**複製に該当**

学習支援システムで著作物を受講者と共有する
→**公衆送信に該当**

35条2項

・非営利目的で設置された教育機関（例：国公立大学、学校法人が設置する私立大学）が行う、授業を受ける者に対する**公衆送信についての補償金請求権**（複製のみの場合は補償金請求権は発生しない）
・SARTRAS（授業目的公衆送信補償金管理協会：文化庁長官指定管理団体）が教育機関の設置主体から一括徴収（104条の11）

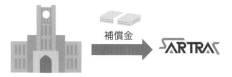

補償金

筆者作成（SartrasのロゴはSartrasウェブサイトより）

学校などの教育現場では、日々著作物が利用されています。たとえば、遠隔授業で教員が受講者に説明する際に画面共有の機能で資料を見せることは「公衆送信」にあたります。また、授業で教員が他人の著作物を板書することは「複製」にあたります。さらに、学習支援システムで教員が受講者に参考資料を共有することは「公衆送信」にあたります。

これらについて逐一許諾が必要であるということになると、教育現場で円滑に活動を行うことが難しくなります。そこで、教育現場での著作物の利用についても制限規定が必要となります。まず、著作権法35条1項は、公表された著作物について、国公立大学や私立大学のような**非営利目的で設置されている教育機関**（営利目的で設置されている学習塾などは対象外）で**教育を担任する者やその授業を受ける者**が、**授業の過程で使うために必要な範囲内で行う複製や公衆送信、公衆伝達**については、**著作権者の利益を不当に害さない限り**、許諾を得ずに行ってかまわないとしています。

したがって、たとえば、大学の授業で教員が他人の著作物を板書することは複製にあたりますが、板書が授業のために必要な程度のものであり、かつそれが板書された著作物の市場を侵食しない（すなわち、著作権者の利益を不当に害さない）のであれば、無許諾で行うことができます。さらに、そうした板書を学習支援システムで受講者と共有することは公衆送信にあたりますが、それも無許諾で行えます。

他方で、児童生徒に購入させる副教材の候補となる問題集などの見本が、教材業者から学校に提供されることがあります。採用されなかったものの見本を保管しておき、その見本から一部をコピーして授業中の課題として配布する行為はどうでしょうか。これは、副読本は児童生徒が購入して問題などを解くことを意図したものですので、そうしたものを複製することは、授業の過程で使う目的であっても、「著作権者の利益を不当に害する」ことになります。したがって、35条1項の適用を受けられません。

35条3項

・非営利目的で設置された教育機関での対面授業の受講者に対し提供される著作物について、その授業を遠隔地で同時に受ける者に対してなされるリアルタイムの公衆送信

※3項に該当するものについては、2項の補償金支払い不要。
条文の文言上、対面授業が存在しなければ該当しない

→対面授業と同時に行われる遠隔授業についての権利制限としてのみ機能

例：対面授業で板書された著作物を生中継し、
遠隔地の受講者が同時に画面で閲覧できるようにする
→公衆送信に該当

同時のみ

筆者作成

ただし、35条1項で認められる公衆送信のうち、対面授業と同時にされないものについては、**補償金請求権**の対象となります（35条2項）。したがって、学習支援システムで他人の著作物を授業の参考資料として受講者と共有したり、対面授業のない遠隔授業で他人の著作物を画面共有の機能を使って受講者に参照させたりすることについての許諾は不要ですが、教育機関を設置する者は、著作権者に対して補償金を支払わなければなりません。もっとも、著作権者が直接、補償金の支払請求をすることはできず、**授業目的公衆送信補償金管理協会（SARTRAS）**が、一括して請求することになっています（104条の11）。

なお、35条2項の補償金請求権は、「**対面授業と同時に、その対面授業を別の場所で受講する者に向けて対面授業と同時に行う公衆送信**」には適用されません（35条3項）。これは、当初「対面授業と同時に行われる遠隔授業の受講者に向けたリアルタイムの公衆送信」だけが権利制限の対象だったところ、公衆送信すべてを権利制限の対象に加えることと引き換えに、2項の補償金請求権の制度が導入されたという事情によるものです。

Ⅷ　営利を目的としない上演等（38条）

営利を目的としない行為であっても、支分権の対象となる行為にあたれば、原則としては著作権者の許諾が必要になります。しかし、この原則を押し通してしまうと、たとえば、学校祭で合唱コンクールをする際には、音楽の教科書に載っている楽曲であっても、著作権の保護期間が満了したものを選曲しない限り、著作権使用料を支払わなければならないことになります（教育現場での複製や公衆送信については、著作権法35条で権利制限がはかられていますが、教育現場での公の演奏や上演（学校の生徒は一般に「特定多数」の者と理解されます）については35条の対象外です）。また、不特定の来館者に対して書籍を貸し出す公立図書館は、上記の原則を押し通してしまうと、書籍の貸出しをするために書籍の著作権者の許諾を得なければならないことになります。ところが、公立図書館は、来館者から利用料を徴収することが図書館法で禁止されています（図書館法17条）。すると、公立図書館は公費から多額の著作権使用料を支出しなければ運営することができなくなりますし、そもそも権利者に許諾を断られてしまえば、蔵書にその書籍を加えることすらできなくなり、図書などを収集・整理・保存して、広く一般公衆に利用させるという図書館の使命を十分に果たすことができなくなってしまいます。

そこで、**非営利目的**で、かつ聴衆などから**料金を受けずに行われるもの**であって、**演者に出演料などが支払われない**公の上演や演奏などについては、著作権者の許諾が不要とされています（38条1項）。したがって、大学の学園祭で、演劇サークルが入場無料で公演をする際に、ゲストの俳優を招くなどしてギャラを払わない限りは、他人の著作物である脚本を使う際の許諾は不要となります。もっとも、「聴衆から料金を受けずに」という要件は厳しく解釈されており、たとえば、チャリティ公演のように、入場料は無料であるが、募金をしている、というようなものは、38条1項による権利制限の対象外と理解されています。

↓スポーツバーの様子

AP／アフロ

また、**非営利目的**で、かつ**料金を受けずにされる公の貸与**については、**映画の著作物の複製物を貸し出す場合を除いて**、自由に行うことができます（38条4項）。これにより、公共図書館は、著作権者から逐一許諾を得る必要がなくなりますので、書籍の貸出をする際に著作権者に著作権使用料を支払う必要もありません。

さらに、**放送・有線放送される著作物**を、**非営利かつ無償で受信装置を用いて公に伝達できる**とされています（38条3項）。これにより、たとえば、夏の甲子園大会のテレビ中継のパブリックビューイングを、出場している高校が行う際の許諾は不要になります。なお、**放送・有線放送される著作物を公に伝達するために家庭用受信装置を使う場合には、「非営利かつ無償」でなくてもよい**とされています（38条3項第2文）。したがって、たとえば、スポーツバーで、家庭用のテレビを使って「放送をそのまま」来客に見せることに許諾は不要です。もっとも、録画したものを見せる場合は対象外です。

---

10 著作権侵害の要件

I 著作権侵害の要件

↓著作権侵害の要件

①依拠性
②類似性
③支分権該当行為

著作権侵害

筆者作成

　著作権侵害が成立するためには、侵害を主張されている者（被疑侵害者）の行為について、①依拠性、②類似性、③支分権該当行為が成立している必要があります。③支分権該当行為というのは、**8**で解説した支分権のいずれかに該当する行為を行っていることです。各支分権の規定では、「その著作物を○○する権利を専有する」とされているので、先行作品たる「その著作物」に依拠し、類似していることが必要になります。以下では、この①依拠性と②類似性について紹介します。

II 依拠性

　依拠性とは、著作権侵害の要件として、他人の著作物に接し、それを自己の作品の中に用いることが必要です。後行作品が独自に創作された場合は、著作権侵害になりません。被疑侵害者が著作物を見たり聞いたりしたことを認めている場合（自白）や、それを直接目撃した証人がいる場合には比較的容易に立証できます。

　しかし、そのような証拠がない場合には、著作権を主張している作品（先行作品）と侵害を主張されている作品（後行作品）の類似点によって立証することもあります。たとえば、**ワン・レイニー・ナイト・イン・トーキョー事件**（最高裁昭和53年9月7日判決）では、似たフレーズをもつ楽曲の著作権侵害が問題となりました。最高裁は、後行作品「ワン・レイニー・ナイト・イン・トーキョー」を作曲した被告は、先行作

↓独自創作か否か

先行作品
著作権を主張
している作品

アクセス？

後行作品
著作権侵害を主張
されている作品

筆者作成

↓レコード「ワン・レイニー・ナイト・イン・トーキョー」（後行作品が収録されたレコードの1つ）

編集部撮影

品を知っていたとは認められないとして、著作権侵害を否定しました。

III 類似性

1 類似性とは

　著作権が侵害されたというためには、後行作品が先行作品に**類似**していることが必要です。両作品が「似ているか」という観点から、著作権を及ぼすことが必要か、著作権を及ぼしても問題がないかを判断します。

　作品が「似ているか」という問題には、「何が共通しているか」という問題（**共通点**）と「何が異なっているか」という問題（**相違点**）の2つが含まれています（図1）。**2**以下では、類似性の判断基準に関して説明したのち、共通点・相違点について紹介します。

　著作権が広く及ぶとき、著作者が創作するインセンティブが増大します。しかし同時に侵害となる作品の範囲も拡大するので、後続の創作者の作品創出（**後続創作**）が阻害されかねません。類似性要件の判断においては、このインセンティブと後続創作の適切なバランスをとる必要があります（図2）。

↓共通点と相違点【図1】

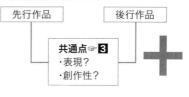

先行作品　　後行作品

共通点☞3
・表現？
・創作性？

相違点☞4
＝後行作品に
付け加わった
要素
→考慮する？
しない？

筆者作成

↓著作権を広く及ぼす場合【図2】

著作者の創作インセンティブが増大する
著作権侵害となる範囲が増えることで、得られる経済的利益が増える

後続創作が阻害される
著作権侵害となる範囲が増えることで、創作できなくなる作品が増える

筆者作成

★○✕問題でチェック★

問1　依拠性は、作品の類似点によっても立証されうる。
問2　著作権は「権利」なので、強化すればするほど良い。

2 類似性の判断基準

↓先行作品と後行作品の対比表【表1】

先行作品：**北の波濤に唄う**	後行作品：**ほっかいどうスペシャル・遥かなるユーラシアの歌声** ──江差追分のルーツを求めて──
むかし鰊漁で栄えたころの江差は、その漁期にあたる四月から五月にかけてが一年の華であった。鰊の到来とともに冬が明け、鰊を軸に春は深まっていった。 　彼岸が近づくころから南西の風が吹いてくると、その風に乗った日本海経由の北前船、つまり一枚帆の和船がくる日もくる日も港に入った。追分の前歌に、 　　〽松前江差の　津花の浜で 　　　すいた同士の　泣き別れ とうたわれる津花の浜あたりは、人、人、人であふれた。……	日本海に面した北海道の小さな港町、江差町。古くはニシン漁で栄え、
漁がはじまる前には、鰊場の親方とヤン衆たちの網子合わせと呼ぶ顔合わせの宴が夜な夜な張られた。漁が終れば網子わかれだった。絃歌のさざめきに江差の春はいっそうなまめいた。「出船三千、入船三千、江差の五月は江戸にもない」の有名な言葉が今に残っている。 　鰊がこの町にもたらした莫大な富については、数々の記録が物語っている。 　たとえば、明治初期の江差の小学校の運営資金は、鰊漁場に建ち並ぶ遊郭の収益でまかなわれたほどであった。 　だが、そのにぎわいも明治の中ごろを境に次第にしぼんだ。不漁になったのである。 　鰊の去った江差に、昔日の面影はない。とうにさかりをすぎた町がどこか淋しそうであるように、この町もふだんはすべてを焼き尽くした冬の太陽に似た、無気力な顔をしている。	「江戸にもない」という賑いをみせた豊かな海の町でした。 しかし、ニシンは既に去り、今はその面影を見ることはできません。
・・・ 　強いて栄華の歴史を風景の奥深くたどるとするならば、人々はかつて鰊場だった浜の片隅に、なかば土に埋もれて腐蝕した巨大な鉄鍋を見つけることができるだろう。魚かすや油をとるために鰊を煮た鍋の残骸である。 　その江差が、九月の二日間だけ、とつぜん幻のように華やかな一年の絶頂を迎える。日本じゅうの追分自慢を一堂に集めて、江差追分全国大会が開かれるのだ。 　町は生気をとりもどし、かつての栄華が蘇ったような一陣の熱風が吹き抜けていく。	九月、その江差が、年に一度、かつての賑わいを取り戻します。民謡、江差追分の全国大会が開かれるのです。大会の三日間、町は一気に活気づきます。

判決文

↓先行作品：木内宏『北の波濤に唄う』　　　**↓江差追分全国大会の様子**

編集部撮影　　　　　　　　　　　江差町HP

↓江差追分事件最高裁判決の判旨【表2】

判旨①	著作権侵害には、表現上の本質的な同一性を維持し、表現上の本質的な特徴を直接感得できることが必要
判旨②	表現それ自体でない部分（アイデア）、または、創作性がない部分しか共通しなければ、類似性は否定される

筆者作成

↓江差追分事件最高裁判決の判旨と相違点に関する立場【表3】

立場A	判旨①と判旨②は同趣旨→相違点は考慮しない
立場B	判旨①と判旨②は別の説示→相違点を考慮する

筆者作成

　類似性の判断基準について、最高裁が考え方を示したのが、**江差追分事件判決**（最高裁平成13年6月28日判決）です。「江差追分」とは北海道の民謡の1つですが、ノンフィクション『北の波濤に唄う』（先行作品）には、原告が江差追分全国大会を鑑賞した際の熱狂と感動が描写されています。被告らが製作した番組のナレーション（後行作品）中には、これと同じような趣旨の表現が含まれていたため、著作権侵害が主張されました（表1）。

　最高裁は、2つのことを判断しました（表2）。1つ目（判旨①）は、著作権侵害の成立には、後行作品が先行作品の表現上の本質的な同一性を維持し、これに接する者が先行作品の表現上の本質的な特徴を直接感得できることが必要だといい、2つ目（判旨②）では、表現それ自体でない部分（アイデア等）または創作性がない部分において同一性を有するにすぎない場合には著作権侵害にあたらない、としました。

　判旨②によれば、著作権侵害が成立するためには、共通点が**創作的な表現**であることが必要です。他方、相違点についてはどうでしょうか。これは判旨①と判旨②の関係をどのように理解するかにかかわります（表3）。判旨①の理解として、一方では、判旨②と同じことを言っており、創作的な表現が共通していれば本質的な特徴を直接感得できると理解する立場があります（立場A）。反対に、判旨①は判旨②と異なることを言っており、創作的な表現が共通していても、後行作品が有する相違点を考慮することによって、本質的な特徴を直接感得できなくなり、類似性が否定されることがあると理解する立場もあります（立場B）。

　なお、両作品の対応部分は対比表のとおりですが、具体的な当てはめでは、表現でない部分や創作性がない部分に同一性があるにすぎないとして、類似性は否定されました。この事件は翻案権（著作権法27条）に関するものでしたが、この類似性の判断基準は、複製権（21条）のような他の著作権侵害においても妥当します。

　判旨②によれば、類似性が認められるためには、共通点が創作的な表現であることが必要です。これは、共通点が**表現**であることと、共通点において**創作性**が表れていることの2つが要求されます（図1）。次の**3**では、この2つについて順にみていきます。

★〇✕問題でチェック★

問3　先行作品と後行作品で内容が同趣旨であれば常に類似性が認められる。

問4　江差追分事件最高裁判決の判旨の理解について、共通点として何が必要かは争いがない。

3 共通点

↓先行作品：釋英勝
「先生、僕ですよ」

筆者撮影

表現であること——共通点が、具体的な特徴である**表現**ではなく、抽象的な特徴であるアイデアにすぎないときには類似性が否定されます。仮にアイデアが共通するのみで著作権侵害とすれば、それを用いる**後続創作**に与える影響が大きいからです。このように共通点がアイデアか表現かが問題になります（**アイデア表現二分論**）。

具体例として、漫画（先行作品）と映像作品（後続作品）の類似性が争われた先生、僕ですよ事件（東京地裁平成10年6月29日判決）があります（表2）。裁判所は、共通点の基本ストーリーはアイデアにすぎないとしました。アイデアか否かはどのように考えればよいでしょうか。

具体的な表現から抽象的なアイデアへの樹形図を考えます（図3）。「先生、僕ですよ」や「地獄のタクシー」が有する特徴を抽象化していくと「等身大化したネズミが人間を手術する」という基本ストーリーが共通しています。仮にこれを「表現」と理解すれば、これを用いたさまざまな具体的ストーリーが著作権侵害となりえます。このように、「表現」としたときの影響が大きいときには「アイデア」と評価することになります。

絵でわかるかんたんかんじ事件（東京地裁平成20年10月23日判決）では、2つの外国人向け漢字教材の類似性が争われました（図4・図5）。漢字とイラストを線で結びつける出題形式と各漢字の意味を表すために机およびその周辺に置かれた物のイラストを使用していることという共通点はアイデアにすぎないとされました（類似性否定）。

↓先行作品と後続作品の対比表（先生、僕ですよ事件）【表2】

共通点 ＝基本ストーリー	「先生、僕ですよ」 （先行作品）	「地獄のタクシー」 （後続作品）
主人公が非現実の世界に入り込み、そこで等身大化したネズミから手術される。	実験動物を残虐に扱って楽しんでいる医者が、医者に扮したモルモットに逆に解剖されて殺される。	患者や実験動物の命を粗末に扱う傲慢な医者が、医者に扮したネズミに足を切断され、最後に地獄へ向かうタクシーに乗せられて連れ去られる。

筆者作成

↓表現とアイデアの樹形図【図3】

アイデア
↑
抽象化
↓
表現

- 実験動物が人間に反抗する
- 等身大化したネズミが人間を手術する ← アイデア？表現？
  - 「先生、僕ですよ」
  - 「地獄のタクシー」

筆者作成

↓先行作品：『絵でわかるかんたんかんじ80』10頁【図4】

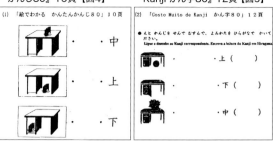

判決別紙

↓後続作品：『Gusto Muito de Kanji かん字80』12頁【図5】

判決別紙

↓先行作品と後続作品の対比表（箱根富士屋ホテル物語事件）

【表3】

先行作品：『破天荒力』	後続作品：『箱根富士屋ホテル物語』
帰国したとき七頭だったはずの牛が五頭になっているのは、おそらく、売却する前に二頭が死んでしまったからだろう。	仙之助の牛は全部で五頭。『八十年史』には七頭とあるが、飼っているうちに死んでしまったのだろうか。

【表4】

先行作品：『破天荒力』	後続作品：『箱根富士屋ホテル物語』
のちに孝子はスコットランド人実業家と再婚したが、正造は再婚することはなかった。彼は、富士屋ホテルと結婚したようなものだったのかもしれない。	孝子と別れた正造は生涯、独身を通した。……二度と結婚しなかったのは、正造が富士屋ホテルを結婚相手だと考えていたからではないかと私は思う。そう、正造が結婚したのは、最初から孝子というより富士屋ホテルだったのかもしれない。

判例時報2100号（2011年）148頁以下をもとに作成

↓表現とアイデア・事実の樹形図
（箱根富士屋ホテル物語事件）【図6】

アイデア
↑
抽象化
↓
表現

- 事実：正造の婚歴
- 比喩：ホテルと結婚したようなもの ← アイデア？表現？
  - 『破天荒力』
  - 『箱根富士屋ホテル物語』

筆者作成

表現ではなく**事実**が共通しているにすぎないときも、類似性が否定されます（10条2項参照）。箱根富士屋ホテル物語事件（知財高裁平成22年7月14日判決）では、表3のような記述がありました。これらは同趣旨の記述ですが、「もともと7頭いた牛が2頭死んでしまって5頭となったらしい」という客観的事実が共通するにすぎません。両記述の類似性は否定されています。

表4はどうでしょうか。こちらは正造の婚歴に関する事実だけでなく、正造がホテル経営に精力を注いだ事実を結婚に喩（たと）える比喩も共通しています（図6）。この比喩について、一審地裁は創作的な表現として類似性を肯定していますが、知財高裁は事実に対する感想という思想（アイデア）だとして類似性を否定しています。このように、アイデア・事実と表現のいずれと評価するか困難な場合があります。

★〇×問題でチェック★

問5　アイデアと表現は明確に区別することはできない。
問6　事実を文字で表現したものであれば、それが共通しているときには類似性が認められる。

創作性が表れていること——著作権が認められるためには、先行作品に**創作性**が必要ですが、著作権侵害が成立するためには、この創作性が後行作品にも表れている必要があります。先行作品に著作権が認められながら、後行作品にこれが表れていないと判断された例として、交通標語事件（東京高裁平成13年10月30日判決）があります（表5）。この事件は、交通安全のためのスローガンの類似性が争われたものでした。裁判所は、先行作品の創作性は、「ボク安心」と「ママの膝よりチャイルドシート」を組み合わせた点、全体として五七五調にまとめた点であり、後行作品にはそれが表れていないとして、類似性を否定しました。

先行作品がそのまま後行作品である写真中に用いられているにもかかわらず、創作的特徴の共通性が否定された場合もあります。それが雪月花事件です（東京高裁平成14年2月18日判決）（右写真）。原告は、「雪月花」という書を制作しましたが、被告がこれを自己商品の広告中に利用したため、著作権侵害を主張して提訴しました。裁判所は、書としての著作物の創作性は、文字の選択、文字の形のほか、文字の形の独創性、

↓後行作品：被告（オーデリック株式会社）の商品広告「あかり物語」。枠囲みが先行作品

判決別紙（枠囲みの追加は筆者による）

線の美しさと微妙さ、文字群と余白の構成美、運筆の緩急と抑揚、墨色の冴えと変化、筆の勢いにあるところ、被告の広告中にはこれらが再現されていないとして、著作権侵害を否定しました。

さらに、共通点が不可避的な表現（☞7-Ⅲ）、ありふれた表現（☞7-Ⅳ）である場合も類似性が否定されます。この場合に類似性を認めれば、後続創作を阻害しかねないからです。

↓先行作品と後行作品の対比表（交通標語事件）【表5】

先行作品（原告スローガン）	後行作品（被告スローガン）
「ボク安心　ママの膝（ひざ）より　チャイルドシート」	「ママの胸より　チャイルドシート」

筆者作成

4 相違点の考慮

Ⅲ2の立場Bによれば、仮に共通点が**創作的表現**と認められても、**相違点**を考慮することにより著作権侵害が否定される余地があります。このような判断基準と理解できる裁判例としてプロ野球ドリームナイン事件（知財高裁平成27年6月24日判決）を紹介します。

この事件は、実在の野球選手の写真を用いた「選手カード」のデザインが類似するかどうかが争われました。たとえば、中島裕之選手の選手カードについては、表6のような共通点と相違点があります。一審判決は、このような共通点があっても、相違点の存在により表現全体から受ける印象を異にし、先行作品の表現上の本質的な特徴を直接感得することはできないとして、類似性を否定しました。これに対し控訴審判決は、共通点を創作的表現と評価できるとしたうえで、さらに、相違点を考慮しても両作品の選手カードの共通点から受ける印象を凌駕するものではないとして、類似性を肯定しました。

このように、相違点を考慮する立場によれば、後行作品から受ける印象を裁判官が判断し、また、どこまでの相違点を考慮するかも個々の判断によることになります。そのため、その判断基準が不明確となるという問題が生じます。

↓先行作品：「プロ野球ドリームナイン」中の中島選手カード

判決別紙

↓後行作品：「大熱狂!!プロ野球カード」中の中島選手カード

判決別紙

↓プロ野球ドリームナイン事件における共通点と相違点【表6】

共通点	相違点
・その具体的なポーズ、大きさおよびそのカード上の配置 ・本体写真の上半身を大きく拡大し、本体写真よりも多少色を薄くした背景写真が、多色刷りで残像のように二重表示されている ・本体写真の下部に、本体写真と背景写真の間に入るように炎が描かれるとともに、全体の背景としても炎が描かれ、カード中央から外方向へ放射線状の閃光を表すような黄色または白の直線的な線（後光）が四方へ向けて描かれている ・カード左上には所属するチームのロゴマークが記載されている	・背番号の数字および選手の氏名の記載部分の表現や金星の数 ・下の背景部分の選手カードの所属球団を表す色の有無（後行作品にはある） ・背景に拡大して置かれた二重写真の具体的な大きさ ・炎の具体的な色味、閃光を強調する楕円形状の光の玉の有無

筆者作成

11 著作者人格権

Ⅰ　総　論

著作者は、精魂込めて創り出し、自らの個性を反映している著作物に対して、財産的利益だけでなく精神的利益を有しています。人に見せたくない著作物が公にされたり、著作物が他人の作品と偽って利用されたり、著作物に手を加えられたりすると、著作者が自身の著作物に対しても**つ思い入れやこだわり**が害されます。場合によっては「こんな質の悪い作品を世に出す作者なのか」などと思われて、著作者が社会から受ける評価（**名誉・声望**）が低下してしまいます。そうした著作者の思い入れや名誉といった精神的利益を保護する権利が著作者人格権です。著作権法は、著作者人格権として**公表権・氏名表示権・同一性保持権**を規定しているほか、名誉または声望を害する方法による著作物の利用を著作者人格権侵害とみなしています（**名誉声望保持権**）。

著作者人格権は著作権と同じく、著作物が創作された瞬間に著作者に帰属します。ただ、両者は独立した権利で、それらが侵害されたか否か、制限されるか否かは、別々に判断されます。

↓著作者人格権の種類

著作者人格権
・氏名表示権
・公表権
・同一性保持権
・名誉声望保持権
（みなし著作者人格権侵害）

筆者作成

↓ゴーストライター契約

契約

「著作者」名義人　⇦✕　ゴーストライター　著作者の地位
　　　　　　　　　⇦✕　　　　　　　　　著作者人格権
　　　　　　　　　⇦◯　　　　　　　　　著作財産権

筆者作成

また、著作権は譲渡できますが、著作者人格権は著作権法59条によって譲渡できないと規定されています（**一身専属性**）。そのため、著作者が著作権を譲渡しても、著作者人格権は著作者のもとに残り、著作権と著作者人格権の保有者は別人になります。いわゆるゴーストライター契約が、実際の著作者（ゴーストライター）と、世間に対して著作者と名乗る者（「著作者」名義人）との間で結ばれることがあります。この場合も、契約によってゴーストライターから「著作者」名義人に著作権が譲渡されることはあっても、あくまで著作者はゴーストライターなので、著作者人格権はゴーストライターのもとにとどまります。

Ⅱ　公表権

著作権法18条1項　著作者は、その著作物でまだ公表されていないもの……〔中略〕……を公衆に提供し、又は提示する権利を有する。〔後略〕

著作者は、未公表の著作物の**公衆（不特定または多数の者）**への提供・提示を禁止できます。一方、いったん適法に公表された著作物の再公表を公表権で妨げることはできません。中田英寿事件（東京地裁平成12年2月29日判決）では、著名なサッカー選手が中学時代に学年文集に寄せた詩が書籍（書影は**32-Ⅱ[1]**に掲載）に無断掲載された事案について、著作者の同意のもとで学年文集が300部以上配布されていたことから、公表権侵害が否定されました。

手紙の公表も問題となります。手紙の受取人は物理的な手紙の所有者です。しかし、手紙の内容が著作物である場合、その著作権や著作者人格権は著作者である差出人のもとにあります。そして、特定かつ少数の者に宛てた手紙の内容は未公表なので、受取人によるその無断公表は公表権侵害になります。三島由紀夫──剣と寒紅事件（東京高裁平成12年5月23日判決）では、三島由紀夫の手紙の書籍への掲載が、三島の生前であれば公表権侵害となるべき行為であると判断されました。

↓中田英寿選手

アフロ

↓福島次郎
『三島由紀夫──剣と寒紅』

編集部撮影

問1　著作者人格権は譲渡することができる。
問2　著作物性のある手紙の受取人が勝手にその内容を公表しても公表権侵害にならない。

III　氏名表示権

著作者は、著作物の原作品に、および著作物の公衆への提示・提供に際して、著作者名を表示するか否か、表示にどのような著作者名を用いるかを決定できます。そして、その決定に反する表示を禁止できます。単に、著作者が自分の名を表示すると決めたのに、まったく表示を欠いたり、別人の名を表示したりする場合だけでなく、著作者がある変名（ペンネームや芸名）を表示すると決めたのに著作者の実名や別の変名を表示したり、著作者が著作者名を表示しないと決めたのに著作者の名前を表示したりすることも、氏名表示権侵害になります。

ジョン万次郎像事件（知財高裁平成18年2月27日判決）では、銅像（原作品）の台座に著作者でない者（銅像制作時の助手）の名が著作者として表示されていたことが、氏名表示権侵害であると判断されました。

↓ジョン万次郎像事件で問題となった銅像

土佐清水市HP

IV　同一性保持権

1　総　論

著作者の意に反する著作物やその題号の改変は、それによって著作者の名誉・声望が低下しなくても、あるいは逆に作品の質が向上したとしても、同一性保持権侵害になります。法政大学懸賞論文事件（東京高裁平成3年12月19日判決）では、論文中の送り仮名の変更でさえ、同一性保持権侵害になると判断されています（⇒**15-Ⅲ2**）。

同一性保持権を扱った著名な裁判に、**ときめきメモリアル事件判決**（最高裁平成13年2月13日判決）があります。「ときめきメモリアル」は、主人公の日々の行動選択によって各種パラメータが変動し、それに応じてストーリーが展開される、恋愛シミュレーションゲームです。同事件では、使用することで本来予定されていないストーリー展開をもたらす、ありえない値のパラメータデータを収めたメモリーカードの販売が問題となりました。同判決は、メモリーカードの販売が同一性保持権侵害を惹起したとして、販売業者の不法行為責任を認めました。ただ、プレイヤーの私的領域内での改変まで違法との前提をとった点には、学説上異論があります。

↓「ときめきメモリアル」のプレイ画面
（左が行動選択画面、右がヒロインとの会話シーン）

筆者撮影

↓「ときめきメモリアル」の
パッケージ

筆者撮影

↓ときめきメモリアル事件の概要

X（コナミ）
ゲームソフト「ときめきメモリアル」を製作

正常なパラメータ		
体調 100	文系 040	理系 040
芸術 040	運動 040	雑学 032
容姿 060	根性 005	ストレス 000

Y（スペックコンピュータ）
改造セーブデータを記録したメモリーカード「X-TERMINATOR PS版第2号ときメモスペシャル」を輸入・販売

改造されたパラメータ		
体調 999	文系 999	理系 999
芸術 999	運動 999	雑学 999
容姿 999	根性 999	ストレス 000

改変　使用

プレイヤー

購入

谷川和幸氏作成

★○×問題でチェック★
問3　著作者名表示のない著作物の原作品に、勝手に著作者の実名を著作者名として表示しても、氏名表示権侵害にならない。
問4　著作者の意に反する題号の改変は同一性保持権侵害になる。

2 同一性保持権が制限される場合

著作権法20条2項 前項の規定は、次の各号のいずれかに該当する改変については、適用しない。

一 （略）
二 建築物の増築、改築、修繕又は模様替えによる改変
三 （略）
四 前三号に掲げるもののほか、著作物の性質並びにその利用の目的及び態様に照らしやむを得ないと認められる改変

　著作者の意に反する改変でも、それを許さないと著作物の利用者等に不都合をもたらす場合があります。そのため著作権法は、教科用図書に掲載する場合の教育目的上やむをえない用字・用語の変更や、プログラムのバージョンアップによる改変など、同一性保持権が制限される場合を明示しています。

　建築物の外観には著作物性が認められることがあります。一方で、建築物は同時に住居・オフィス・店舗といった実用目的に用いられます。そのため、著作物の改変を伴う建築物の増改築・修繕・模様替えが必要になる場合があります。もしもこれらが禁じられると建築物の所有者は困ってしまいます。そこで著作権法20条2項2号は、増改築等による改変は同一性保持権を侵害しないと規定しています。ただ、経済的・実用的観点から必要な範囲を超えた増改築による改変や、所有者の個人的嗜好に基づく改変まで許容すべきかについては、裁判例の判断が分かれています。

　新梅田シティ事件（大阪地裁平成25年9月6日決定）は、商業施設の庭園に著名な建築家の設計した「希望の壁」が設置されることになったため、庭園の設計者が同一性保持権侵害を主張した事案です。庭園は建築物ではありませんが、問題の庭園は実用目的のものであり、増改築等による改変の禁止が土地所有者に酷であることは、建築物と変わりません。そこで裁判所は、庭園の模様替えに20条2項2号を類推適用して、同一性保持権侵害を否定しました。また、増改築等が経済的・実用的観点から必要な範囲を超えていても、改変が恣意的なものであっても、原則として同一性保持権侵害にはならないとしました。

　20条2項4号は、より一般的に「やむを得ないと認められる改変」を許容しています。以前は、ほかの個別的な例外と同等の必要性がなければ、4号の適用を認めるべきではないともいわれていました。しかし近年では、同号を活用して著作者と著作物の利用者の利害を調整すべきとの学説が有力です。

　脱ゴーマニズム宣言事件（東京高裁平成12年4月25日判決）では、著名な漫画家の作品を批判する書籍に、その漫画のカットが改変されたうえで引用されたことが問題になりました。右の改変①は、描かれた人物に目隠しを入れたというものですが、元のカットが実在の人物を醜く描いたものであったため、その人物の名誉感情を守るための措置として適当であり、また、改変が引用者によるものであると明示されていたことから、4号にあたるとされました。一方、改変②は引用部分の最後のコマの位置を変更したというものですが、変更せずに引用する別の方法があったことから、4号にはあたらないとされました。

↓新梅田シティ事件で問題となった希望の壁（上）と設計図（下）（既存の庭園を横切る網掛け部分が希望の壁）

青木大也氏撮影

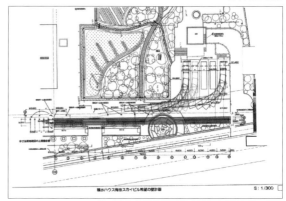

決定文別紙

↓脱ゴーマニズム宣言事件で問題となった改変①（上が改変前、下が改変後）

一審判決別紙

↓脱ゴーマニズム宣言事件で問題となった改変②（上が改変前、下が改変後）

「新ゴーマニズム宣言第30章」より

一審判決別紙

★○✕問題でチェック★
問5　著作者の意に反する著作物の改変は、どのような場合も許されない。
問6　庭園は建築物ではないが、その模様替えによる著作物の改変も、20条2項2号の類推適用によって許容されうる。

V　名誉声望保持権

　著作物が改変されなくても、著作物の利用方法によっては、著作者が社会から受ける評価（名誉・声望）が毀損されます。そこで著作権法は、名誉・声望を害する方法による著作物の利用を、著作者人格権侵害とみなしています。天皇陛下似顔絵事件（知財高裁平成25年12月11日判決）では、著名な漫画家が描いた昭和天皇と当時の天皇（現上皇）の似顔絵（著作者のサイン入り）が、天皇に感謝を伝える企画のウェブサイトに、

著作者が企画に賛同して自ら投稿したかのように無断掲載されたことが問題となりました。裁判所は、著作者が一定の政治的立場に基づくと評価される可能性の大きい企画に強く共鳴しているとの評価を受けうるとして、名誉声望保持権侵害を認めました。

VI　著作者がなくなった後の人格的利益の保護

　著作者人格権は著作者の一身に専属する権利です。そのため、著作者人格権は著作者が死亡した（法人の場合は解散した）時点で消滅します。しかし、著作者の死後、著作物の改変等が自由になるわけではありません。それでは著作者は死後勝手に改変等がなされることを前提に作品を作らなければならず、著作者の著作物に対する思い入れや名誉が害されます。また、著作物を鑑賞する側（社会）にとっても、改変された著作物を本来の姿と誤解してしまうといった不都合が生じます。そこで著作権法は、著作者の死後もその精神的利益を保護するために、公衆に著作物を提供・提示する者に、著作者の生前であれば著作者人格権侵害となるべき行為を禁じています。ただ、生前と比べて保護の必要性が弱まることや、改変等の必要性もあることから、著作者の意を害しないと認められる改変等は許されています。

　駒込大観音事件（知財高裁平成22年3月25日判決）では、制作を依頼した観音像の顔の出来に不満をもった寺が、著作者の死後、像の頭の部分を作り直したものにすげ替えたことが問題になりました。控訴審判決は、信仰の対象として観音像を慈悲深い表情にすべきとの判断が合理的でも、そのためには像全体を作り変える方法もあったと指摘して、すげ替えは著作権法20条2項4号の「やむを得ないと認められる改変」ではなく、著作者の生前であれば同一性保持権侵害となるべき行為だと判断しました。

　なお、著作者人格権侵害に対して、著作者は差止めや損害賠償、名誉・声望回復措置を請求できます。一方、著作者死後の60条違反の行為に対しては、著作者の遺族が差止めや名誉・声望回復措置を請求できます。駒込大観音事件控訴審判決は、名誉声望回復措置として右の内容の広告の新聞掲載を命じました。

↓駒込大観音事件で問題となった改変
（左が改変前、右が改変後）

控訴審判決別紙

↓広告の文面（イメージであり、実際の広告態様とは異なる）

広告

　Y1寺及びY2は、Y1寺から委託を受けて故R殿が共同して制作し、Y1寺が共同所在のY1寺境内観音堂内に安置した木造十一面観音菩薩立像である「駒込大観音」について、Y1寺においてY2に対して仏頭部の再度の制作を委託し、これを受けてY2においてY1寺において新たに制作し、これによりY1寺に制作した仏頭部を新たに備えた観音像を観音堂に安置し、拝観に供していること、及び故R殿の制作にかかる仏頭部も同じく観音堂に安置していることについて、故R殿の名誉・声望を回復するための適当な措置として、お知らせ申し上げます。

控訴審判決別紙から書き起こし

12 美術と著作権法

I 著作物性

1 絵画・版画・彫刻

著作権法10条1項4号は「絵画、版画、彫刻その他の**美術の著作物**」を保護の対象として定めています。空間において線・形・色などにより表現されたものであれば、必ずしも、私たちが日頃から"美術"と呼んでいる美術館の所蔵品のようなものでなくてもこれに該当しえます。たとえば、書や漫画、壁の落書きや舞台の大道具なども、これに含まれる可能性があります。オリジナルの銅版や鋳型から生み出される版画や彫刻ははたしてオリジナルかコピーか?などといった面白い問題が多く存在します。

なお、同法2条2項は「この法律にいう『美術の著作物』には、美術工芸品を含むものとする」と定めています。では、この**美術工芸品**とはどのようなものを指すのでしょうか。この点、著作権法にはその定義が定められていません。一般的には、実用品のうち特に美的鑑賞の対象ともなりうるようなものを指すなどと説明されることが多いようです。

では、もしこれが美的な実用品であるとするならば、著作権法と同時に意匠法による保護の対象にもなるのではないか?という疑問がわいてきます。この点については、①「美術工芸品」という語を解釈し、これに該当するものには著作権法の適用を認め、これに該当しないものには意匠法の適用を認める、すな

↓ジャン＝フランソワ・ミレー「晩鐘」

public domain

わち、いずれか一方の法の適用しか認めないとするか、②著作権法と意匠法とを重ねて適用することも認めるとするか、説が分かれています。

2 建築

著作権法10条1項5号は**建築の著作物**を保護の対象として定めています。著作権法発祥の地である西欧において、建築・絵画・版画・彫刻はともに"美術"の1つとして捉えられてきました。しかしながら、私たちの現行の著作権法は、10条1項において「美術の著作物」(4号)とは別に「建築の著作物」(5号)を定めていたり、20条において「建築物の増築、改築、修繕又は模様替えによる改変」(同条2項2号)を別に定めていたりするなど、「建築」を「美術」とは異なる性質のものとして扱っているようにみえます。

これは、建築が、いわゆる絵画・版画・彫刻とは異なり、私たちの健康で文化的な最低限度の暮らしを成立させるために欠かせない工学的な機能をもつからともいえるでしょう。著作権とはある種の独占権ですので、たとえば、ごく一般的な住宅建築について、その意匠設計に対する建築家の独占を認めると、その効果として、私たちが住むことのできる住宅のタイプがひとつ狭められてしまうことになります。他方で、建築家の著作者としての権利は尊重しなければなりません。そこで上手にバランスをとるために、建物が「建築の著作物」として認められるためには、それが「建築芸術」といえるようなものである必要があ

↓ステラ・マッカートニー青山

アフロ

る、などとされています。

なお、庭園や橋やタワーなどのいわゆる土木工作物もまた、著作権法上は「建築の著作物」とされる可能性があります。

★○×問題でチェック★

問1　およそ"美術"とはいえないレベルの低い落書きは「美術の著作物」とは判断されえない。
問2　日本の住宅総数のうち「建築の著作物」と認められうるものは少数である。

3 写 真

　著作権法10条1項8号は**写真の著作物**を保護の対象として定めています。元来「写真」とは、被写体から発される光（photo-）を感光層に焼き付けてから、それを紙に描き出す（-graph）ことにより可視化したものを指しました。しかし、今ではスマートフォンやデジタルカメラで撮影した映像のデジタル情報などもこれに含まれるものとされています。

　日本語の「写真」とは〈真を写す〉という意味であることから、単に真を写しただけでは「思想又は感情を創作的に表現」（2条1項1号）したことにはならないのでは？という疑問もわいてきます。確かに、ただ記録のためにスマホで撮った駅の時刻表の写真など、多くの写真は"創作的表現"とは呼べないものかもしれません。けれども、写真の中には、被写体の選定・シャッターチャンス・構図・レンズの選択や速度設定・現像の手法などに創意工夫を凝らして撮影されたものや、偶然にも撮れた芸術的写真などもあり、そのようなものは「写真の著作物」として認められる可能性があるといえるでしょう。

　では、ある被写体を撮影した写真Aが「写真の著作物」に該当するとき、同じ被写体を、同じような季節や時間帯や角度から撮影した写真Bは、著作権法上の侵害品であるといえるでしょうか。

　ここで、同じ廃墟を写した2枚の写真を見比べてみましょう。上が原告写真、下が被告写真です（知財高裁平成23年5月10日判決［廃墟写真事件］）。上は白黒ないしセピア色で長方形、下はカラーで正方形です。はたして、廃墟という被写体の選定そのものが創作における重要な要素となっているでしょうか。それとも、廃墟はただの風景にすぎず、それをいかにして撮影するかのみが重要な要素であるといえるでしょうか。〈真を写す〉ものであるからこその難しさがあるといえるでしょう。

↓丸田祥三『棄景：廃墟への旅』

同書（宝島社・1993年）頁数記載なし

↓小林伸一郎『廃墟遊戯』

同書（メディアファクトリー・1998年）16頁
（オリジナルはカラー）

II　特有の権利関係

1　美術の展示

　著作権法25条は、美術や未発行写真のオリジナル（原作品）を公に展示する権利は、その著作者のみにあると定めています。たとえば、通常、絵画の売買において売主から買主へ移転するのは絵画の所有権のみであり、絵画の著作権は著作権者のところに残り続けます。すると、買主は、原則として、その絵画を「展示する」という著作権法上の権利をもたないことになります。

　そうはいっても、絵画を購入した人は、だれが何と言おうがその絵をみんなに見せたいと思うこともあるでしょう。そこで、同法45条は、美術や写真のオリジナル（原作品）の所有者は、それらを**公に展示**することができる旨を定めています。これにより、所有者は自由にその絵を美術館に貸し出して展示させたりすることができます。

　しかしながら、所有者はいかなる場合でも自由に展示を行ってよいというわけではありません。同条2項は「一般公衆の見やすい屋外の場所に恒常的に設置する場合」は除くとしています。つまり、所有する絵を何年間か美術館の外壁に掛けて道ゆく人が誰でも楽しめるようにしてもらおうというような場合には、あらかじめ絵の著作者の了解を得る必要があるでしょう。そのように広く開放された場所に長らく絵を設置すると、その絵をいつでも誰でも自由に複製したりすることができるようになるため（☞**2**）著作者がそれでもかまわないと思うかどうか確認しておく必要が

↓オークションカタログ

毎日オークションカタログ653号（2020年11月14日）112頁

あると考えられます。

　なお、美術品の展覧会や競売などを催すときには、関係者に対し、個々の美術品を紹介したり解説したりする必要が生じます。主催者は、そのために小冊子やホームページなどを作成したりします。その際、それぞれの紹介文や解説文がどの美術品についてのものかを明らかにするために、個々の美術品を写真などに撮って掲載する必要が生じます。一見、これは著作者の複製権を侵害するようにも思えますが、このような**展示に伴う複製**については、著作者の許可がなくても必要限度内では行えるものとされています（47条・47条の2）。

★○×問題でチェック★
問3　有名写真と同じ被写体を同じアングルから撮影したら複製権侵害となる。
問4　絵の所有者は、いつでもどこでも自由にその絵を展示することができる。

2 公開された美術

著作権法46条は、**屋外に恒常的に設置**されている美術や建築については、人々はその著作物をどのような方法においてでも利用することができる旨を定めています。たとえば、東京観光の際にスナップ写真を撮ったら背景に東京タワーが写っていた場合、それを建築の著作権に対する侵害行為としてしまうと、多くの人々の行動の自由が大幅に制約される社会となってしまいます。そのため、東京タワーの写真を撮ったり、そのミニチュアを作って学校の文化祭で展示したりすることなどは、自由にしてもよいとされます。

では、自宅の敷地に東京タワーを原寸大で複製するのはどうでしょうか。そのような行為は、たとえ禁止されたとしても、そのことで行動の自由が大幅に制約される社会になったとは考えづらいでしょう。そこで、著作者と人々との権利のバランスをはかるため、同条は、人々が勝手に「建築により複製」する行為や、「彫刻を増製」「屋外の場所に恒常的に設置するために複製」「専ら美術の著作物の複製物の販売を目的として複製」したりする行為については、これを禁止しています。

ところで、美術や建築について屋外に「恒常的に設置」するというのはどのような展示状況を指すのでしょうか。この点「ある程度の長期にわたり継続して、不特定多数の者の観覧に供する状態に置くことを指す」とされた例があります（東京地裁平成13年7月25日判決［はたらくじどうしゃ事件］）。このように考えると、一定の不動産に固着されていない路線バスの車体に

↓『はたらくじどうしゃ』

判例時報1758号142頁

描かれた絵なども「恒常的に設置」された美術ということになり、「専ら」その絵のコピーを売るために複製する場合を除き、さまざまな方法で利用することが許されることになります。

3 追及権

小説家は、若い頃に書いた小説が売れ続ければ、その小説からお金を稼ぎ続けることができます。作曲家も、若い頃に作った曲がダウンロードされ続ければ、その曲からお金を稼ぎ続けることができます。そればかりか、彼らは亡くなっても、その小説や曲が売れ続ける限り、彼らの子供や孫までも、そこからお金を稼ぎ続けることができます。では、画家はどうでしょうか。画家も、若い頃に描いた絵が現在も**取引**され続けていれば、その絵からお金を稼ぎ続けられるとするのが、小説家や作曲家たちと比べてもバランスが良いように思われます。つまりたとえば若い頃に10万円で売った絵が1000万円で転売されるときにはその5％（50万円）、次に、それが1億円で転売されるときにはまたその5％（500万円）が画家の懐に入るような仕組みを作れば、画家もまた、小説家や作曲家と同じように、1つの作品が市場で価値をもつ限り稼ぎ続けることができます。

このような考え方は、100年ほど前のヨーロッパにはすでにあり、フランス法においては1920年にdroit de suit（追及権）と呼ばれる権利が誕生しています。そのきっかけは、**1** **1**に掲げたミレーの「晩鐘」であったとされています。「晩鐘」は、ミレーが生前に二束三文で売ったのち、どんどん高値で転売され、やがて800倍ほどの値が付くようになりました。しかしながら、ミレーもその遺族もそれを知りながら、自分たちは極貧生活を余儀なくされていたことから、人々がこれを何とかしなければならないと感じたのが始まりとされています。

↓「パパの絵！」（1920年）

LeJournal des Arts; https://www.lejournaldesarts.fr/marche/une-nouvelleconsultation-sur-le-droit-de-suite-lancee-en-grande-bretagne-sur-internet

この年に描かれた「パパの絵！」という上の挿絵は、貧しい物売りの少女が、シルクハットの裕福な男たちが彼女の父親（パパ）の絵を寄ってたかって値踏みしているのを、窓の外からじっと見つめているというものです。パパは怪我や病気で絵を描けなくなってしまったのでしょうか。亡くなってしまったのでしょうか。

現在、日本の著作権法に追及権は定められていませんが、これを導入しようとする声は長くあります。

★ ○×問題でチェック ★

問5　観光で写真を撮るときは、背景に建築の著作物が写り込まないよう注意しなければならない。
問6　彫刻家がかつて100円で売った粘土細工が今年1億円で取引されるとき、その売上の何割かは彫刻家の懐に入る。

III 美術の著作物をめぐる諸問題

1 グラフィティ・アート

壁にスプレーなどで描かれた絵。多くの場合、著作者は壁の所有者に**無許可**かつ**匿名**で描いています。このような絵（グラフィティ）は、いったいだれのものと考えるべきでしょうか？

↓バンクシー

右の絵は、米国の工場跡地にある廃墟の壁に、黒人の少年が赤いペンキで「むかし、ここは森だった」と描くグラフィティです。土地が更地化されるのに先立ち、あるギャラリーがこの680kgの壁を「**救出**」すべく持ち帰り、展示しました。のちに、これが有名なアーティストであるバンクシーによる作品らしいと知った土地所有者が、壁は自分のものであるとして裁判所に訴えましたが、その主張は認められませんでした。

別の事例では、アパレルブランドH&Mが、あるグラフィティを広告画像に無断使用したところ、それを描いたアーティストに使用中止を求められました。H&Mは、壁の所有者に無断でなされた違法行為に基づく作品は著作権法による保護を受けないなどとして裁判所に訴えましたが、SNSなどで猛烈な批判を受け、その訴えを取り下げました。

グラフィティの価格が上がるにつれて、**盗難**も頻発しています。2019年には東京都所有の防潮扉に「バンクシー作品らしきネズミの絵」が見つかり、都はこれを取り外したのち「公共物への落書きは決して容認できるものではありませんが、一方でこの絵を見てみたいという声や問合せもあることから」都庁で展示をしました。いまや億単位の値がつくことも珍しくないグラフィティが社会的混乱をもたらさないための措置かもしれません。

権利関係がとても複雑なグラフィティ。日本でも、これから注目していくべき存在であるといえるでしょう。

AP／アフロ

2 現代アート

ここに紹介する事例には、2人のアーティストが登場します。それぞれの**権利の及ぶ範囲**について思考をめぐらせつつ、現代アートの世界に触れてみましょう。

↓マウリツィオ・カテラン「コメディアン」

アフロ（左）ロイター／アフロ（右）

2019年、世界最大級の現代アート・フェアに、マウリツィオ・カテランによる「コメディアン」と名付けられた、ガムテープで生バナナを壁に貼り付けた作品が出展されました。約1300万円で2作品が次々と買われていき、3作品目の展示中、デイヴィッド・ディトゥナが会場に現われ、その3つ目のバナナを壁から剥がして食べてしまいました。もちろん、カテランの許可も、誰の許可も、得てはいません。ディトゥナが自身の思想の表現として食べてしまったのです。彼はこのパフォーマンスを「ハングリー・アーティスト」と名付けました。他人の作品を無断で消費したことにより、即、会場から追放されましたが、刑事告訴などはされなかったようです。「ハングリー・アーティスト」は世界中に報道され話題となったことから、はからずも「コメディアン」も新たな話題を呼びました。

↓作品を食し退場処分となったデイヴィッド・ディトゥナ

ロイター／アフロ

なお、「コメディアン」の生バナナは時事刻々と茶色くなり、腐り、干からびていきます。そこで、作品の購入者には購入証明書が発行され、その証明書の所有者は、適宜、バナナを新鮮なものに交換することが許されます。購入時と同じバナナはどこにも存在しないなかで、将来にわたりだれかがこれを交換し続ける行為までを含めたそのすべてが、元来、この作品の要素となっています。

ここで、彼ら2人の権利について考えはじめると、とても難しい世界に迷いこむように思われます。鑑賞者に対し、同時代的な問いを投げかけ、新しい思考の世界を切り開いてくるのが、現代アートの特徴のひとつともいえます。そのような**問い**や**挑戦**に応じられるように、つねに法を勉強し、備えておく必要があるともいえるでしょう。

★○×問題でチェック★

問7　公共物に無断で絵を描くのは良くないことだが、その絵にも画家の権利は発生しうる。
問8　現代アートは、ときに社会に対し大きな難題を投げかけてくるため、法律家が戸惑うことも少なくない。

13 音楽と著作権法

Ⅰ 音楽の著作物に関係するアクターについて

↓音楽の著作物に関係するアクター

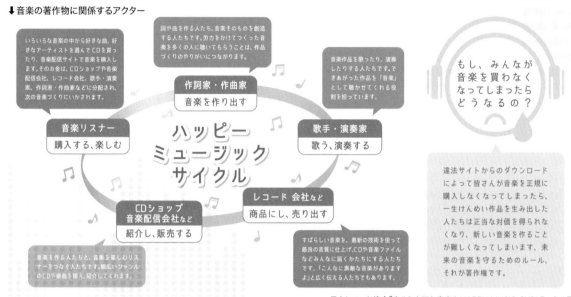

いろいろな音楽の中から好きな曲、好きなアーティストを選んでCDを買ったり、音楽配信サイトで音楽を購入する人たちです。そのお金は、CDショップや音楽配信会社、レコード会社、歌手・演奏家、作詞家・作曲家などに分配され、次の音楽づくりにいかされます。

詞や曲を作る人たち。音楽そのものを創造する人たちです。労力をかけてつくった音楽を多くの人に聴いてもらうことは、作品づくりのやりがいにつながります。

音楽作品を歌ったり、演奏したりする人たちです。できあがった作品を「音楽」として聴かせてくれる役割を担っています。

作詞家・作曲家
音楽を作り出す

音楽リスナー
購入する、楽しむ

ハッピー
ミュージック
サイクル

歌手・演奏家
歌う、演奏する

CDショップ 音楽配信会社など
紹介し、販売する

レコード 会社など
商品にし、売り出す

音楽を作る人たちと、音楽を楽しむリスナーをつなぐ人たちです。幅広いジャンルのCDや楽曲を揃え、紹介してくれます。

すばらしい音楽を、最新の技術を使って最良の音質に仕上げ、CDや音楽ファイルなどみんなに届くかたちにする人たちです。「こんなに素敵な音楽がありますよ」と広く伝える人たちでもあります。

もし、みんなが音楽を買わなくなってしまったらどうなるの？

違法サイトからのダウンロードによって皆さんが音楽を正規に購入しなくなってしまったら、一生けんめい作品を生み出した人たちは正当な対価を得られなくなり、新しい音楽を作ることが難しくなってしまいます、未来の音楽を守るためのルール、それが著作権です。

日本レコード協会『守ろう大切な音楽をHAPPY MUSIC CYCLE』3-4頁

　音楽は、作詞家・作曲家の頭の中に存在する無形（無体）のものとして生み出されます。そして、「表現」された音楽が、著作物（著作権法2条1項1号）としての資格が得られるならば、著作権法による規整が及びます。

　私たちは、作詞家や作曲家が表現した楽譜に接しても、音楽の魅力を感じることが難しい場合が多く、演奏や歌唱などの形で実演されることによって、その魅力を十分に感じることができます。著作権法は、実演に従事する実演家に**実演家の権利**（89条1項・90条の2以下）を付与しています。私たちが市場を介して音楽を享受するためには、実演が商品化されて売り出されることが必要です。その役割を担うレコード会社などの役割を支援しているのが**レコード製作者の権利**（89条・96条以下）

です。さらに、商品化された実演が私たちに届くためには、CDショップや音楽配信会社などが介在していることも必要です。著作権法はこのような音楽著作物の伝達行為に関わるアクターに**著作隣接権**（89条6項）による支援を行っています。

　このような過程を経て私たちに音楽が届けられ、その逆方向に私たちが商品と引き換えに支払う対価が還流していきます。これらのアクターの間で対価の分配がなされますが、著作権や著作隣接権などの著作権法上の権利は、音楽が生み出され、世の中に送り出されて、私たちが享受する過程におけるさまざまなアクターを支援するとともに、それらのアクター間の力関係に影響を与えています。

Ⅱ 音楽著作権の管理について

↓音楽の著作権管理の仕組み

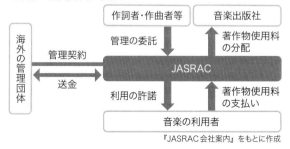

『JASRAC会社案内』をもとに作成

　たとえば、皆さんがカラオケボックスで歌唱することを想像してみてください。カラオケボックスはどんな客が来るかを事前に予測しがたいでしょうし、客も事前に歌う曲を決めていないかもしれません。客が歌唱したい曲について直ちに権利者から利用許諾（著作権法63条1項）がなされなければ、客は歌唱できませんし、カラオケボックスはビジネスを行えないでしょう。カラオケボックスが営業するためには、膨大な著作物の利用許諾が、簡便に、そして瞬時かつワンストップでなされる必要があります。

★○X問題でチェック★

問1　ある音楽の著作物の演奏家は、別の者が同じ音楽の著作者から許諾を得て演奏をしている場合に、その演奏を差し止めることができる。
問2　音楽の著作物の利用は、集中管理のシステムがなければ難しい。

著作物は日々、膨大な数かつ多様な形で利用されているため、利用のたびに権利者から許諾をとる仕組みでは、上記のカラオケボックスの例からもわかるように、社会活動に支障が生じることもあるでしょう。著作権の**集中管理**が発展したのは著作物の円滑な利用を促進するためであり、音楽著作物についてはその仕組みが最も洗練されているといっても過言ではありません。

著作権の集中管理においては、**著作権等管理事業法**によって、文化庁に登録された特定の団体が、著作権・著作隣接権について、権利者からの委託を受ける形で、権利者のために利用許諾や使用料等を徴収し、使用料等を権利者に分配する仕組が構築されています。音楽業界における代表的な集中管理団体が一般社団法人日本音楽著作権協会（JASRAC）です。

Ⅲ　音楽の著作物の類似性

記念樹事件では、音楽著作物の類似性について、一審と控訴審で判断が分かれています。

原告Xは「どこまでもいこう」という歌詞付きの楽曲（甲曲）を作曲し、1966年に発表しました。被告Yは「記念樹」という楽曲（乙曲）を作曲し、1992年に発表しました。本件では、乙曲が甲曲の複製または編曲であり、Yの行為が複製権侵害または編曲権侵害に該当する否かという点が争われましたた。

一審（東京地裁平成12年2月18日判決）は、「両曲の同一性を判断するに当たっては、メロディーの同一性を第一に考慮すべきであるが、他の要素についても、必要に応じて考慮すべきであるということができる」という一般論を提示したうえで、「両曲は、対比する上で最も重要な要素であるメロディーにおいて、同一性が認められるものではなく、和声については、基本的な枠組みを同じくするとはいえるものの、具体的な個々の和声は異なっており、拍子についても異なっている」、「乙曲が甲曲と同一性があるとは認められない」と結論づけました。

控訴審（東京高裁平成14年9月6日判決）は、甲曲と乙曲の類似性を判断するために「まず考慮されるべき甲曲の楽曲としての表現上の本質的な特徴は、主として、その簡素で親しみやすい旋律にあるというべきであり、……、〔複数の〕フレーズ……から成る起承転結の組立てというその全体的な構成にこそ主眼が置かれるべきである」という一般論を提示し、「甲曲と乙曲は、異なる楽曲間の旋律の類似の程度として、……、他に類例を見ないほど多くの一致する音を含む（約72％）にとどまらず、楽曲全体の旋律の構成において特に重要な役割を果たすと考えられる各フレーズの最初の3音以上と最後の音及び相対的に強調され重要な役割を果たす強拍部の音が、基本的に全フレーズにわたって一致しており、そのため、楽曲全体の起承転結の構成が酷似する結果となっている」と分析し、「乙曲は、その一部に甲曲にはない新たな創作的な表現を含むものではあるが、旋律の相当部分は実質的に同一といい得るものである上、旋律全体の組立てに係る構成においても酷似して」いるとして、乙曲は甲曲に類似すると結論づけました。

↓「どこまでもいこう」と「記念樹」の楽譜の比較

控訴審判決別紙

Ⅳ　音楽教室における演奏に対して著作権は及ぶか

↓音楽教室事件

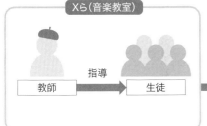

Xら（音楽教室）

教師 → 指導 → 生徒

Xらの音楽教室においてYの管理する楽曲の使用に関わる請求権をYが有しないことの確認

Y（音楽著作権の集中管理団体）

筆者作成

著作権管理事業者である被告Yが、Yの管理する著作物の演奏等について、音楽教室、歌唱教室等からの使用料徴収を開始しようとしました。音楽教室を運営する原告Xらは、Xらの音楽教室における楽曲の使用（教師および生徒の演奏ならびに録音物の再生）は、「公衆に直接聞かせることを目的」とした演奏（著作権法22条）にあたらないといったことを根拠に、Yは、Xらの音楽教室においてYの管理する楽曲の使用に関わる請求権（著作権侵害に基づく損害賠償請求または不当利得返還請求権）をYは有しないと主張して、Yに対し同請求権の不存在確認を求める訴訟を提起しました。

一審判決（東京地裁令和2年2月28日判決）は、「Xらの音楽教室で演奏される課題曲の選定方法、同教室における生徒及び教師の演奏態様、音楽著作物の利用へのXらの関与の内容・程度、著作物の利用に必要な施設・設備の提供の主体、音楽著作物の利用による利益の帰属等の諸要素を考慮すると、Xらの経営する音楽教室における音楽著作物の利用主体はXらであると認めるのが相当である」、「音楽教室における生徒は一利用主体たるXらにとって不特定の者であり、また、多数の者にも当たるから『公衆』に該当する」、「音楽教室における生徒の演奏は、Xらの管理・支配下で行われることから著作物の利用主体による演奏と同視し得るところ……、自ら又は他の生徒の演奏を聞くことの必要性、有用性に照らすと、その演奏は、公衆である他の生徒又は演奏している生徒自身に『聞かせることを目的』とするものであると認めるのが相当である」などと述べて、Xらの請求を棄却しました。Xは現在、知財高裁へ控訴しています。

問3　音楽の著作物の類似性を判断する場合に、メロディーを重視した判決がある。
問4　音楽教室における音楽の著作物の利用の主体について、生徒であると判断した判決がある。

14 映画・ゲームと著作権法

I 映画

この法律にいう「映画の著作物」には、映画の効果に類似する視覚的又は視聴覚的効果を生じさせる方法で表現され、かつ、物に固定されている著作物を含むものとする。

1 映画の著作物

　映画は1890年代にフランスの**リュミエール兄弟**によって発明されました。多数の静止画を瞬時に切り替えることで目の残像効果を利用して動いているように見せる技術が映画には用いられています。著作権法上、これと同じ効果を用いた映像表現はすべて**映画の著作物**として扱われます。そのため劇場用映画だけではなく、テレビ番組、アニメーション、ゲームなどの映像表現も映画の著作物に分類されます。映画の著作物はわが国のコンテンツ市場の約6割を占める重要コンテンツとなっています。

↓リュミエール兄弟

アフロ

↓コンテンツ市場の内訳（2017年）

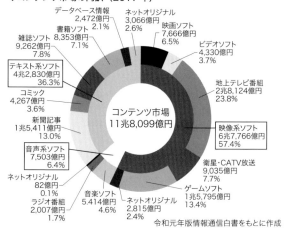

コンテンツ市場 11兆8,099億円

- データベース情報 2,472億円 2.1%
- ネットオリジナル 3,066億円 2.6%
- 映画ソフト 7,666億円 6.5%
- ビデオソフト 4,330億円 3.7%
- 地上テレビ番組 2兆8,124億円 23.8%
- 映像系ソフト 6兆7,766億円 57.4%
- 衛星・CATV放送 9,035億円 7.7%
- ゲームソフト 1兆5,795億円 13.4%
- ネットオリジナル 2,815億円 2.4%
- 音楽ソフト 5,414億円 4.6%
- ラジオ番組 2,007億円 1.7%
- ネットオリジナル 82億円 0.1%
- 音声系ソフト 7,503億円 6.4%
- 新聞記事 1兆5,411億円 13.0%
- コミック 4,267億円 3.6%
- テキスト系ソフト 4兆2,830億円 36.3%
- 雑誌ソフト 9,262億円 7.8%
- 書籍ソフト 8,353億円 7.1%

令和元年版情報通信白書をもとに作成

2 映画の製作と流通

　映画の製作のためには多額の資金が必要です。多数の企業から出資を募るために**製作委員会方式**で資金調達を行うことが一般的です。製作委員会が制作会社に映画の制作を発注して作品の完成までの作業を統括します。完成した映画については製作委員会に参加した企業が権利許諾の窓口となります。映画館での上映のほか、テレビ放送、インターネット配信、ノベライズ、ゲーム化、キャラクターグッズ展開などさまざまな方法で映画は利用されます。最近では動画配信の市場規模が拡大しています。

↓邦画興行収入ランキング（2018年）

	作品名	興行収入(単位：億円)	配給会社
1	劇場版コード・ブルー-ドクターヘリ緊急救命-	93.0	東宝
2	名探偵コナン　ゼロの執行人	91.8	東宝
3	映画ドラえもん　のび太の宝島	53.7	東宝
4	万引き家族	45.5	GAGA
5	銀魂2 掟は破るためにこそある	37.0	WB
6	DESTINY 鎌倉ものがたり	32.1	東宝
7	カメラを止めるな！	31.2	アスミック・エース/ENBUゼミナール
8	劇場版ポケットモンスター みんなの物語	30.9	東宝
9	検察側の罪人	29.6	東宝
10	未来のミライ	28.8	東宝

一般社団法人 日本映画製作者連盟

↓製作委員会方式

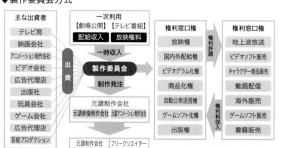

内閣府知的財産戦略推進事務局
「（参考資料）映画に関する基礎データ」をもとに作成

↓世界の動画配信市場規模・契約数の推移および予測

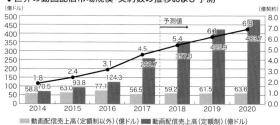

平成30年版情報通信白書

★○×問題でチェック★

問1　ユーチューバーが撮影・編集して公開した10分程度の動画も「映画の著作物」に該当する。
問2　映画製作の資金調達のために製作委員会方式が用いられる。

3 映画の著作物に特有の規律

映画の著作物には他の種類の著作物にはみられない2つの特徴があります。第1に、創作に関わる人の数がとても多い点です。映画のエンドクレジットに多数のスタッフの名前が書かれているのを見たことがある人も多いでしょう。多くの関係者が著作権を少しずつ共有していると全員の許可を得て利用するのが困難になるので、権利を一元化する必要があります。第2に、映画の創作には多額の資金が必要となる点です。映画監督などの個人に負担できる金額ではありません。そこで実際に映画を撮影して創作する人と資金を出資する人とが分離することがよくあります。著作権法の原則は、著作物を創作した人に著作権を帰属させるという**創作者主義**の考え方です。しかし映画の著作物については権利の一元化の必要もあり、出資をしてリスクを負っている人に権利を帰属させるべきだと考えられました。そこで創作者主義の原則を修正し、映画の著作物の著作権はリスクを負っている出資者（映画製作者）に帰属させることとされました。そのため映画監督などのスタッフ個人は著作権をもっていません。このことには現在でも映画監督は反対しています。映画の著作物にはさらに、保護期間や権利の内容についても特別の規定が置かれています。さらに**映画盗撮防止法**という特別法も作られ、劇場での映画の盗撮（映画泥棒）を私的複製の対象外として規制しています。

↓映画の著作物とそれ以外の著作物の主な違い

	映画の著作物	それ以外
著作権の帰属	映画製作者（映画会社）	著作者
著作権の存続期間	映画の公表後70年	著作者の死後70年
流通に関する権利の内容	頒布権（消尽規定なし）	譲渡権（消尽規定あり）貸与権
特別法	映画盗撮防止法	

筆者作成

↓映画製作者に著作権が帰属することに関しては映画監督からの反対の声が強い

読売新聞1968年4月29日夕刊12面

↓「NO MORE 映画泥棒」

©「映画館に行こう！」実行委員会

II ゲーム

1 中古ゲーム事件

ゲーム画面には映像表現が用いられているので映画の著作物に分類されます。そして映画の著作物の流通に関する権利（**頒布権**）には消尽の規定が存在していません。**消尽**とは、正規品として一度流通に置かれたあとは転売や中古販売に権利が及ばないという考え方です。書籍などの流通に関する権利（**譲渡権**）には消尽の規定があるのに、映画の著作物の頒布権には消尽の規定が存在しないのです。そのためゲームソフトの中古販売が頒布権の侵害になるのではないかが問題となりました。大阪と東京でそれぞれ裁判が起こり、裁判所によって結論や根拠が違うという事態になりました。そこで最高裁によって判断の統一が行われました（最高裁平成14年4月25日判決）。最高裁はゲームソフトも映画の著作物に該当して頒布権の対象となることを前提に、頒布権にも消尽が認められるので中古販売は適法だと判断しました。劇場用映画のフィルムを念頭に置いて

作られた頒布権の規定をゲームソフトに合うように修正して適用した判決だといえます。

↓裁判所の判断

	大阪訴訟	東京訴訟
一審（地裁）	違法 ✕	適法（ゲームは「映画の著作物」ではないから頒布権の対象外）
控訴審（高裁）	適法（頒布権の消尽を認める）〇	適法（ゲームは「映画の著作物」であるが、頒布権は認められない）
上告審（最高裁）	適法（頒布権の消尽を認める）〇	

筆者作成

↓最高裁が頒布権の消尽を認めた3つの根拠

①著作権の保護は、社会公共の利益との調和のもとにおいて実現されなければならない。
②譲渡を行うたびに著作権者の許諾を要するということになれば、市場における商品の自由な流通が阻害され、著作物の円滑な流通が妨げられる。
③著作権者は、第一譲渡の際に譲渡代金を取得することができるのであるから、代償を確保する機会が保障されている。二重に利得を得ることを認める必要性は存在しない。

筆者作成

↓事案の概要（上が大阪訴訟、下が東京訴訟）

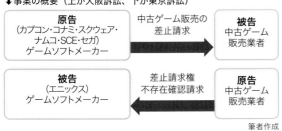

筆者作成

2 類似ゲームをめぐる紛争

　類似ゲームをめぐる著作権訴訟をいくつか紹介しましょう。著作権侵害を判断する際の基準の1つは、単にアイデアが共通しているだけでは侵害とならないということです（**アイデア表現二分論**）。パズルゲーム「テトリス」に類似したiPhone用アプリが問題となったアメリカの**テトリス事件**では、上から落ちてくるブロックを1列揃えると消えるというゲームの基本的なアイデアだけが似ているのであれば侵害にはならないけれども、それを超えてブロックの色・形状やフィールドのサイズといった具体的表現部分まで共通していることから侵害にあたると判断されました。**パックマン事件**（東京地裁平成6年1月31日判決）でも画面中央にモンスターの巣があることや迷路の基本的形状、主人公と敵キャラクターの形状、動作、数といった具体的表現が共通することから侵害にあたると判断されました。著作権侵害を判断する際のもう1つの基準は、たとえ具体的表現が共通していたとしてもそれが**ありふれた表現**である場合には侵害とはならないということです。誰もが思いつくようなありふれた表現は著作権によって独占させるべきではないからです。携帯電話用釣りゲームが問題となった**釣り★スタ事件**（知財高裁平成24年8月8日判決）では、魚の引き寄せ画面について、共通部分はすべてアイデアまたはありふれた表現であるとして侵害を認めませんでした。ゲームの遊び方は全体として似ていなくても、ゲーム中に登場する個別のコンテンツが類似することで侵害が認められることがあります。**プロ野球ドリームナイン事件**（知財高裁平成27年6月24日判決）では、2つの野球ゲームそれぞれに登場するダルビッシュ選手の選手カードについて、具体的なポーズやカード上の配置、背景に炎が描かれていることなどの具体的表現が共通しており侵害にあたると判断されました。アメリカの**PUBG事件**では、落下画面、補給画面、ゲームに登場する家の形状などの具体的表現の類似が問題となりましたが、和解で終わったため裁判所の判断は示されませんでした。

↓パックマン事件（左：「パックマン」、右：「Chomp」）

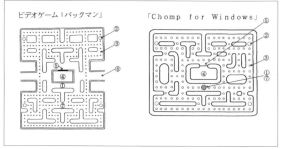

裁判所HP

↓釣り★スタ事件（左：「釣り★スタ」、右：「釣りゲータウン2」）

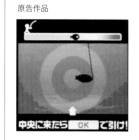
原告作品

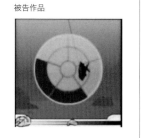
被告作品

裁判所HP

↓プロ野球ドリームナイン事件
　（左：「プロ野球ドリームナイン」、右：「大熱狂!!プロ野球カード」）

裁判所HP

↓テトリス事件（アメリカ。
　左：「テトリス」、右：「Mino」）

判決文

↓PUBG事件（アメリカ。上：「PUBG」、下：「荒野行動」）

Freefall in BATTLEGROUNDS

Aircraft That Drops Supply Boxes in ATTLEGROUNDS

Pair of homes in BATTLEGROUNDS

Original Freefall in KO

Aircraft That Drops Supply Boxes in KO

Pair of homes in KO

訴状

★◯✕問題でチェック★

50　14 映画・ゲームと著作権法　　問5　ゲームの基本的なアイデアが似ていればそれだけで著作権侵害になる。
　　　　　　　　　　　　　　　　　　　問6　具体的表現が似ていても、それがありふれた表現であれば侵害にならない。

3 ゲームをめぐるさまざまな紛争

類似ゲームが問題となる事案以外にも、ゲームをめぐる紛争にはさまざまなものがあります。**ドラゴンクエストII事件**（東京地裁昭和62年2月24日決定）ではゲーム画面を雑誌に掲載したことが著作権（複製権）侵害にあたるとして雑誌の発売の禁止が命じられました。**信長の野望事件**（東京地裁昭和62年4月6日決定）ではパソコン用ゲームソフトをレンタルすることが著作権（貸与権）侵害にあたるとしてその差止めが命じられました。**ときめきメモリアル事件**（最高裁平成13年2月13日判決）では恋愛シミュレーションゲームの主人公のパラメータを改変したセーブデータを記録したメモリーカードの販売が同一性保持権の侵害を惹起する行為にあたるとされました（☞**11-IV 1**）。パラメータを改変することで製作者の意図したゲーム展開とは異なる展開となることが著作物の改変にあたるためです。近年でもスマートフォン用ゲームのデータを改変する**チート行為**が摘発された例があります。また**ゲームバー**が著作権（上映権）侵害として摘発された事例もあります。ゲームのプレイ画面を店内のディスプレイに映して不特定多数の客に見せることは著作権（上映権）の侵害となります。非営利・無料で行う場合には上映権の侵害とならないという例外規定がありますが、ゲームバーは営利目的ですのでこの例外にも該当しません。

↓ゲームに関するわが国の代表的な著作権訴訟

1983（昭和58）年	スペース・インベーダー	海賊版
1984（昭和59）年	パックマン	海賊版
1985（昭和60）年	ディグダグ	海賊版
1987（昭和62）年	ドラゴンクエストII	ゲーム画面の雑誌掲載
1987（昭和62）年	信長の野望	ゲームソフトの無断レンタル
1990（平成2）年	ドンキーコング・ジュニア	海賊版
1994（平成6）年	パックマン	類似ゲーム
1999（平成11）年	三国志III	パラメータ改変
2001（平成13）年	ときめきメモリアル	パラメータ改変
2004（平成16）年	DEAD OR ALIVE 2	ゲーム内イラスト改変
2004（平成16）年	ファイアーエムブレム	類似ゲーム
2012（平成24）年	釣り★スタ	類似ゲーム
2015（平成27）年	プロ野球ドリームナイン	類似ゲーム
2018（平成30）年	艦これアーケード	類似ゲーム

筆者作成

↓ゲームバーが著作権侵害として摘発された事例もある

読売新聞2018年6月9日大阪夕刊8面

4 ゲーム実況、eスポーツ

ゲームのプレイ画面を無断で上映したりインターネット配信したりすることは著作権（上映権、公衆送信権）の侵害となります。上映権については非営利・無料であれば許されるという例外規定があるのに対し、公衆送信権についてはこれに対応する規定がありません。そのためインターネット配信はたとえ非営利・無料であっても原則として著作権の侵害となってしまいます。しかしゲーム実況動画が配信されることでかえってゲームの宣伝になることが期待できますし、ゲーム会社としても個別に許可を出すのは煩雑です。そこで一部のゲーム会社はゲーム実況に関する**ガイドライン**を整備し、一定の条件を充たせば著作権の侵害とならないことを明らかにしています。またゲームのプレイ技術を競う**eスポーツ**についてもゲーム画面の上映や配信を伴いますので、基本的にはゲーム会社の許可が必要です。ただしこちらはガイドラインの整備が進んでおらず、eスポーツ大会を開催する際に個別に許可を得るのが大変だという課題が指摘されています。

↓任天堂のガイドライン（抜粋・イメージ）

ネットワークサービスにおける任天堂の著作物の利用に関するガイドライン

2018 年 11 月 29 日

任天堂は当社が創造するゲームやキャラクター、世界観に対して、お客様が真摯に情熱をもって向かい合っていただけることに感謝し、その体験が広く共有されることを応援したいと考えております。

任天堂は、個人であるお客様が、任天堂が著作権を有するゲームからキャプチャーした映像およびスクリーンショット（以下「任天堂のゲーム著作物」といいます）を利用した動画や静止画等を、適切な動画や静止画の共有サイトに投稿（実況を含む）することおよび別途指定するシステムにより収益化することに対して、著作権侵害を主張いたしません。ただし、その投稿に際しては、このガイドラインに従っていただく必要があります。あらかじめご了承ください。

任天堂HPをもとに作成

↓eスポーツの大会の様子

アフロ

15 出版・マンガと著作権法

I　著作者と出版社、著作権と出版権

　小説やマンガ、教科書や学術書等の作品の商業的な出版においては、作品を創作する作家（**著作者**）とともに、作品の出版や流通を担う**出版者**（会社組織である場合が多いため以下では**出版社**と表記します）が重要な役割を担っています。

　出版社の実際の役割、著作者との関係は実際にはさまざまな形があります。いわゆる自費出版のように出版社の役割がかなり限定的なものである場合もありますが、著名な商業的作品については、出版社が書籍や雑誌に関する企画を立案し、作家に執筆の依頼をし、ときに出版社に所属する編集者が作家に意見や指示を述べ、作品の具体的な内容に深く関わることもあります（漫画家と出版社の関係の描写の一例として、大場つぐみ（原作）・小畑健（作画）『バクマン。』（集英社）も参照）。出版社は、作品が書籍や雑誌に掲載されて出版されたあとも、その宣伝や流通、さらには映画化・商品化等の二次的な利用において作品に大きく関わることもあります。このほか、職務著作（著作権法15条）により出版社自身が著作者となる場合もあります。

　著作権法では、作品を創作する著作者の権利（著作者人格権・著作権）を規定するとともに、作品の流通に関わる主体のうち、実演家、レコード製作者、放送事業者、有線放送事業者の四者の権利（著作隣接権等）を規定し、保護しています。しかし出版社については実際にはレコード会社等に劣らぬ態様で作品の創作や流通に関与しているものの、現在の著作権法では出版社に固有の著作隣接権は認められていません。

↓集英社（『少年ジャンプ』等の出版社）

アフロ

↓著作者と出版社の権利関係

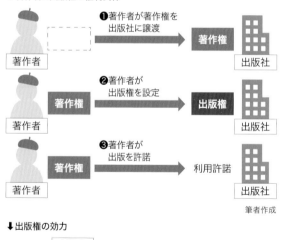

❶著作者が著作権を出版社に譲渡
著作者 → 著作権 → 出版社

❷著作者が出版権を設定
著作者 著作権 → 出版権 出版社

❸著作者が出版を許諾
著作者 著作権 → 利用許諾 出版社

筆者作成

↓出版権の効力

出版社
著作者 出版権 → 海賊版の出版、ネット配信

出版権の権利範囲内での行為に対しては出版権の侵害として差止・損害賠償請求可能

出版権の登録後、著作者から許諾を得て出版している他の出版社

筆者作成

　出版社は作品の出版に際して、著作者との間で契約（出版契約）を締結します。この出版契約では出版に際して著作者に支払われる対価（一般に印刷部数に応じて定められることから「印税」と呼ばれます）や、著作権に関する取扱い等が取り決められます。

　出版契約において著作者が著作権を出版社に**譲渡**した場合、著作権は出版社が有することとなりますが、著作者はなお著作者人格権を有し、出版社が勝手に作品を改変等した場合には同一性保持権を行使することができます。

　著作者は著作権を自らが保持したまま、出版社に対して**出版権**を設定することもできます（著作権法79条以下）。出版権とは紙の書籍の出版や電子出版に関する独占権であり、出版権を侵害する行為（第三者や著作者自身による出版・電子出版配）に対して、著作権侵害の場合と同様に差止・損害賠償請求権等を行使することができます。もっとも出版権の設定後に著作者から著作権の譲渡や利用許諾を受けた者との関係では、出版権の設定を文化庁著作権課に登録をしなければ、これらの者に対して出版権の効力を主張することができません（88条）。

　また著作者は、著作権の譲渡や出版権の設定ではなく、単に出版社に対して出版のための著作物の利用（著作物の複製、複製物の譲渡。電子書籍の場合には公衆送信）を許諾する（**利用許諾**）こともできます。利用許諾の場合、出版社が有する権利は契約の相手方である著作者との関係でのみ効力を有することとなるため、書籍や雑誌の海賊版の出版・配信に対しても出版者は自らの権利を訴訟で行使することは当然にはできません。

問1　出版社には著作隣接権が認められている。
問2　出版契約が締結されたとしても、出版社に出版権が設定されるとは限らない。

1　出版市場・マンガ市場の動向

　日本における出版物の流通は、従来、紙の出版（紙媒体の書籍や雑誌の流通）が大きな役割を担ってきました。しかし2010年代以降、紙の出版の市場が全体として縮小する中で、インターネットを媒介とした電子出版の市場が急激に拡大しています。

　2019（令和元）年のデータでは、出版物全体に占める電子出版の割合は約20％となっています。とりわけマンガ作品に関しては電子コミックの売上が紙のコミックよりも大きな売上となっています。

↓出版市場の動向（単位：億円）

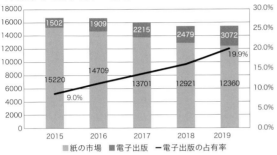

出版月報2020年1月号4頁所収のデータより筆者作成

↓コミック市場の動向（単位：億円）

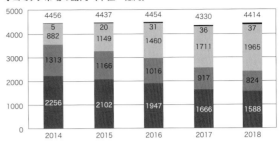

出版月報2019年2月号5頁所収のデータより筆者作成

2　紙の書籍の流通

↓紙の書籍の流通

筆者作成

　一般的な商品の場合、商品が売れ残ったとしても小売店がメーカーに商品を返品することは通常できません。他方でメーカーが指定した小売価格での販売を小売店に対して義務づけること（再販売価格の拘束）は、独占禁止法によって原則禁止されています。

れています。

　しかし紙の書籍については、通常の商品とは異なる流通形態（委託販売制度と再販売価格維持制度）が一般に採用されており、書店は仕入れた書籍が売れ残った場合に書籍を出版社に返本（返品）することが可能である一方で、出版社は書店に対して定価での販売を義務づけてきました。独占禁止法上も紙の書籍については再販売価格の拘束が例外的に許容されています。このように紙の書籍においては通常の商品と比べて商品の流通における出版社の役割が大きいものといえます。

3　電子書籍の流通と2014（平成26）年改正

　紙の書籍の流通では、出版社、書店と、出版社から書籍を仕入れ書店への卸売を行う取次が流通に関わる主な主体となっていましたが、電子出版においては電子書籍の作成や流通に関わる主体が多様化しています。出版社自身が自社サイトで電子書籍の配信を行う場合も登場している一方で、アマゾン（やアップルのように巨大なネット上のプラットフォーマー）が電子書籍の配信において大きな役割を担う状況となっています（紙の書籍の流通についても、アマゾンが2020年に書籍の取次事業を開始するなどさまざまな変化があります）。

　2014（平成26）年の著作権法改正では、電子出版への対応として出版権についての改正が行われました。従来の出版権は、紙の書籍での出版（著作物を複製し、複製物を譲渡する）にのみ対応しており、ネット上での配信（公衆送信）に対応していなかったところ、平成26年改正では、ネット上での電子出版に関しても出版権を設定することができることとなりました。著作者は、紙の出版と電子出版について、双方を内容とする出版権を設定することも、いずれか一方のみを内容とする出版権を設定することも可能です。

↓電子書籍の流通

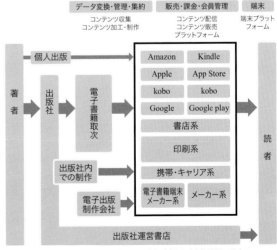

電子出版制作・流通協議会「日本の電子出版市場及び政策流通の動向について」
（2013年6月13日）をもとに作成

★○×問題でチェック★

問3　紙の出版、電子出版の双方とも市場は拡大傾向にある。
問4　紙の書籍に関しては再販売価格を拘束することが禁止されている。

III 出版に関する著作権法上の紛争

1 先行作品と後行作品間の紛争

　出版に関する著作権法上の紛争の1つの類型としては、先行作品の権利者が、後行作品が先行作品の著作権・著作者人格権を侵害すると主張する事案が挙げられます。このような類型では、依拠性や類似性（☞10-II・III）、権利制限規定（☞9-I）が重要となります。

　このような紛争の一例として、古文単語語呂合わせ事件（東京高裁平成11年9月30日判決）があります。この事件では原告側書籍（『ゴロで覚える古文単語記憶術』ほか）の著作者（原告）が、被告側書籍（『ゴロで覚える古文単語ゴロ513』ほか）を執筆・発行した被告に対して、原告側書籍中の古文単語の語呂合わせ文について著作権（複製権・翻案権）、著作者人格権（氏名表示権、同一性保持権）の侵害を理由として、損害賠償金の支払いを請求しました。一審では、原告が主張した42の語呂合わせのそれぞれにつき、その著作物性の有無・被告語呂合わせとの類似性が検討され、うち3つの語呂合わせについて複製権・氏名表示権の侵害が認定され損害賠償金10万円の支払いが命じられました。控訴審では、一審で侵害が認められた3つの語呂合わせを含む多くの語呂合わせにつき原告が主張を撤回し、残りの語呂合わせについても侵害が否定されています。

2 執筆者と他の執筆者・出版社間の紛争

　出版に関する別の紛争の類型としては、ある作品の出版において協力していた執筆者同士、あるいは執筆者と出版社の間で後に紛争に至った、という事案があります。このような事案では、著作者の認定（☞6-III）や関係者間の契約の内容などが論点となります。

　著作者の認定が重要な争点となった事件として、著作権判例百選事件があります。この『著作権判例百選』では、収録されているそれぞれの解説文（執筆者がそれぞれの著作者となります）とは別に、著作権に関する判例や執筆者の選択・配列に創作性が認められれば**編集著作物**（著作権法12条参照）としても保護を受けることとなります。この事件では、『著作権判例百選』の第4版の編者の1人であった債権者（仮処分事件における原告に相当します）が、自らが編集著作物の第4版の共同著作者の1人であり、第5版は第4版を債権者に無断で翻案したものであるとして、翻案権、氏名表示権・同一性保持権の侵害を理由に、その出版の事前の差止めの仮処分（判決前の仮の救済手続き）を求めた事案です。東京地裁は出版差止めの仮処分を認めましたが、知財高裁（平成28年11月11日決定）は、債権者は第4版の著作者ではないとしてその申立てを退けました。

　出版に際して同一性保持権の侵害が問題となった事例として、法政大学懸賞論文事件（東京高裁平成3年12月19日判決）があります。この事件では、学生（原告）が応募した論文を大学（被告）が雑誌に掲載する際に、大学が原告の同意を得ずに、原文の一部を削除する、送り仮名や句読点を変更する（具体的な変更点は右表を参照）などの改変を行っていました。東京高

↓古文単語語呂合わせ事件の原告側書籍と被告側書籍

編集部撮影

　古文単語語呂合わせ事件と同様に先行書籍と後行書籍間の類似性が問題となった事件としては、箱根富士屋ホテル物語事件（☞10-III**3**）があります。

↓著作権判例百選事件

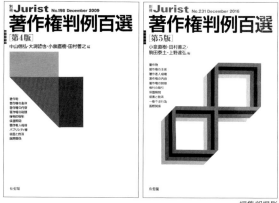

編集部撮影

↓法政大学懸賞論文事件での修正内容の例

原告論文	掲載論文
矛盾と危機の現われとしての	矛盾と危機の現れとしての
Ｕターン後の生活意識、等を	Ｕターン後の生活意識等を
「教師」・「新聞・雑誌」	「教師」、「新聞・雑誌」

筆者作成

裁は、明らかな誤字の訂正については20条2項旧3号（現4号）の「やむを得ないと認められる改変」と認定したものの、原文の一部の削除に加えて送り仮名や句読点の変更についても大学による同一性保持権の侵害を認めました。

　問5　古文単語の語呂合わせには著作物性が認められる場合がある。
　問6　素材の選択や配列に創作性があっても、編集物は独立の著作物としては保護されない。

3 マンガ海賊版サイト問題

出版をめぐる紛争の第3の類型は、いわゆる**海賊版**をめぐる問題です。著作権の侵害となる行為の中でも、元の作品をほぼそのまま複製して販売する行為（いわゆる海賊版の複製・販売）は典型的な著作権の侵害行為とされてきました。近年ではインターネットの普及を背景として、ネット上での電子海賊版への対応が重大な課題となっています。出版社の団体による「STOP！海賊版」キャンペーンはこのような深刻な海賊版の状況についての出版社の問題意識を示す一例です。

ファイル交換（P2P）ソフトを用いたマンガの画像ファイルの共有や、サーバに漫画をアップロードして不特定の人にダウンロード可能とする行為は、著作権法上、公衆送信権の侵害となり、著作権侵害を理由とする差止・損害賠償を提起される、著作権侵害罪（著作権法119条1項）を犯した者として刑事罰が科されることがあります（このような行為者を特定する発信者情報開示の仕組みについては☞ **16-Ⅲ**）

特にマンガ作品については、「漫画村」等の悪質な海賊版サイトへの対応が社会的な関心事項となり、2018（平成30）年4月に日本政府は、ユーザによる悪質な海賊版サイトへのアクセ

↓出版社による「STOP！海賊版」キャンペーン

スをインターネットサービスプロバイダ（ISP）が制限する**サイトブロッキング**（具体的な運用案の一例については下図を参照）を導入できる環境を整備する必要があるとの考え方を公表しました。しかしこの海賊版サイトに関するサイトブロッキングの導入については、日本国憲法21条2項の通信の秘密との抵触等の問題が指摘され、最終的には導入には至りませんでした。

↓漫画村　　　　**↓サイトブロッキング**

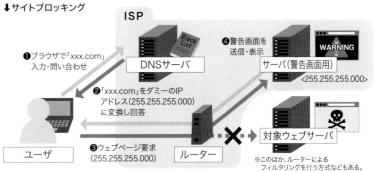

JCASTニュースより

内閣府知的財産戦略推進事務局「インターネット上の海賊版対策に係る現状と論点等整理」をもとに作成

海賊版への対策に関して2020（令和2）年6月の著作権法の改正では、特に**リーチサイト**に関する規制の導入（☞**16-Ⅳ3**）や、音楽・動画以外の著作物についての私的使用目的での**ダウンロードの違法化**が行われています。

令和2年改正以前においても、私的使用の目的で違法にアップロードされた音楽や動画をそのことを知りながらダウンロードする行為は権利制限の対象外とされ刑事罰の対象ともされていましたが、その他の著作物の場合（マンガ等）は私的使用目的であれば権利制限の対象となっていました。令和2年改正では、海賊版サイトをめぐる問題等を踏まえて、音楽・動画以外の著作物についても私的使用目的でのダウンロードが一定の要件（2019（令和元）年当時の案は違法化の対象が広範なものであったため多くの批判を受け、最終的な改正では違法化の範囲がより限定的なものとなりました）のもとで違法化・刑事罰の対象となりました。

また法改正による対応とは別に、現行法のもとでも、著作者や出版社による海賊版サイトに関する国内・国外の裁判所での権利行使も進められています。

実効的な海賊版への対応は、著作物を創作した著作者・その流通を担う出版社等に本来支払われるべき利益の還元という点で重要なものです。他方で過大な著作権保護の強化は、かえって新しい表現活動を阻害し、表現の自由等の憲法的な価値との抵触等の問題を生ずることもあり、その保護の適切なバランスが重要な問題となっています。

↓たまきちひろ氏のクラウドフレア社（漫画村にコンテンツ配信用のキャッシュサーバを提供していた会社）に対する発信者情報開示請求訴訟についてのマンガ

たまきちひろ氏提供

★○×問題でチェック★

問7　海賊版への対策のため2018（平成30）年にサイトブロッキングが導入された。
問8　2020（令和2）年の著作権法改正では、私的使用目的でのダウンロードが音楽・動画に限り違法化された。

15 出版・マンガと著作権法　**55**

16 インターネットと著作権法

I　インターネットの光と影

1　光：「1億総クリエイター」時代

　インターネットが普及したことで、著作権法をとりまく状況は大きく変わりました。それまでは出版社やテレビ局といったマスコミを通さないと多くの人に自分の作品を届けることは不可能でした。しかしインターネットを利用すれば、だれもが手軽に全世界に向けて作品を発表できます。これにより「1億総クリエイター」と呼ばれる時代がやってきました。たとえば、音声合成ソフト「VOCALOID」（ボカロ）を用いて楽曲を制作したり（米津玄師など）、YouTubeに動画を投稿したり（「すとぷり」や「東海オンエア」など）、小説投稿サイトに小説を投稿したり（住野よる『君の膵臓をたべたい』や伏瀬『転生したらスライムだった件』など）といった形で作品を発表し、世間の注目を集めるクリエイターが増えています。著作権法は多様な作品が生み出されて文化が発展することを目指していますので、これは歓迎すべきことです。その作者なりの何らかの個性の表れた表現であれば著作権で保護されますので、電子掲示板に何気なく投稿した文章にも著作権が発生することがあります。**ホテル・ジャンキーズ事件**（東京地裁平成14年4月15日判決）では、ホテルの口コミサイトに書かれた文章を投稿者に無断で書籍化したことが著作権の侵害にあたると判断されました。

2　グレーゾーン：二次創作

　インターネット上で発表される作品の中には、他人の作品をもとにして生み出された二次創作作品も多くあります。たとえば漫画のふきだしのセリフを面白く書き換えた**コラージュ画像**がその典型例です。オリジナルの作者には二次創作の発表を禁止できる権利（翻案権）があるので、無断で二次創作を行うことは著作権の侵害になる可能性があります。もっとも、多くの作者は明確には二次創作を禁止しておらず、知っていても黙認していることが多いといわれています。とはいえ明確な許可があるわけでもないので、適法とも違法とも断言しにくいグレーゾーンとなっています。なかには『こち亀』のコラージュ画像や『ドラえもん』の最終話同人誌のように問題視されたケースもあります。個人が非営利目的で行う二次創作について、一定の条件を満たせば適法とするカナダのような国もありますが、日本の著作権法にはこのような規定が設けられていません。二次創作の著作権法上の扱いは曖昧で不安定な状況となっています。そこで明確化のため、ゲーム実況の場合と同様、二次創作に関するガイドラインを公表している企業もあります。

↓米津玄師が「ハチ」名義で投稿したボカロ曲「マトリョシカ」

ニコニコ動画

↓「小説家になろう」からも多数のヒット作が生まれている。住野よる『君の膵臓をたべたい』

双葉社HP

↓ホテル・ジャンキーズ事件で著作権が認められた文章の一例（イメージ）

> はじめまして。私は先月アマンダリに滞在してきたばかりです。アマンダリはどの部屋も塀に囲まれていますので、もし外部から見られるとしても、デュプレックスの2階から少し見られてしまう程度で、アマンキラで言われている丸見えということは全くありません。通路からは全く見られません。
> また、どのスイートがどの配置にあるのかわからないのですが、眺めという点では最も渓谷に近い側が良さそうです。ただ、塀がありますので、部屋からではなくデュプレックスの2階から＆庭の屋外ダイニングから見る、という感じかもしれません。（実際に渓谷側から見てないのでアバウトで申し訳ありません）

判例タイムズ1098号219頁（原告記述5-(5)番）から書き起こし

↓漫画『こち亀』のコラージュ二次創作がTwitterを中心に盛り上がったが、水戸芸術館が投稿した作品（左）は削除・謝罪することとなった（右）

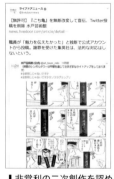

左：ライブドアニュースのTwitterアカウントより
右：読売新聞2017年9月16日朝刊茨城東27面

↓非営利の二次創作を認めるカナダ著作権法の規定。
　日本の著作権法にはこれに対応する規定が存在しない

> 　個人が他人の著作物を利用して新たな創作活動をしたりその成果を公表したりすることは、それが非営利目的であり、出典を明記しており、その公表によって元の著作物の売上などに悪影響が出ない場合には、著作権の侵害とならない。

29.21条を一部省略して筆者翻訳

問1　電子掲示板に何気なく投稿した文章に著作権は発生しない。
問2　日本の著作権法では、個人が非営利目的で行う二次創作は常に適法である。

3 影：海賊版コンテンツの蔓延

↓ファイル共有ソフトの仕組み

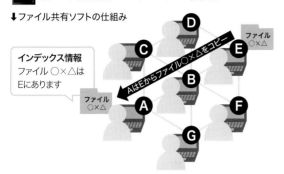

総務省「国民のための情報セキュリティサイト」をもとに作成

ファイル共有ソフトや海賊版サイトなど、海賊版コンテンツがまん延する状況となったことは、インターネットの負の側面です。本来は有料で楽しむべきコンテンツが無料でまん延してしまうと、作者には正当な収益が入らなくなり、音楽業界や漫画業界が衰退してしまいます。これらを取り締まるため、多くの国で法廷闘争や法改正が行われてきました。

↓ファイル共有ソフトに関する法廷闘争の歴史

1999年	アメリカレコード協会がNapsterを提訴（アメリカ）
2001年	Napsterの責任を認める判決（アメリカ、連邦高裁） WinMX利用者が逮捕される（日本）
2002年	日本音楽著作権協会（JASRAC）などがファイルローグを提訴（日本）
2003年	アメリカ映画協会がGroksterを提訴（アメリカ） Winny利用者が逮捕される（日本） Kazaaの責任を否定する判決（オランダ、最高裁）
2004年	Winny利用者に有罪判決（日本、京都地裁） Winny開発者が著作権侵害の幇助として逮捕される（日本）
2005年	ファイルローグの責任を認める判決（日本、東京高裁） Groksterの責任を認める判決（アメリカ、連邦最高裁） アメリカレコード協会が利用者に対する法的措置を開始（アメリカ） 著作権侵害を理由として初めてWinMX利用者に関する発信者情報開示請求が認められる（日本、東京地裁）
2006年	Winny開発者に有罪判決（日本、京都地裁）
2008年	Share利用者が逮捕される（日本）
2009年	Winny開発者に逆転無罪判決（日本、大阪高裁）
2010年	The Pirate Bay運営者らに有罪判決（スウェーデン、高裁）
2011年	Kazaaを利用して音楽ファイルを30曲共有した大学生に、約6400万円の支払いを命じる判決（アメリカ、連邦高裁） Winny開発者の無罪が確定（日本、最高裁）

筆者作成

↓漫画村

読売新聞2019年12月17日
西部朝刊30面

↓YouTubeを悪用した漫画の無断配信

読売新聞2018年11月29日
東京朝刊36面

II 著作権法によるインターネットの規律

著作権法は作者に対し、自分の著作物がインターネット上で流通するのを禁止できる権利（**公衆送信権**）を保障しています。公衆送信権は、無断でアップロードされた段階（**送信可能化**）と、実際に送信された段階（**自動公衆送信**）の2段階で働きます。YouTubeに他人の映像を無断で投稿したけれど、まだだれにも見られていないという段階でも、すでに送信可能化は行っているので公衆送信権の侵害になります。実際の流通の段階よりも前倒しにすることで権利の十分な保障をはかっています。また令和2（2020）年改正により、**違法ダウンロード規制**の対象拡大が行われました。違法に流通している海賊版コンテンツをそれと知りながら保存することも著作権の侵害になります。見る側を規制することで海賊版サイトを根絶しようという試みですが、保存を伴わない単なる視聴は違法ではないので、実効性には疑問も呈されています。

↓送信可能化と自動公衆送信

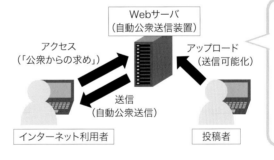

送信可能化にあたる例
・電子掲示板に文章を投稿
・Twitterに写真を投稿
・YouTubeに動画を投稿
・pixivにイラストを投稿
・ブログに漫画の画像を投稿
・ニコ生で生放送を配信
・一般公開されるストレージサービスにファイルを保存
・ファイル共有ソフトを起動
など

筆者作成

↓インターネットに関連する著作権法改正の歴史

平成9年改正	公衆送信権・送信可能化権を創設
平成15年改正	授業のオンライン同時送信における著作物の利用を認める
平成21年改正	映画・音楽の違法ダウンロードを民事上違法に インターネットオークションなどでの画像の利用を認める 検索エンジンにおける著作物の利用を認める
平成24年改正	映画・音楽の違法ダウンロードを刑事罰の対象に 写真や動画の撮影時に著作物が写り込んでしまうのを認める
平成26年改正	出版権を電子出版権に拡大
平成30年改正	授業のオンライン異時送信における著作物の利用を認める
令和2年改正	リーチサイト規制 違法ダウンロードの対象を映画・音楽から著作物全般へ拡大

筆者作成　読売新聞2019年1月31日東京朝刊11面

↓違法ダウンロードの対象範囲拡大

III 著作権侵害者の身元特定

プロバイダ責任制限法5条1項
特定電気通信による情報の流通によって自己の権利を侵害された
とする者は、……特定電気通信役務提供者に対し、……発信者情報……の開示を請求することができる。

　匿名での情報発信がインターネットの特徴の1つです。しかしその情報発信が違法な場合には、被害者が発信者を突き止めて法的措置を講じられるようにする必要があります。そのために設けられているのが発信者情報開示請求制度です。名誉毀損や著作権侵害の被害者は、プロバイダ等に対し、発信者の個人情報を開示するように請求することができます。

↓開示を命じる裁判所の判決主文の例

> 　被告は、原告エイベックス・エンタテインメント株式会社に対し、平成22年7月11日15時24分26秒ころに「122.16.241.165」というインターネットプロトコルアドレスを使用してインターネットに接続していた者の氏名、住所及び電子メールアドレスを開示せよ。

判決文から書き起こし

↓発信者情報開示請求の仕組み

開示請求（5条1項）
❶権利侵害が明らかであり、かつ❷開示を受けるべき正当な理由がある場合

電子掲示板の管理者
（プロバイダ等）

発信者の意思の確認（原則）
（6条1項）

回答

ヤブ医者

発信者

開示されない場合

開示請求の訴え

被害者
（権利を侵害されたとする者）

裁判所

総務省HPをもとに作成

IV インターネットに関わる著作権訴訟

1 他人の著作物の無断転載・改変をめぐる紛争

　インターネットが普及するにつれ、他人が創作した文章やイラストなどの著作物を無断転載したり、一部改変して投稿したりする事案の訴訟が増えています。**まとめサイトイラスト転載事件**（東京地裁平成30年6月7日判決）では、漫画家・イラストレーターのナカシマ723さんが描いて自身のTwitterで発表した「壁ドン」に関するイラストが、まとめサイトに無断転載されました。裁判の結果、ナカシマ723さんはこのような転載を許可しておらず著作権（公衆送信権）の侵害にあたるとして、30万円の支払いが命じられました。インターネット上にはイラストや写真があふれていますが、それらは決して「フリー素材」ではありません。たとえTwitterで無料で公開されたイラストであっても、作者に無断で転載すると著作権侵害になりうることを示した重要な判決です。また**風水ブログ事件**（東京地裁平成28年1月29日判決）では、風水に関して原告がブログに投稿した文章が一部書き換えられて電子掲示板に投稿されました。「自然科学」の部分を「妖怪学」とするなど、作者の意に反する改変をしていることから同一性保持権などを侵害すると認められました。**フラねこ事件**（大阪地裁平成27年9月10日判決）では、イ

ラストレーターが描いて自身のホームページで公開していた猫のイラストが改変されました。被告はフラダンスをする猫のイラストを描くために「黒猫」で画像検索をして、たまたま見つけた原告の猫のイラストの頭部に自分で描いたフラダンスをする下半身を組み合わせてイラストを完成させました。この事件でも裁判所は同一性保持権などの侵害を認めました。似たような事件はほかにもたくさんあります。

↓まとめサイトイラスト転載事件

ナカシマ723氏提供

↓風水ブログ事件

原告ブログ文章	電子掲示板に投稿された改変文章
風水とは、何なのかを述べるにあたり、一言で述べるならば「自然科学」だということです。自然科学の定義とは、自然に属する諸対象を取り扱い、その法則性を明らかにする学問のことです。	風水とは、何なのかを述べるにあたり、一言で述べるならば「妖怪学」だということです。妖怪学の定義とは、風水に属する諸対象を取り扱い、その妖怪性を明らかにする学問のことです。

判決別紙から書き起こし

↓フラねこ事件

原告イラスト	被告イラスト

判決別紙

★ ○×問題でチェック ★

　問5　インターネット上で匿名で行った情報発信については、だれにも身元がばれることはない。
　　　　　　　　　　　　　　　　　　　問6　インターネット上の画像はすべてフリー素材なのでどのように使っても問題ない。

2 サービス提供者の責任

「ファンブックの対談とかうぷしてほしいという人が多ければうぷしますよ〜。やめてほしい人が多ければしませんので・・・。」
「うpきぼん」
「随分時間が経ってしまいましたが，ファンブックの対談うぷします。結構な量になるので，一気に全部ではなく何回かにわけます。」
——ここに対談記事の転載が投稿された——
「対談ウプおつかれさま。非常におもしろった！！」
「ファンブックの対談。まだまだあります。連続書き込みやりすぎるとアクセス規制うけるんで時間たったら続きうぷします。」
「ほんとにありがとう。これ書き写すだけで大変だろうに・・・。」

判決文から書き起こし

↓MYUTAの仕組み

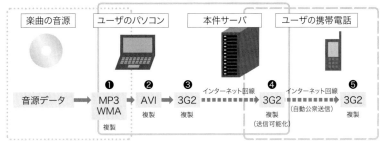

判決別紙をもとに作成

.... あらかじめMP3ファイル等をユーザのパソコンのハードディスクに蔵置する過程
━━━ 本件サーバからユーザ携帯電話にダウンロードする過程
— — — 本件ユーザソフト(MYUTA専用MUSICUPLOADER)の処理する過程

　無断転載などを行った個々のユーザではなく，サービス提供者の責任を追及するタイプの訴訟も多くあります。**2ちゃんねる事件**（東京高裁平成17年3月3日判決）では出版社から著作権侵害だとの指摘を受けたにもかかわらず書き込みを放置した電子掲示板サイトの運営者に責任があるとされました。**MYUTA事件**（東京地裁平成19年5月25日判決）ではCDの音源を携帯電話で聴ける形式に変換できるサービスを提供することが著作権侵害にあたるとされました。

3 リンクとリーチサイト規制

　公衆送信権は著作物を送信可能化や自動公衆送信した場合に侵害になります。ところがリンクを張る行為はURL情報の送信しかしておらず，著作物そのものはリンク先のサーバから直接送信されます。したがってリンクを張る行為は公衆送信権の侵害にならないと考えられています。このままだと**リーチサイト**（海賊版コンテンツへのリンク集サイト）が野放しになってしまうことから，令和2年改正でリーチサイト規制が導入されました。また**Twitterリツイート事件**（最高裁令和2年7月21日判決）では，リンクを張る際に画像のトリミングが行われたことで氏名表示権の侵害にあたるとされました。

↓インラインリンクの仕組み

経済産業省「電子商取引及び情報財取引等に関する準則」をもとに作成

↓Twitterリツイート事件（イメージ）
元の画像（原告サイトに掲載）

原告が著作権をもつ画像をAさんが無断でTwitterに投稿。Twitterの仕様によって上下が切り取られた状態で表示される（トリミング表示）

筆者作成

↓リーチサイト規制

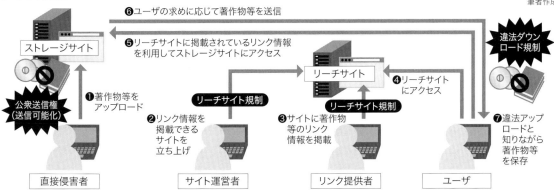

※「サイト運営者」と「リンク提供者」が同一人物の場合（運営者投稿型）もある

文化審議会著作権分科会報告書（2019年2月）をもとに作成

問7　電子掲示板に著作権侵害の投稿が行われた場合、サイト運営者が責任を負うことがある。　　16 インターネットと著作権法　**59**
問8　海賊版コンテンツにリンクを張る行為が著作権侵害になることはない。

17 特許法とは

Ⅰ　特許法とは

1　特許制度の目的

> **特許法1条**　この法律は、発明の保護及び利用を図ることにより、発明を奨励し、もつて産業の発達に寄与することを目的とする。

　特許法は、他者が無断でその発明を利用することを禁止することができる権利（**排他権**）を与えることにより、発明を保護する法律です。排他権を与えられることで、特許権者はその発明の利用を独占することができ、それにより収益を上げることができます。発明は他者に容易に模倣されるなど、他人にフリーライドされやすい性質をもちます。このことから発明は市場に任せていたのではその供給が過少になると考えられています。特許権により収益を上げられることで**創作のインセンティブ**を確保し発明を奨励することが特許法の目的といえます。

↓特許出願に必要な事項

```
特許権 ──権利行使──→ ╳特許発明の実施╳
  ↑
出願公開
公開の代償として
の特許権
特許発明の内容は
公開されて共有される
  ↑出願
発明
```

・特許発明の実施は、特許権者の許諾がないとできない
・いずれかの方法で特許権を利用して収益を上げる
　①特許権者が独占的に実施
　②第三者にライセンスさせて実施

筆者作成

2　特許制度の歴史

↓特許第1号：専売特許条例のもと1885（明治18）年7月1日に堀田瑞松により出願された「堀田式錆止塗料とその塗法」

J-PlatPatウェブサイトより

↓特許制度の歴史

1885 （明治18）年	専売特許条例
1888 （明治21）年	特許条例
1899 （明治32）年	特許法
1921 （大正10）年	特許法の 全面改正
1959 （昭和34）年	旧特許法の 廃止、 現行特許法の 成立

筆者作成

↓初代特許庁長官・高橋是清

特許庁HP

↓堀田瑞松

日本化工塗料株式会社HP

　近代特許制度は中世ベニスに端を発し、イギリスで発展したといわれています。日本の特許制度が実質的に始まるのは、1885（明治18）年の専売特許条例からです。同条例公布に伴い、専売特許所が設置され高橋是清が初代所長に就任します。特許第1号は、東京府の堀田瑞松により出願された「堀田式錆止塗料とその塗法」です。その後も特許制度は改正を重ね、現行特許法が成立したのは1959（昭和34）年になります。

★○×問題でチェック★

問1　特許制度は、発明を創作するインセンティブを確保するためにある。
問2　特許権を得ると、その発明を自ら実施できることが保障される。

II 特許権の取得と維持

1 特許の出願

↓明細書と特許請求の範囲の実例

J-PlatPat ウェブサイトより

↓特許出願に必要な事項

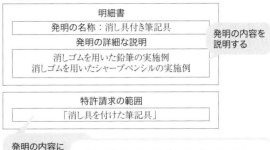

特許庁「知的財産権制度説明会（初心者向け）テキスト」（2018年）15頁の図をもとに筆者作成

特許権を取得するためには、発明者などが特許の出願をする必要があります。特許出願は、特許庁長官に**願書**を提出することにより行い、願書には、明細書、特許請求の範囲などを添付しなければなりません。

明細書とは、発明の詳細な説明などの事項を記載した書類です。たとえば、ある文房具の発明をした場合、その発明の具体例（実施例といいます）を交えながら、作製方法や効果などの説明をすることになります。一方、特許請求の範囲は、**クレーム**（claim）とも呼ばれますが、特許保護を求める対象を特定するためのものです。たとえば「消し具をつけた筆記具」というクレームによって権利を得た場合には、この定義に当てはまるものすべてに対して特許権を行使できることが原則となります。

2 出願の手続き

↓特許出願から特許取得までの流れ

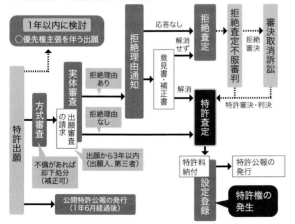

特許庁「知的財産権制度説明会（初心者向け）テキスト」（2018年）24頁の図をもとに筆者作成

特許権を得るには、**特許を受ける権利**（☞ III **3**）を有する者が出願する必要があります。まずは方式審査が行われ、出願に形式的な不備がある場合は却下されます。特許出願は出願から1年6か月経つとすべて公開されます。それは、特許制度は新しい技術を公開した者にその公開の代償として独占権を与えるものだからです。方式審査が終わると出願の実体審査が行われます。ただし、実体審査が行われるのは**審査請求**があった出願だけです。これは、特許庁のリソースを重要な出願に集中させる機能を有しています。実体審査では、審査官が特許出願を審査し、**拒絶理由**を発見しないときは特許査定が下されます。特許を得るための要件の詳細は III で説明します。拒絶理由があれば直ちに拒絶査定となるわけではなく、拒絶理由通知を受け取ったのち補正や意見書提出の機会が与えられます。特許査定がなされた場合、**設定登録**され特許権が発生します。

★○×問題でチェック★

問3　明細書とは発明を詳細に説明する書類であり、その記載から自然に特許権の範囲が定まる。

問4　特許出願がなされると、全件につき、方式審査と実体審査がなされる。

特許権が設定登録されたあとも、特許は取り消されたり無効とされたりする可能性があり、これに対抗するため、特許の内容を訂正することもできます。これは、審査の段階ではすべての特許要件を完全に審査することは不可能であり、特許権発生後に再度チェックする仕組みとするほうが効率的だからです。このため、**特許異議、無効審判、訂正審判**の手続きが認められています。**特許異議の申立て**は、何人も特許掲載公報発行の日から6か月以内であればすることができます。特許異議申立てについての審理は、書面審理で行われます。特許要件を欠くなど取消理由が認められるときは、特許は取り消されることとなります。また、**無効審判**は、利害関係人であればいつでも請求することができます。無効審判は、原則口頭審理で行われます。同様に無効理由が認められるときは、無効審決が出され、それが確定すると特許権ははじめから存在しなかったものとみなされます。異議と無効審判は、特許権をなかったことにするという効果は同じですが、請求できる時期、主張できる理由、審理のやり方などに違いがあります。**訂正審判**は、クレームや明細書の記載を修正するための手続きです。特許権者が一定の要件のもと請求することができ、訂正審決が確定すると当初から訂正後の特許が設定登録されていたものとみなされます。

↓特許権取得後の手続き

筆者作成

Ⅲ 特許権を取得するのはだれか

1 発明者

↓発明者の認定（知財高裁平成20年5月29日判決［ガラス多孔体事件］）

| 株式会社A | ・XはMから実験結果の報告を受けていたにとどまる。
・本願発明の有用性を見いだしたり、当業者が反復実施して技術効果を挙げることができる程度に具体的・客観的な構成を得ることに寄与したことはない。
・原告は、Mに対して、管理者として、一般的な助言・指導を与えたにすぎない。 |

共同開発契約

K大学	
教授：X のち退官	・Mが750℃まで加熱した際に多孔性現象を発見したことが端緒となった。 ・Mは、多孔性現象の効果・有用性などを確認し、検証するために、Yの指導を受けながら、水熱ホットプレスをする条件等を変え、実験を重ねて、有用性に関する条件を見いだし、その結果に基づいて、本件修士論文を作成した。 ・本件修士論文には本願発明のすべてについて、技術的思想の特徴的部分が含まれている。
助教授、X退官後教授、Mの指導教官 Y	
Xの指導学生。共同研究にアルバイトとして雇用 M	

Yを発明者として第三者が特許出願

筆者作成

特許出願をするには特許を受ける権利を有している必要があります。特許を受ける権利を取得するのは、次の職務発明の場合を除き、発明者です（**発明者主義**）。複数の人が発明に関わった場合、だれが発明者かが争いになることがあります。発明という技術的思想を具体的に完成させた者が発明者になると考えられます。単にアイデアを提供したにすぎない者や資金を提供したものなどは、発明者には含まれません。

↓判決文

発明者とは、自然法則を利用した高度な技術的思想の創作に関与した者、すなわち、当該技術的思想を当業者が実施できる程度にまで具体的・客観的なものとして構成する創作活動に関与した者を指すというべきである。当該発明について、例えば、管理者として、部下の研究者に対して一般的管理をした者や、一般的な助言・指導を与えた者や、補助者として、研究者の指示に従い、単にデータをとりまとめた者又は実験を行った者や、発明者に資金を提供したり、設備利用の便宜を与えることにより、発明の完成を援助した者又は委託した者等は、発明者には当たらない。もとより、発明者となるためには、一人の者がすべての過程に関与することが必要なわけではなく、共同で関与することでも足りるというべきであるが、複数の者が共同発明者となるためには、課題を解決するための着想及びその具体化の過程において、一体的・連続的な協力関係の下に、それぞれが重要な貢献をなすことを要するというべきである。

知財高裁平成20年5月29日判決［ガラス多孔体事件］より抜粋

上の裁判例は、大学での発明が問題になった事件です。大学の教授X、助教授Y、その指導学生である大学院生Mのだれが発明者になるのかが争われました。3名とも発明に関与しましたが、助教授Yを発明者として特許出願されました。この事件で、Xは自らが発明者と主張しましたが、発明に具体的に関与せず、一般的な助言や指導をしたにすぎないため発明者にならないと判断されました。

★○×問題でチェック★

問5　特許が無効となると、特許権ははじめから存在しなかったことになる。
問6　発明に資金援助をして発明の完成に貢献した者も、特許法上「発明者」に該当する。

2 職務発明

↓職務発明制度の概要

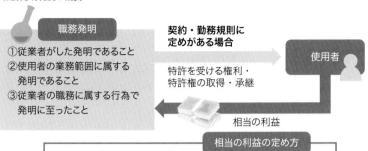

職務発明
① 従業者がした発明であること
② 使用者の業務範囲に属する発明であること
③ 従業者の職務に属する行為で発明に至ったこと

契約・勤務規則に定めがある場合

使用者

特許を受ける権利・特許権の取得・承継

相当の利益

相当の利益の定め方

契約・勤務規則に定めがある場合
意見聴取の状況等を考慮して、不合理でなければ、その額

定めがない場合、または、定めが不合理な場合
諸要素を総合考慮して、裁判所が定める

筆者作成

↓就業規則による特許を受ける権利の取得

○国立大学法人神戸大学知的財産取扱規程

（平成16年4月1日制定）

改正 平成17年9月30日 平成20年2月26日
　　　平成28年3月22日 平成28年9月30日

（趣旨）
第1条　この規程は，国立大学法人神戸大学職員就業規則（平成16年4月1日制定）第21条の規定に基づき，国立大学法人神戸大学（以下「本学」という。）の職員等が行った発明等の取扱いについて，その管理，運用及び活用に係る必要な事項を定めるものとする。

（発明の帰属）
第3条　職務発明に係る特許を受ける権利は，本学が承継し，原則として本学に帰属する。
2　学生等が，職員の指導の下で行った発明については，契約により発明に係る特許等を受ける権利を本学に帰属させることができるものとする。
3　本学が受入れた研究員が行った発明に係る特許を受ける権利の帰属の取扱いは，受入れの際に契約書等で定めるものとする。
4　職員が他の機関の研究者と共同で研究を行った結果生じた発明に係る特許を受ける権利は，研究の貢献度により按分し，職員の持分については，本学に帰属するものとする。

神戸大学HPより抜粋

従業者が職務に属する行為によりした発明であって、使用者の業務範囲に属するものは、**職務発明**となります。職務発明となると、就業規則等で定めを置けば、特許を受ける権利を使用者に取得させることができます。多くの会社では**就業規則**にそのような定めを置いており、従業者がした発明の特許を受ける権利は会社が取得しています。職務発明該当性の判断においては、発明行為が職務に該当するかが重要ですが、使用者から具体的に命令を受けていない場合でも、発明者の地位や職種、設備面・資金面での使用者の寄与などを勘案して、職務該当性が認められることがあります。

使用者に特許を受ける権利を取得させた従業者は、その対価として**相当の利益**を受ける権利を有します。かつては、従業者がその対価が十分ではないとして、職務発明の対価請求訴訟が頻発したことがありました。そのため、2004（平成16）年および2015（同27）年に特許法が改正され、当事者間であらかじめ一定の手続きにより対価を定めた場合は、裁判所はそれを尊重することになりました。

↓発明者の受けるべき相当の利益はいくらが適切か？

日本経済新聞2004年1月31日朝刊1面

3 冒認出願の取扱い

特許を受ける権利を有しない者による出願は、**冒認出願**と呼ばれています。冒認出願は拒絶理由となるので、特許査定前に明らかになれば、特許権を得ることはできません。また、無効理由ともなるので、特許権設定登録後に明らかになれば、特許を受ける権利を有している真の権利者は、その特許を無効にすることができます。それでは、真の権利者が冒認出願に気づいた場合、その特許を取り戻すことはできるのでしょうか。特許査定前に気づいた場合には、自らが特許を受ける権利を有することの確認判決を得て、出願人名義を冒認者から真の権利者に変更することができます。特許権設定登録後は、かつては明文の規定がなく、特定の場合にのみ取戻しを認めた最高裁判決が

↓冒認出願の取扱い

特許査定される前	設定登録後
拒絶理由（49条2号・7号）	無効審判により特許権消滅（123条1項2号・6号）
出願人の名義変更（真の権利者との確認判決＋特許庁での手続）	移転登録請求権（74条）
	無効の抗弁（104条の3、123条1項2号・6号）

※条文は特許法　　　　　　　　　　　　　　　　　　　筆者作成

あるのみでした。2011（平成23）年の特許法改正で、取戻しのための請求権が明文で認められることになりました。

★ ○×問題でチェック ★
問7　使用者は、従業者のした職務発明につき特許を受ける権利を取得することができる。
問8　冒認出願された場合、真の権利者は特許を無効にはできるが、権利を取り戻すことはできない。

17 特許法とは　**63**

18 特許の保護対象

I 発明とは

特許法2条1項 この法律で「発明」とは、自然法則を利用した技術的思想の創作のうち高度のものをいう。

1 技術的思想の創作

特許保護の対象は、**発明**に限られます。発明とは自然法則を利用した技術的思想の創作です。また、高度のものである必要もありますが、この要件は、実用新案法の保護対象と区別する役割を有するものの、実務上はあまり機能していません。

技術的思想とは、一定の課題を解決するための具体的手段のことであるとされています。人間が新たに生み出した技術的思想が、技術的思想の創作です。発明とは、社会が抱えていた技術上の課題に対し、新たな解決策を与えるものであるといえます。

反対に、いかに素晴らしい科学的発見や情報であっても、解決策を与えないものは、特許法により保護することができません。たとえば、ニュートンが発見した万有引力の法則のような自然法則それ自体は発明にはあたりません。また、DNAの二重らせん構造の発見は、その後の生命科学の発展をもたらし、さまざまな課題の解決策に結びついていきましたが、発見それ自体としては具体的な解決策を与えるものでないので発明とはなりません。しかし、特定のDNAの配列の発見や、新たな化学物質の発見も、たとえば、それが具体的な病気の治療法を与えるなど具体的な解決策に結びついている場合には、発明として保護される場合もあります。医薬品やバイオの技術において、特許保護は重要な役割を果たしています（☞**23**）。

↓単なる発見は特許保護の対象とならない（左：万有引力の法則、右：ワトソン・クリックによる二重らせん構造の発見）

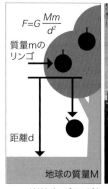

$$F = G\frac{Mm}{d^2}$$

質量mのリンゴ

距離d

地球の質量M

JAXA ウェブページをもとに作成

アフロ

2 自然法則の利用

一定の課題を解決するための具体的手段として構成されていても、**自然法則利用性**が認められないものは「発明」に該当しません。人為的取決め、人間の精神活動、数学上の公式、社会科学上の法則などは、自然法則でないとされています。これらをもっぱら利用するにすぎないものは発明には該当しません。たとえば、新しいゲームのルールは、人間を楽しませるという課題を解決する具体的手段を提供していますが、それ自体としては人為的取決めにすぎず「発明」にはあたりません。また、低学年の児童に対する算数の教授方法といった教育上の課題を解決するものにすぎないものも自然法則利用性が認められません。

自然法則利用性が問題となる類型として**ソフトウエア関連発明**があります（☞**24**）。ソフトウエアの本質は情報処理の手順にすぎず、自然法則利用性がないようにも思われます。しかし、現在の日本の実務では、ソフトウエアによる情報処理がハードウエア資源を用いて具体的に実現されている場合には、発明に該当するとされています。

また、**ビジネス関連発明**も、ビジネス方法自体は自然法則を利用していない点が問題となります。しかし、図の「商品ボックス管理装置」の例のように、商品の管理方法というビジネス方法を、ICT（情報通信技術）を使って実現した場合には、ソフトウエア関連発明の一種として保護を受けられる場合があります。

↓ビジネス関連発明の例（商品ボックス管理装置：江崎グリコ（株））

❶販売員用端末で日付を指定
❷管理措置が、指定された日付に訪問する商品ボックスの位置、補充する商品の種類・個数を販売員用端末へ通知

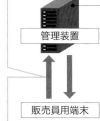

管理装置

・商品配置パターンのローテーション計画
・販売員の訪問順序計画

販売員用端末

¥100

商品の補充・入れ替え

特許庁資料をもとに作成

★〇✕問題でチェック★

問1　解決策を与えない単なる情報の提示でも、科学的に重要であれば発明に該当する。
問2　ビジネスの方法それ自体は、自然法則を利用していないので発明には該当しない。

3 発明の分類

↓発明の基本的な分類

物の発明	方法の発明	
物の発明 （2条3項1号）	単純方法の発明 （2条3項2号）	物を生産する方法の発明 （2条3項3号）

筆者作成

　発明は、物の発明と方法の発明に分類されます。さらに、方法の発明は、単なる方法の発明と、物を生産する方法の発明とに分類されます。特許出願に際して、発明は、「物」か「方法」のいずれかの形で特定する必要があります。これの3つのどれに分類されるかにより、どのような行為が「実施」行為に該当し、特許権の侵害となるかが異なります（☞**19-1②**）。

　また、発明の特定の仕方にはさまざまな形があり、特許を出願する際に、出願をする人が自由に特定の仕方を選ぶことができます。たとえば、化学構造式で特定した化学物質を特許の対象とす

↓さまざまな発明の例

物質発明	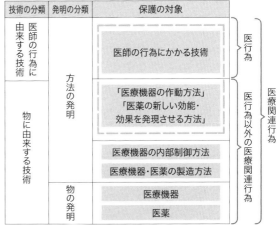
用途発明	骨強化用ヨーグルト
機能的クレーム	解凍したときに流れ出ない程度の柔らかさを有するアイスクリームを充填したイチゴ
プロダクト・バイ・プロセス・クレーム	方法Aにより生成された物質B
数値限定発明	グルタミン酸の含有量が0.35~0.50%であるトマト含有飲料

筆者作成

ることも、特定の用途に限定した物を対象にすることもできます。また、特許対象の物をその機能で特定したり、生産の方法で特定したり、数値の範囲で特定することが許される場合もあります。

Ⅱ　特許要件

特許法29条　産業上利用することができる発明をした者は、次に掲げる発明を除き、その発明について特許を受けることができる。
　　一　特許出願前に日本国内又は外国において公然知られた発明
　　二　特許出願前に日本国内又は外国において公然実施をされた発明
　　三　特許出願前に日本国内又は外国において、頒布された刊行物に記載された発明又は電気通信回線を通じて公衆に利用可能となつた発明
　2　特許出願前にその発明の属する技術の分野における通常の知識を有する者が前項各号に掲げる発明に基いて容易に発明をすることができたときは、その発明については、同項の規定にかかわらず、特許を受けることができない。

1 産業上の利用可能性

↓医療技術の発展（写真はヒトiPS細胞のコロニー）

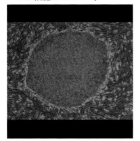

京都大学教授 山中伸弥

　発明が特許を受けることができるには、「産業上利用することができる」ものである必要があります。ここでいう「産業」には、広く工業、農業、商業、鉱業などが含まれるとされ、多くの発明は、この要件を問題なく満たすと考えられています。

　しかし、現在の特許庁および裁判実務では、人間を手術、治療または診断する方法（**医療行為**）の発明については、産業上利用可能性要件を満たさないと考えられています。これは、医師の行為に特許権が及ぶとすると、医師が委縮し、医療行為が十分に行われなくなることが懸念されるからです（東京高裁平成14年4月11日判決参照）。

　一方で、医療技術は近年急速に発展をとげ、医療関連技術の特許保護の必要性も高まっています。特許庁では累次の検討を重ねて医療関連技術への特許保護を拡大させています。

医療行為すなわち医師の行為を特許の対象としないことは堅持しつつも、保護の対象は広げられてきました。

↓人間を手術、治療または診断する方法

技術の分類	発明の分類	保護の対象		
医師の行為に由来する技術	方法の発明	医師の行為にかかる技術		医行為
		「医療機器の作動方法」「医薬の新しい効能・効果を発現させる方法」	医行為以外の医療関連行為	医療関連行為
物に由来する技術		医療機器の内部制御方法		
		医療機器・医薬の製造方法		
	物の発明	医療機器		
		医薬		

知的財産戦略本部医療関連行為の特許保護の在り方に関する専門調査会「医療関連行為の特許保護の在り方について（とりまとめ）」（2004年11月22日）4頁をもとに作成

★ ○×問題でチェック ★
　問3　発明は、物の発明と方法の発明とに分類できる。
　問4　医療も産業の1つである以上、医療行為にも産業上の利用可能性が認められる。

2 新規性

新規性要件とは——特許法29条1項によれば、新規性のない発明は特許を受けることができません。これは、すでに公衆に利用可能となっている発明は、創作のインセンティブを与える必要性はないことに加え、特定の者に独占させると技術の利用・普及が妨げられ、かえって産業の発達を阻害するからです。

29条1項では、「公然知られた発明」、「公然実施をされた発明」、「頒布された刊行物に記載された発明」「電気通信回線を通じて公衆に利用可能となつた発明」のいずれかに該当すると、特許を受けることができないとされています。これらの発明は、それぞれ第三者にその内容を知られるに至った経緯は違いますが、いずれも発明の技術内容がすでに公衆に知られるに至った発明であるといえます。具体的にどのような場合に、新規性喪失事由に該当するかを、下表に示しています。

特許実務においては、ある発明の新規性を否定するためには、その根拠となる証拠を引いてくる必要があります。その根拠として引用する文献等の証拠のことを、**引用例**と呼ぶことがあります。また、引用例に記載されている発明のことを**引用発明**と呼ぶことがあります。

↓新規性喪失事由

	公然知られた発明 （29条1項1号）	公然実施をされた発明 （29条1項2号）	頒布された刊行物に 記載された発明 （29条1項3号前段）	電気通信回線を通じて公衆に 利用可能となった発明 （29条1項3号後段）
具体例	テレビで放映 記者会見で発表 学会で発表	発明を利用した製品が 市販される	学術雑誌に掲載 特許公報に掲載	インターネット上の記事に掲載

筆者作成

新規性喪失の例外——新規性のない発明は特許を受けることができませんが、新規性を喪失してから1年以内に出願すれば、特許が認められる場合があります。これを**新規性喪失の例外**といいます（特許法30条）。この例外が認められるのは2つの場合です。1つは、特許を受ける権利を有する者の意に反して喪失した場合で、たとえば発明が盗まれ先に公開されてしまった場合です。もう1つは、特許を受ける権利を有する者が自ら公表した場合で、たとえば、学術論文により先に発明を公開した場合です。右の論文は、その一例です。このような例外が認められているのは、研究者の世界で先行性が重視されていることを尊重するとともに、早期に発明を開示することによる活用の道を開くことにあります。

↓特許出願に先立つ研究成果の公表（がん免疫療法に関する研究でノーベル賞を受賞した本庶佑教授らの特許出願に先立つ論文）

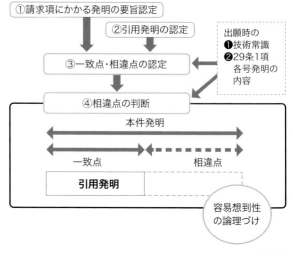

J.Biol.Chem.276（36）34105-14

3 進歩性

新規性のある発明でも、既存の発明とあまり変わらない発明を保護する必要性は高くありません。既存の発明から容易に発明できた発明は、独占権による誘引がなくても創作されることが期待できます。また、既存の発明と近い発明に独占を与えると、権利の氾濫を招き、発明の利用を妨げるおそれがあります。そのため特許法は、既存の発明に基づいて容易に発明をすることができた発明は、特許を受けることができないと定めています。これを**進歩性要件**といいます。

進歩性の判断は右のような手順で行います。まず①請求項にかかる発明がどのようなものかを認定（発明の要旨認定）し、②それと比較する既存の発明（引用発明）を認定したうえで、③両者の一致点と相違点を認定します。そして、④その相違点を容易に克服して問題の発明を得ることができたか否かを判断します（相違点の判断）。この④の判断が進歩性の有無を判断する最も重要なプロセスであり、**容易想到性**の判断ともいいます。容易想到性は、その発明の属する技術の分野における通常の知識（**技術常識**）を備えた者（**当業者**）を基準に判断されます。

↓進歩性要件の意義

① 請求項にかかる発明の要旨認定
↓
② 引用発明の認定
↓
③ 一致点・相違点の認定
↓
④ 相違点の判断

出願時の
❶技術常識
❷29条1項各号発明の内容

本件発明
一致点 ⇔ 相違点
引用発明

容易想到性の論理づけ

筆者作成

問5　特許出願前に発行されていた雑誌に掲載されていた発明は、原則として特許を受けられない。
問6　公知の発明とわずかでも異なれば、新規性・進歩性要件を満たし、特許を受けられる。

III 先願主義

> **特許法39条** 同一の発明について異なつた日に二以上の特許出願があつたときは、最先の特許出願人のみがその発明について特許を受けることができる。〔後略〕

↓先願主義の概念

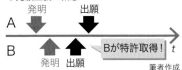

筆者作成

同一の発明について複数の主体が特許出願した場合、重複して特許は認められません。日本は**先願主義**を採用していて、このような場合、出願を先にした者が優先的に特許権を得ることができます（左図参照）。先に発明したものを優先するという先発明主義という考え方もありますが、発明日の判定が困難などの問題があり、採用されていません。

IV 記載要件

> **特許法36条** 4 ……発明の詳細な説明の記載は、次の各号に適合するものでなければならない。
> 一 経済産業省令で定めるところにより、その発明の属する技術の分野における通常の知識を有する者がその実施をすることができる程度に明確かつ十分に記載したものであること。〔中略〕
> 6 ……特許請求の範囲の記載は、次の各号に適合するものでなければならない。
> 一 特許を受けようとする発明が発明の詳細な説明に記載したものであること。
> 二 特許を受けようとする発明が明確であること。
> 三 請求項ごとの記載が簡潔であること。〔後略〕

↓明確性要件・実施可能要件・サポート要件の意義

○：クレーム

明細書に開示されている技術的思想

権利の範囲が不明確

実施可能要件
サポート要件違反

筆者作成

記載要件というのは、特許出願に添付された明細書の記載およびクレームの記載が満たさなければならない要件です。主なものとして、クレームに関する**明確性要件**（特許法36条6項2号）、**サポート要件**（同項1号）や、明細書の発明な詳細の説明に関する**実施可能要件**（同条4項1号）があります。特許出願に際しては、明細書に自らの発明を開示し、その開示された発明の範囲内で権利を求める範囲をクレームに記します。記載要件は、明細書に開示された発明とクレームの記載との平仄があっていることを担保するための要件といえます。

明確性要件は、クレームの範囲が明確であることを求めるものです。クレームは特許権の効力が及ぶ範囲を示す標識ですから第三者にとって権利の境界が明確であることが求められます。実施可能要件とサポート要件は、明細書に開示されている技術的思想を超えて、特許が請求されていないかを確認するものです。開示されていない発明に保護を認めることは、発明者の本来の技術的貢献を超えた独占権を認めることになってしまいます。

V 公序良俗を害するおそれがある発明

> **特許法32条** 公の秩序、善良の風俗又は公衆の衛生を害するおそれがある発明については、第29条の規定にかかわらず、特許を受けることができない。

↓デザイナーベビー作成技術は公序良俗を害するか

日本経済新聞2019年1月28日朝刊11面

公の秩序、善良の風俗または公衆衛生（**公序良俗**といいます）を害するおそれがある発明は、特許を受けることができないとされています（特許法32条）。公序良俗を害するおそれがある発明とは、その発明を使用すると公序良俗を害する結果を必然的に招来することになる発明のことです。そのような発明の創作を国家が奨励する必要はないので、特許保護が否定されます。たとえば、親が望む能力をもたせた子供を作り出すデザイナーベビー技術のような倫理的に許されない技術が、このような発明にあたる可能性があります。しかし、一方で「倫理的に許されないから」「その使用が現在は違法だから」というだけで不特許と解すべきではないとの指摘もあります。倫理観は時とともに変遷しますし、現時点では違法とされていても、将来的に有用性が認められる可能性もあるからです。

19 特許権の保護範囲

I 特許権侵害とは

1 総　論

特許権者が専有する権利と特許権侵害

特許法68条本文
「特許権者は、業として特許発明の実施をする権利を専有する。」

①	「業として」	特許法の目的から導かれる要件。営利目的に限らない（公共・公益事業も含まれる）。
②	「特許発明の」	問題の物件／方法が「特許発明」と同一のものと評価できるかどうかを検討（「特許発明の技術的範囲」（70条）への属否）
③	「実施」をする	生産等の行為（☞**2**（2条3項））

➡第三者が、①②③を充たす行為を無権限で行えば、特許権侵害となるのが原則

筆者作成

　特許権者のみが、業として特許発明を実施することができます（特許法68条本文）。したがって、特許権者から許諾を得ていない者が業として特許発明を実施すれば、原則的に、**特許権侵害**となります。

　侵害の種類は、「特許請求の範囲」（クレーム）との関係で、2つの切り口で整理できます。第1の切り口は、第三者により生産・使用等される物件／方法が、「特許発明の技術的範囲」（70条）に属するか否かを検討するときに現れます。当該物件／方法が、クレームに記載された構成要件のすべてを文言的に充たせば**文言侵害**が成立しますが、そうでなくても均等論の要件を充たす場合には、**均等侵害**が成立します。この意味で、特許発明の技術的範囲は、クレーム文言範囲プラス均等範囲と理解でき、問題の物件／方法が文言範囲にも均等範囲にも属さないのであれば、非侵害となります。

　第2の切り口は、直接侵害と間接侵害を分けます。侵害訴訟の被告が業として生産・使用等をしているのが、クレームに記載

侵害成否の判断手法と、侵害の種類

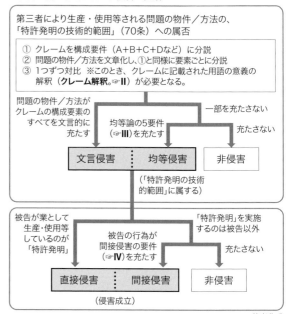

筆者作成

された構成要件すべてを文言的または均等的に実現する物件／方法である場合（すなわち「特許発明」である場合）には、**直接侵害**が成立します。他方、被告自身はそのような物件／方法を生産・使用等してはいないけれども、被告の行為が101条の要件を充たす場合には、**間接侵害**が成立します。

2 「実施」

発明のカテゴリーと、それに対応する「実施」行為（特許法2条3項）

発明のカテゴリー		「実施」の内容	
物（プログラム等を含む）の発明		その物〔特許発明にかかる物品〕の	
		・生産	当該物品を新たに作り出す行為。例）製造、組立、植物の栽培
		・使用	当該物品を、発明の目的を達成するような態様で用いる行為
		・譲渡等（譲渡および貸渡し。プログラム等の電気通信回線を通じた提供を含む）	当該物品の所有権の移転、当該物品の貸与。プログラムのインターネット送信による販売を含む　※有償・無償は問われない
		・輸出	当該物品を国外に搬出する行為
		・輸入	当該物品を国内に搬入する行為
		・譲渡等（譲渡等のための展示を含む）の申出	当該物品の譲渡や貸与を目的とした販売促進活動。カタログによる勧誘やパンフレットの配布を含む
方法の発明	（単純）方法の発明	その方法〔特許発明にかかる方法〕の使用	例）ある物質の測定法
	物を生産する方法の発明	➕その方法により生産した物の使用、譲渡等、輸出、輸入、譲渡等の申出	例）ある物質の製造法

筆者作成

★○×問題でチェック★

　　問1　第三者が特許権者に無断で特許発明を実施する行為は、すべて特許権侵害にあたる。
　　問2　「実施」の内容は、発明のカテゴリー別に書き分けられている。

↓（単純）方法の発明の場合

①X方法の使用差止め

| 「カリクレインの生成阻害能の測定法」（X方法）の特許権者X | → | Y医薬品の製造工程においてX方法を実施するY |

②Y医薬品の製造販売の差止め

生理活性物質測定法事件（最高裁平成11年7月16日判決）を参考に筆者作成

第三者が特許権者に無断で業として特許発明を「実施」すれば特許権侵害となる以上、何が「実施」にあたるかは、明確にされている必要があります。法は、「実施」にあたる行為を、発明のカテゴリー（3種）に応じて書き分けています（前頁下部の表参照）。左図のように、第三者に対して、問題の発明のカテゴリーにおける「実施」の定義に含まれない行為の差止め（②）を、求めることはできません（間接侵害が成立する場合を除く）。

II クレーム解釈と文言侵害

1 クレーム解釈が問題となる場面

↓以下の2つの判断の前提として行われる

① 問題の製品が、係争特許にかかる特許発明の技術的範囲に属するか否か

② 出願された発明／いったん特許を付与された発明が、特許要件を充足するか否か（成立性／有効性）◀「発明の要旨認定」ともいわれる

筆者作成

左図の①②のクレーム解釈は、それぞれ以下の場面で問題となります。①は、裁判所での特許権侵害訴訟（民事訴訟）で侵害の成否を判断する場面で、②は、特許庁での審査・審判、裁判所での審決取消訴訟（行政訴訟）、裁判所での特許権侵害訴訟で無効の抗弁（☞**21-IV 2**）が提出された場面で、問題となります。

2 クレーム解釈の資料と方法

↓「特許発明の技術的範囲」の定め方

特許法70条〔3項略〕

1項　特許発明の技術的範囲は、願書に添付した特許請求の範囲の記載に基づいて定めなければならない。

2項　前項の場合において、願書に添付した明細書の記載及び図面を考慮して、特許請求の範囲に記載された用語の意義を解釈するものとする。

　　[1] 基本となるのはクレーム（70条1項）
　　[2] クレームに記載された用語の意義を明らかにするために、「クレーム解釈」が必要
　　　　その資料は、① 明細書・図面（70条2項）
　　　　　　　　　　② 公知技術／出願経過（明文上の根拠なし）

筆者作成

特許発明の技術的範囲を定める基本は**クレーム（特許請求の範囲）**ですが（特許法70条1項）、クレームは、無体物である発明を言語化したものであるため、実際の事案においては、その文言を**解釈**する必要があります。解釈のために参酌される資料として、特許法は、特許発明の内容を当業者に開示するための文書である明細書と図面を挙げています（同条2項）。さらに、公知技術や出願経過（特許出願から登録に至るまでに、出願人と審査官の間でなされるさまざまなやりとり）も、明文には規定されていないものの、判例・学説上、解釈の資料とされてきました。次の例を見てください。

↓クレーム解釈の具体例（切り餅事件（知財高裁平成24年3月22日判決）の事案を簡略化）

①原告Xのクレームを分説

「網に載置して焼き上げる方形の切餅の載置底面又は平坦上面ではなく側周表面に、周方向に一若しくは複数の切り込み部を設け、この切り込み部は、側周表面の対向二側面に形成されている餅。」

分説

②被告製品を文章化し、要素ごとに分説

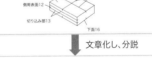

文章化し、分説

③対比

A	網に載置して焼き上げる方形の切餅の	○	a	網に載置して焼き上げる直方形の切餅の
B	載置底面又は平坦上面ではなく側周表面に、周方向に一若しくは複数の切り込み部を設け、	？	b1	切り込み部18が、上面及び下面のそれぞれほぼ中央部に十字形に設けられ、
			b2	かつ、側周表面の長辺部に、ほぼ並行に2つの切り込み部13が設けられ、
C	この切り込み部は、側周表面の対向二側面に形成されている	○	c	切り込み部13は側周表面の対向する二長辺部に設けられている
D	餅。	○	d	餅。

➡ 構成要件B下線部の解釈が必要（載置底面または平坦上面に切り込み部を設けることを除外する記載か？）

明細書の記載
「本発明は、……切り込みの設定によって焼き途中での膨化による噴き出しを制御できると共に、焼いた後の焼き餅の美感も損なわず実用化でき……」、
「本発明は、この切り込み……を単に餅の平坦上面（平坦頂面）に直線状に数本形成したり、X状や+状に交差形成したり、あるいは格子状に多数形成したりするのではなく、周方向に形成……するため、……焼いた時の膨化による噴き出しが抑制されると共に、焼き上がった後の焼き餅の美感も損なわない。」
「切り込み部位が焼き上がり時に平坦頂面に形成する場合に比べて見えにくい部位にあるというだけでなく、オープン天火などは火力が弱い位置にあるため忌避すべき焼き形状とならない場合が多く、膨化によってこの切り込みの上側が下側に対して持ち上がり、この切り込み部位はこの持ち上がりによって忌避すべき焼き上がり状態とならない。」

出願経過
Xは、拒絶理由を解消するため、手続補正書を提出して切餅の側周表面のみに切り込み部が設けられた発明へとクレームを補正しようと試み、その旨の意見書も提出した。しかし、審査官から新規事項追加にあたるとの判断が示され、その補正・意見を撤回した。

図は切り餅事件の一審判決別紙から抜粋

特許権侵害訴訟では、まず①原告のクレームを、構成要件に分説します。それから②被告製品を文章化し、①の構成要件に対応するような形で分説します。そして③構成要件を1つずつ対比します。このように、原告・被告の製品（物）同士ではなく、あくまでも**文言同士**を比べます。被告製品の構成要件がクレームのそれをすべて充足する（クレームに包含される）場合に、文言侵害が成立します。b1とb2がBに包含されるか争いがあれば、裁判所は、上記資料を用いて、Bの用語を解釈します。実際の事案では、一審も二審も、クレーム文言の解釈に主に用いた資料は同じ（明細書と出願経過）でしたが、「載置底面又は平坦上面ではなく」の意義についての結論は分かれることになりました（☞**21-I 2**）。このように、クレーム解釈とは、同じ文言を解釈対象とし同じ解釈資料を用いても判断が異なることがありうる、非常に微妙な作業です。

★ ○×問題でチェック ★

問3　クレームを解釈する際には、明細書を参酌してよい。
問4　侵害判断は、原告の特許製品と被告製品とを直接対比して行われる。

III 均等侵害

1 均等論とは

被疑侵害物件／方法とクレームの構成要件とが一部異なるとき、文言侵害は成立しません。しかし、一部でも異なる要素があれば常に「特許発明の技術的範囲」に含まれないとすれば、第三者は、クレームの構成要件の一部に些細な変更を加えるのみで侵害を免れうることになり、特許権による保護の実効性が低下してしまいます。他方、クレームには権利範囲を公示する機能があるため、クレームを超えて特許権による保護が及ぶとしたら、第三者は、自らの行為が侵害か否かを予測できなくなり、法的安定性が低下してしまいます。

そこで、被疑侵害物件／方法がクレーム文言に包含されなくても、特許発明と均等な関係にあると法的に評価できるならば、なお特許発明の技術的範囲に属するとするのが**均等論**です。1998年のボールスプライン事件最高裁判決がわが国で初めてこれを正面から認め、5要件を定立しました。

第1要件は、本質的部分（クレームの記載のうち、従来技術にみられない特有の技術的思想を構成する特徴的部分）を被疑侵害物件／方法も具備することを要求します。第2要件は、置換しても作用効果が同一であることを、第3要件は、侵害時に当業者が容易に想到できるレベルの置換であったことを求めます。これらの3要件を充たす場合には、特許発明と被疑侵害物件／方法の技術的思想が同一であるといえ、また均等侵害を認めたとしても当業者に不測の不利益を及ぼすことにならないと考えられます。他方、次の2要件は、均等論の正当化根拠

↓均等論の5要件
クレーム：A＋B＋C＋D
被疑侵害物件／方法：A＋B＋C'＋D
➡文言侵害不成立。しかし、相違する部分（CとC'）があっても、

要件の性質		根拠
積極的要件 ＊権利者が立証	第1要件 （相違部分が）非本質的部分	特許法の目的・社会正義・衡平の理念
	第2要件 置換可能性	
	第3要件 容易想到性	
消極的要件 ＊被疑侵害者が立証	第4要件 非公知技術	特許要件
	第5要件 意識的除外等の特段の事情の不存在	禁反言の法理

これら5要件を充たせば、「特許発明の技術的範囲」に属するもの（均等侵害）とされる（ボールスプライン事件（最高裁平成10年2月24日判決））。

筆者作成

を失わせないことを求めるものです。第4要件は、被疑侵害物件／方法が、出願時の公知技術と同一またはそれから容易に推考できるものだったならば、特許権者はそれにつき特許を受けられなかった

↓ボールスプライン軸受のイメージ

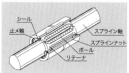

THK株式会社カタログ

ことを理由とします。第5要件は、特許権者が出願審査段階での行動と相異なる行動を侵害訴訟においてとるならば禁反言の法理に反することを、理由とするものです。

2 具体例

↓マキサカルシトール事件（最高裁平成29年3月24日判決）の事案

権利者Xの製品

マキサカルシトール配合の軟膏／ローション
＊原告X(中外製薬株式会社)は2019年12月1日にマルホ株式会社に権利承継

成分 マキサカルシトール……25μg

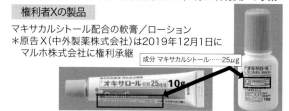

クレームと、被告Yの方法との異同

	出発物質／中間体のビタミンD構造	（異性化工程）	最終生産物マキサカルシトール
クレーム	シス体	―	シス体
Y方法	トランス体	（必要）	

＊シス体とトランス体は幾何異性体（化学構造式は同じだが、立体位置が異なる）

二審判決文中の構造図を用いて筆者作成

均等侵害の成否が実際に争われた例をみてみましょう。原告Xの特許権は、出発物質を特定の試薬と反応させ中間体を製造し、それを還元剤で処理して、マキサカルシトールを含む化合物を製造する方法の発明に関するものでした。特許発明と被告Yの方法とは、出発物質および中間体のビタミンD構造が、特許発明ではシス体であるのに対し、Y方法ではその幾何異性体であるトランス体である点で相違しました（そのため、Y方法では、同じ最終生産物に至るために、特許発明にはない異性化工程を要することになります）。

この事案では第5要件が問題となりました。同効材（作用効果が同一の部材）で代替された構成を出願時に出願人が容易に想到できたにもかかわらずクレームにそれを記載しなかった場合に、その一事をもって第5要件の「意識的除外等の特段の事情」があったと判断され均等論不適用となるのか、という問題です。最高裁は、禁反言の法理および出願人・第三者の利害調整の観点から、①この一事をもって特段の事情が存するとはいえないこと、②ただし、客観的、外形的にみて、出願人が同効材での代替を認識しながらあえてクレームに記載しなかった旨を表示していたといえるときには、当該特段の事情が認められることを示しました。事案の結論としては、特段の事情があったとはいえないとして、均等侵害の成立が認められています。

★ ○×問題でチェック ★

問5 特許発明の本質的部分を大きく変更した構成に対しても、均等論は適用されうる。
問6 出願時に存在した同効材で代替された構成に対して、均等論の適用は一律に排斥される。

Ⅳ　間接侵害

1　間接侵害のタイプ

↓各タイプの要件と規制行為（特許法101条）

特徴	要件	規制される行為
専用品型 1号（物の発明）／ 4号（方法の発明） ＊現行法で新設	**客観的要件** 「のみ」品（専用品）：その物の生産／その方法の使用にのみ用いる物 **主観的要件** なし	左記「物」の業としての ・生産 ・譲渡等 ・輸入 ・譲渡等の申出
非専用品（多機能品）型 2号（物の発明）／ 5号（方法の発明） ＊2002（平成14）年改正で追加	**客観的要件** ・不可欠品：その物の生産／その方法の使用に用いる物であって、その発明による課題の解決に不可欠なもの ・非汎用品：日本国内において広く一般に流通している物（ねじ、釘など）を除く **主観的要件** （以下の2点を「知りながら」） ・その発明が特許発明であること ・その物がその発明の実施に用いられること	
侵害品拡散抑止目的型 3号（物の発明）／ 6号（物を生産する方法の発明）＊2006（平成18）年改正で追加	**客観的要件** その物／その方法により生産した物 **主観的要件** なし	左記「物」の業としての ・譲渡等 ・輸出 のための所持

筆者作成

2　専用品の判断基準

↓具体例

X特許発明：タイマー機能を用いてパンを焼成する方法
Y製パン器：タイマー付き製パン器

Y製パン器使用者の行為	X特許発明の
① タイマー機能を用いてパンを焼成	「実施」にあたる
② タイマー機能を使用しないでパンを焼成	「実施」にあたらない
③ （焼成機能を用いず）パン生地のみを作る	

大阪地裁平成12年10月24日判決［製パン器事件］を参考に筆者作成

↓製パン器事件判決のY製品斜視図

判決文

上図のように、X特許発明を実施しない使用方法（②③）があるY製パン器は、専用品（特許法101条4号）にあたらないのでしょうか。

判例学説上、専用品とは経済的、商業的または実用的な他の用途がない物であると解されています。しかし一部には、特許発明を実施しない用途の存在だけでは専用品性を否定せず、当該他用途でのみその物を用いることが実用的かまでを問う裁判例もあります。製パン器事件では、タイマー・焼成機能付きのY製パン器の購入者が、②③の態様でのみこれを使い続けることは実用的でないとして、専用品性が肯定されました。

被告が業として生産・使用等しているのが、特許発明の技術的範囲に属する（クレームの全構成要件を文言的または均等的に充足する）物／方法でなければ、特許発明の実施行為でないため特許権侵害にならないのが原則です。しかし、そのような特許発明の実施行為（**直接侵害行為**）ではないけれども、他人による直接侵害を幇助(ほうじょ)する行為がなされているとき、権利者は民法上の救済（共同不法行為としての損害賠償）は受けられるものの当該行為の差止めはできないとすると、特許権による保護の実効性が低下してしまいます。他方で、特許権の不当な拡張も避けなければなりません。そこで法は、直接侵害を誘発する蓋然性の高い幇助的・予備的行為を取り上げ要件化し、侵害とみなしています（特許法101条）。これを**間接侵害**といいます。

第1のタイプは、特許侵害製品の生産または特許侵害方法の使用に「のみ」用いる物（**専用品**）（☞**2**）の、業としての生産等です（専用品型間接侵害）。第2のタイプは、専用品ではないけれどもその発明による課題の解決に不可欠な物（汎用品を除く）にまで対象を広げる一方、主観的要件も課すことにより、規制対象行為が拡大しすぎないようにしています（非専用品（多機能品）型間接侵害）。第3のタイプは、侵害品が市場に拡散する前に、所持の段階で規制しようとするものです。

3　従属説／独立説

↓間接侵害の成立は直接侵害の成立を前提とするか？

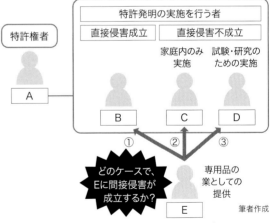

筆者作成

従属説（間接侵害成立には直接侵害成立が必要）では上図の①に、独立説（直接侵害成立は不要）では①②③すべてに、間接侵害が成立しますが、実施者に直接侵害が成立しないとされる趣旨に応じて判断するとの折衷説(せっちゅう)が通説です。家庭内実施（業要件非充足）は、特許権者の利益に及ぼす影響の小ささから特許権の効力外とされているにすぎないので、多数人の実施を惹起(じゃっき)しうる②の行為まで間接侵害不成立とするのは妥当ではありません。他方、③の行為を規制すると、技術進歩奨励の目的で特許権の効力外とされている試験研究のための実施（特許法69条1項）を阻害してしまうので、間接侵害不成立と解されています。

20 特許権の制限・存続期間

Ⅰ　総　論

↓特許権侵害の主張に対する主な抗弁

明文の規定はないものの、特許権の効力が及ばないとされる場合	特許権の消尽、並行輸入	
特許権の効力が及ばない場合（69条）	1項	試験・研究のための実施
	2項	単に日本国内を通過するにすぎない船舶・航空機等（1号）、既存物（2号）
	3項	調剤行為
実施権に基づく抗弁	法定通常実施権（79条・79条の2・80条等）、裁定実施権（83条・92条・93条）など	
特許無効の抗弁（104条の3）（☞**21-Ⅳ2**）		

筆者作成

特許権侵害訴訟において、特許権者が、相手方が特許発明（特許権の保護範囲に属する発明）を業として無断実施していることを立証できたとしても、それだけで常に特許権者による差止請求等が認められるわけではありません。左表に掲げられたような一定の場合には、たとえ特許発明を業として無断実施したとしても、特許権侵害にならない、あるいは特許権の行使が認められないことがあります。これらの**抗弁**事由には、明文の規定はないものの解釈論上認められるものもあれば、明文の規定が特許権の効力が及ばないと規定するものや、実施権という形で規定するものもあります。以下、順に見ていきましょう。

Ⅱ　特許権の消尽

1　中古品市場と特許権

特許が物（を生産する方法）の発明に対して付与されている場合、特許権の効力は、特許発明にかかる製品（**特許製品**）を業として「生産」する行為のみならず、これを業として「譲渡」・「使用」する行為などにも及びます。とすると、特許権者（やその許諾を受けた実施権者）によって生産された正規の特許製品（真正品）を使用・譲渡する行為もまた、特許発明の実施に該当するわけですから、条文を形式的に見る限り、業としてこれらの行為を行えば、特許権侵害と評価されることになりそうです。

しかしながらこれでは、たとえば卸売業者から特許製品を仕入れた小売業者は、特許権者の許諾を得なければ、消費者に特許製品を販売できないことになります。また、小売業者から特許製品を購入した企業も、特許権者の許諾を得なければ、これを使用できないことになります。しかし、このようにいちいち特許権者の許諾を要すると考えた場合、**特許製品の円滑な流通**が阻害されることになりかねません。

他方、譲渡した特許製品が取得者によって使用・譲渡されることは当然に想定される範囲内の事柄ですから、特許権者としては、特許製品を譲渡する際に、そうした事柄も計算に入れたうえで、譲渡の対価を設定する機会があったと考えられます。そうである以上、取得者による特許製品の使用・譲渡に対して特許権の行使を認め、特許製品の流通過程において特許権者が**二重に利得を得ることを認める必要性は存在しない**

↓消尽論とは

第一譲渡　　　　　　　　　業として譲渡（第二譲渡）

特許権者　→　第一譲受人　→　第二譲受人

対価　　　　　　　　　　対価

第二譲渡に対しても、さらに権利行使可能？➡消尽論による調整

筆者作成

ことになります。

こうした理由から、特許権者が特許製品を譲渡した場合には、当該特許製品に関する限り、特許権は行使し尽くされ、その目的を達成して消えたものと評価し、当該特許製品の取得者がこれを使用・譲渡等する行為には特許権の効力は及ばない、とする解釈が採用されています。これを**消尽論**といい、最高裁もBBS事件判決（最高裁平成9年7月1日判決）やインクタンク事件判決（最高裁平成19年11月8日判決）でこれを承認しています。知的財産法の中には、権利の消尽を明文で規定しているものもあります（半導体集積回路の回路配置に関する法律12条3項、種苗法21条4項、著作権法26条の2第2項）。

消尽論の帰結として、特許権者は、いったん特許製品を市場に置いたあとは、特許製品の流通をコントロールすることはできなくなります。すなわち、特許権は中古品市場を独占できる権利ではないのです。

★○×問題でチェック★

　問1　特許権侵害の成立を妨げる抗弁事由は、すべて明文で規定されている。
　　　　　　　　　　　　　　　　　　　　　　　　問2　消尽論の根拠のひとつは、特許製品の円滑な流通の確保にある。

2 特許製品に加工等が施された場合（リサイクル製品）における消尽の成否

特許権者等が譲渡した特許製品がそのままの形で流通する中古品市場の場合とは異なり、特許製品に対して第三者が加工や部材の交換等をしたうえで、自らの商品として市場に置く場合があります（いわゆるリサイクル製品）。具体的には、使用済みの使い捨てカメラを回収し、新たにフィルムを装填して販売する行為や、プリンタのインクタンクやトナーカートリッジの空になったものを回収し、中身を充填して販売する行為などが考えられます。こうしたリサイクル製品にも、消尽論は及ぶのでしょうか。

この点について最高裁は、インクタンク事件判決（最高裁平成19年11月8日判決）において、特許権の消尽により特許権の行使が制限される対象となるのは、あくまで特許権者がわが国において譲渡した特許製品そのものに限られ、特許権者がわが国において譲渡した特許製品に加工や部材の交換がされ、それにより当該特許製品と同一性を欠く**特許製品の新たな製造**がなされたと評価できる場合には、特許権者はその特許製品について特許権を行使することが許される、と判示しました。そして、特許製品の新たな製造にあたるかどうかについては、当該特許製品の属性、特許発明の内容、加工および部材の交換の態様のほか、取引の実情等も総合考慮して判断するのが相

↓使い捨てカメラ（東京地裁平成19年4月24日判決における被告ら製品）

判決別紙

↓インクタンク（インクタンク事件最高裁判決（最高裁平成19年11月8日判決）における原告製品）

原告ウェブサイト

当であるとしています。

一口に加工や部材の交換といっても、通常想定しうる汎用的な消耗品の交換等であれば、特許権者にとっても最初の譲渡の際に想定しうる範囲内の事柄であり、対価に織り込むことが可能ですから、なお消尽の対象に含めることが可能です。これに対し、通常想定しえないような加工が施された場合については、特許権の行使を認めたとしても、利得の機会を二重に与えることにはならないのです。

3 並行輸入（国境をまたぐ取引と消尽）

海外で適法に市場に置かれた特許製品を購入した第三者が、特許権者（の正規代理店）とは別のルートでわが国に当該製品を輸入する行為を、一般に**並行輸入**といいます（☞**4-V**）。外国とわが国との間の物価の差が大きく（内外価格差）、外国の正規品に比べわが国の正規品の販売価格がかなり高額になっている場合には、輸送コストを勘案してもなお、並行輸入にメリットが生ずる場合があります。

特許製品の「輸入」も「実施」行為に含まれるので、並行輸入は、形式的には特許権侵害にあたる行為ですが、商品の国際流通を促進する観点からは、この結論は好ましいものではありません。そこで、取引が国境をまたぐ場合についても、消尽論の適用を認めるという議論があります（国際消尽論）。

しかしながら最高裁は、BBS事件判決（最高裁平成9年7月1日判決）において国際消尽論を否定しました。外国の特許権とわが国の特許権は別個の権利であり、特許権の行使を認めたとしても直ちに二重の利得を得たものと評価することはできないことなどがその理由です。

もっとも最高裁は、輸入を含む商品の流通の自由を尊重する観点から、特許権者が留保を付さないまま特許製品を国外において譲渡した場合については、譲受人およびその後の転得者に対して、特許権の制限を受けないで当該製品を支配する権利を

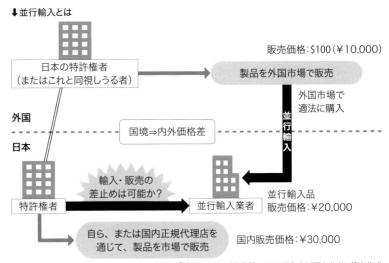

↓並行輸入とは

日本の特許権者
（またはこれと同視しうる者）

販売価格：$100（¥10,000）

製品を外国市場で販売

外国市場で適法に購入

外国

国境⇒内外価格差

日本

特許権者

輸入・販売の差止めは可能か？

並行輸入

並行輸入業者

並行輸入品
販売価格：¥20,000

自ら、または国内正規代理店を通じて、製品を市場で販売

国内販売価格：¥30,000

島並良ほか『特許法入門』（有斐閣・2014年）323頁を参考に筆者作成

黙示的に授与したものと解すべきとして、消尽論と同様の結論を認めました。

他方で最高裁は、特許権者が国外での特許製品の譲渡にあたってわが国における特許権行使の権利を留保することは許されるとして、譲受人との間で特許製品の販売先ないし使用地域からわが国を除外する旨を合意し、製品にこれを明確に表示した場合には、並行輸入に対する特許権の行使は許されるものと判示しました。これは、結果的に特許権者による国内外での価格差別を許容するものであり、その政策的当否は、国際的な動向も含め、今なお議論のあるところです。

★○✕問題でチェック★

問3 特許製品に加工や部材の交換が施された場合、消尽論の適用はもはやない。

問4 並行輸入について最高裁が採用した考え方は結論において国際消尽論と同様である。

III　試験・研究のための実施（69条1項）

↓技術進歩を目的としない実施の例

名　称	特許発明の実施の目的	69条1項の適用
特許性調査	特許が無効理由を含むか否かを調査するため	適用あり
機能調査	ライセンス契約締結を検討する過程で、特許発明が明細書に記載されているとおりの作用効果を発揮するかどうかの追試験をしたり、副作用等の有無を調べたりするため	適用あり
迂回技術研究	特許権の効力を回避するために、場合によっては特許発明よりも非効率な技術を模索するため	適用あり
市場調査（マーケティング・リサーチ）	特許発明の実施品を市場に提供することにより、将来の顧客に製品がどの程度受け入れられるかをテストするため	適用なし

筆者作成

特許法69条1項は、「試験又は研究のためにする特許発明の実施」には特許権の効力は及ばない旨を規定しています。試験・研究のための実施は技術革新のために必須のものであり、これを自由としたほうが、産業の発達に寄与するといえます。他方で、試験・研究のための小規模な実施であれば、通常はこれを許したとしても、特許権者に生じる経済的な不利益は零細なものにとどまります。以上の点から、技術進歩を目的とした試験・研究のための実施（改良技術の研究等）には69条1項の適用があると考えられます（☞**23-1⑤**）。

もっとも、必ずしも技術進歩を目的としないものであっても、69条1項にいう試験・研究のための実施に該当すると解すべき場合があります。たとえば特許発明が願書に記載されたとおりの作用効果を発揮するのかを当業者が検証実験することは、特許法が発明の内容を公開した趣旨に合致するものであり、69条1項の適用があると考えられています。

IV　先使用権（79条）

↓技術の戦略的な知的財産管理

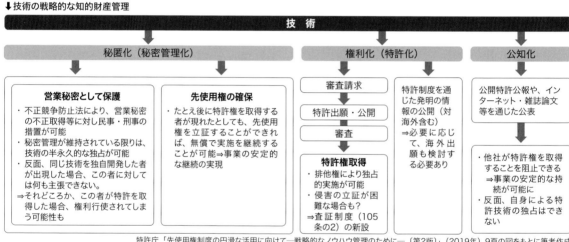

特許庁「先使用権制度の円滑な活用に向けて―戦略的なノウハウ管理のために―〔第2版〕」（2019年）9頁の図をもとに筆者作成

新規な技術を開発した者にとって、特許出願は唯一の選択肢ではありません。技術を公表し公知化してしまうことや（いわゆるオープン戦略）、逆に秘匿化して営業秘密として活用することも考えられます。後者の場合、別の者が同様の技術を自ら開発して特許出願をするという事態も想定されるところ、技術の内容によっては、すでに当該技術を実施している者（先使用者）がいても、発明の新規性がなお失われておらず特許が付与されることがありえます。

この場合、先使用者にとってはこの技術は必ずしも新しいものではありませんから、先使用者に特許権の効力が及ぶとすることは、新しい技術に対する独占権付与という特許法の基本コンセプトに照らすと、いささか疑問が残ります。にもかかわらず、特許権者が許諾をしない限り、先使用者が適法に営んできた発明の実施にかかる事業の存続ができなくなると考えるのは、特許権者の保護に偏りすぎた、バランスを失した結論のように思われま

す。こうした発想から、特許法は79条において先使用者に無償の法定通常実施権（**先使用権**）を与えているのです。

↓ウォーキングビーム式加熱炉事件最高裁判決（最高裁昭和61年10月3日判決）・先使用者が製造販売していた加熱炉の図面

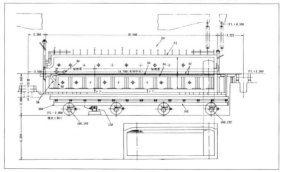

判決別紙

問5　特許法69条1項の適用対象は、技術進歩を目的とした試験・研究のための実施に限られない。
問6　先使用権は特許権者の出願時に発明実施の事業をしていた者にのみ認められる。

なお、特許技術の中には、工場設備の建設等に数か月あるいは年単位の時間をかけてようやく実施を開始できるようなものもあります。そこで特許法は、特許権者の出願時に現に発明の実施である事業をしている者のみならず、事業の準備をしている者にも先使用権を与えています。

先使用権者は、実施または準備をしている発明および事業の目的の範囲内において、特許発明を継続して実施することができるのですが、では、製品の仕様変更などの**実施形式の変更**はできないのでしょうか。一切許されないと考えるのも硬直的にすぎるでしょうが、特許発明の明細書で開示された特に優れた実施形式を狙い撃つかのような形式変更まで先使用権者に認める必要性もないでしょう。この点について最高裁は、ウォーキングビーム式加熱炉事件判決（最

↓上告人（専用実施権者）中外炉工業の現在のウェブサイトに「ウォーキングビーム型加熱炉 鉄鋼用加熱炉」として掲載されている写真

中外炉工業株式会社ウェブサイト

↓実施形式の変更の例

酸（上位概念）	
強酸（下位概念）	弱酸（下位概念）
〔具体例〕 ・ヨウ化水素 ・塩化水素 ・硫酸 ・硝酸 　　　…など	〔具体例〕 ・フッ化水素 ・酢酸 ・リン酸 ・シュウ酸 　　　…など

特許請求の範囲の記載：
「…酸を用いて、…」

先使用者の実施形式：
硫酸

先使用者の実施形式に具現された発明：
「…強酸を用いて、…」

↓

先使用者は、実施形式を発明の同一性を失わない強酸の中で変更することはできるが（例：実施形式を塩化水素に変更してもよい）、弱酸に変更することは許されない（例：実施形式を酢酸に変更することはできない）。

筆者作成

高裁昭和61年10月3日判決）において、先使用権の効力は、先使用権者が現に実施または準備をしていた実施形式だけでなく、「これに具現された発明と同一性を失わない範囲内において変更した実施形式」にも及ぶと判示しています。

V　裁定実施権

↓裁定実施権の種類

種類	根拠条文	裁定を行う者
特許発明が不実施の場合	83条	特許庁長官
自己の利用発明を実施する場合	92条	特許庁長官
公共の利益のため特に必要である場合	93条	経済産業大臣

筆者作成

特許発明の実施をしようとする者の請求に基づき、特許庁長官または経済産業大臣の裁定によって設定される実施権を**裁定実施権**（または**強制実施権**）と呼びます。公益上の理由または特許発明の利用を促進する見地から、特許法は表に示した3種

類の裁定実施権を定めていますが、いずれも実際に裁定がなされた例はありません。もっとも、協議がまとまらない場合には特許発明の実施を望む者による裁定請求が可能であるという裁定制度の存在それ自体が、当事者間のライセンス協議を促進する意義を有すると考えられています。

なお、国際的な知的財産保護の枠組みとの関係では、裁定実施権制度は、知的財産権の保護を重視する先進国と、国内産業の育成や公共の利益（エイズ治療薬などの医薬品アクセスの問題等）のために裁定実施権制度を活用したい途上国との対立点の1つとなっています。

VI　特許権の存続期間

↓特許権の存続期間

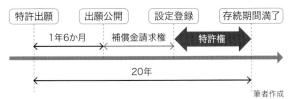

筆者作成

特許権は、設定の登録によって発生し（特許法66条1項）、その存続期間は、特許出願の日から20年をもって終了します（67条1項）。権利の発生時点と、権利の終期の起算点が異なることに注意が必要です。上図からも明らかなように、特許出願から設定の登録までには、どうしても審査に一定の期間を要することになりますので、その分だけ特許権の存続期間は20年よりも短くなります（薬機法等との関係での存続期間延長制度については☞23-Ⅱ）。

特許権は発明のインセンティブ確保のために付与されるものですが、特許権者に発明を独占させるということは、特許権者以外の者による発明の利用を禁止することをも意味します。それゆ

↓主な知的財産権の存続期間

種類	保護の始期	保護の終期
特許法	特許権の設定の登録 （特許法66条1項）	特許出願の日から20年 （特許法67条1項）
著作権法	著作物の創作の時 （著作権法51条1項）	原則として著作者の死後70年 （著作権法51条2項）
意匠法	意匠権の設定の登録 （意匠法20条1項）	意匠登録出願の日から25年 （意匠法21条1項）
商標法	商標権の設定の登録 （商標法18条1項）	設定の登録の日から10年 （商標法19条1項）、ただし更新可能 （同条2項）

筆者作成

え、あまりに特許権の存続期間を長くしすぎると、利用を禁止することの弊害のほうが目立ってくることになります。この弊害は、個性の表れである著作物よりも、客観的な性質を有する発明の場合のほうが、より顕著になります。それゆえに、同じ創作法であっても、特許法のほうが著作権法よりも権利の存続期間は短くなっているのです。

★○×問題でチェック★

問7　先使用権者は、製品の仕様変更など実施形式を変更することは認められない。
問8　特許権の存続期間は、20年よりも必ず短くなる。

21 特許権をめぐる攻防

Ⅰ　特許権をめぐる攻防

1　総　論

↓特許権をめぐる攻防

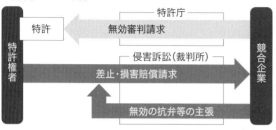

筆者作成

特許権者は、特許権を侵害する者に対して、裁判所に訴えを提起し、侵害行為の停止・予防（**差止め**）や**損害賠償**金の支払いを請求することができます。

もっとも特許権は、新規性や進歩性等の特許要件を充たさない発明に付与されている場合もあります。この場合、特許権者の競合企業等は、特許庁に**無効審判**を請求して特許権を遡及（そきゅう）的に消滅させることや、侵害訴訟において**無効の抗弁**を主張することで特許権の効力を争うことができます。

侵害訴訟や無効審判では各当事者がその請求の根拠について主張立証活動を行います。

2　具体例：切り餅事件

↓切り餅事件

X：越後製菓株式会社 （特許権者）	Y：佐藤食品工業株式会社
〔侵害訴訟〕	〔無効審判〕
2009（平成21）年3月11日 Xによる侵害訴訟の提起 2010（平成22）年11月30日 東京地裁：請求棄却判決 2011（平成23）年9月7日 知財高裁：中間判決 2012（平成24）年3月22日 知財高裁：終局判決 （原判決取消し、Xの請求一部認容） 2012（平成24）年9月19日 最高裁：上告不受理決定	2009（平成21）年7月31日 Yが本件特許につき無効審判を請求 2010（平成22）年6月8日 特許庁：無効審判請求を不成立とする審決
	〔審決取消訴訟〕
	2011（平成23）年9月7日 知財高裁：Yの請求棄却判決 2012（平成24）年3月23日 最高裁：上告不受理決定

筆者作成

切り餅事件（知財高裁平成24年3月22日判決）においてX（越後製菓）は、Y（佐藤食品工業）が被告製品（側周に加え上下面にも切り込みのある切り餅）を製造販売する行為がXの特許権（特許第4111382号）を侵害するとして、被告製品の製造販売の差止め、約15億円の損害賠償金の支払い等を求め**侵害訴訟**を提起しました。これに対してYは侵害の成否を争うとともにXの特許には無効理由（新規性欠如等）があるとして**無効の抗弁**を主張しました。さらにYは侵害訴訟と並行して特許庁に**無効審判**を請求しました。

侵害訴訟の**一審**（東京地裁）は、クレーム中の「載置底面又は平坦上面ではなく」との文言を上面・下面に切り込みを入れない趣旨と解釈して侵害を否定しXの請求を棄却しました。しかし**控訴審**（知財高裁）はこの文言は「側周表面」を特定するためのものにすぎないとして侵害を認めXの請求を一部認容しました。本件特許に無効理由があるとのYの主張は、無効審判とこれに続く**審決取消訴訟**、侵害訴訟の控訴審のいずれにおいても認められませんでした。

↓切り餅事件のクレームと被告製品

特許請求の範囲の記載

「載置底面又は平坦上面ではなくこの小片餅体の上側表面部の立直側面である側周表面に、……切り込み部又は溝部を設け」る

原告特許公報より　　　　被告製品図面

筆者作成（図面は判決別紙）

↓知財高裁の終局判決主文の抜粋

主　　文

1　原判決を取り消す。

2　被控訴人は、別紙物件目録1ないし5記載の各食品を製造し、譲渡し、輸出し、又は譲渡の申出をしてはならない。

3　被控訴人は、前項記載の各食品及びその半製品並びにこれらを製造する別紙製造装置目録記載の装置を廃棄せよ。

4　被控訴人は、控訴人に対し、8億0275万9264円及び〔略〕による金員を支払え。

5　控訴人のその余の請求（当審において変更された分を含む。）を棄却する。〔以下略〕

筆者作成

★○×問題でチェック★

問1　特許権者は、特許権の侵害行為の停止を求めることができる。
問2　侵害品の廃棄請求は侵害の予防に必要ではない場合にも認められる。

II 差止請求権

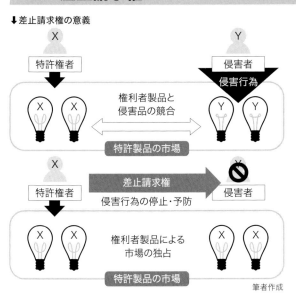

↓差止請求権の意義

権利者製品と侵害品の競合

特許製品の市場

差止請求権
侵害行為の停止・予防

権利者製品による市場の独占

特許製品の市場

筆者作成

せっかく特許を取得しても、特許権の侵害行為が放置されたままでは、特許権者は独占的な利益を実際に享受することはできません。

そこで特許法は特許権者に、侵害者に対して将来の侵害行為の停止または予防（**差止め**）を請求する権利（**差止請求権**）を認めています（100条1項）。将来の侵害行為のおそれがある場合は差止請求はほぼ常に認められますが、侵害者の過度の負担となる場合等には差止請求権の行使を制限すべきとの議論もあります（FRAND宣言をした特許につき☞22-IV）。

特許権者は差止請求権の行使とあわせて、生産された侵害品の**廃棄**や侵害品の製造装置の撤去等を請求することもできます（100条2項）が、これらの請求は侵害者の負担等を考慮してもなお侵害の予防に必要といえる範囲で認められます。

I 2 で述べた切り餅事件では、被告製品の製造販売などの差止め（「主文」2参照）と被告製品の廃棄や製造装置の撤去等の請求（「主文」3参照）が認められました。

III 損害賠償請求権

1 民法709条と損害賠償制度の目的

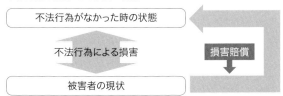

↓不法行為制度による損害の填補

不法行為がなかった時の状態

不法行為による損害

損害賠償

被害者の現状

筆者作成

特許権者は、民法709条に基づき、特許権の侵害により被った損害の賠償金の支払いを侵害者に対して請求することができます（**損害賠償請求権**）。差止請求権が将来の侵害行為を排除する手段であるのに対して、損害賠償請求権は過去の侵害により被った被害の救済を受ける手段となります。

民法709条は、知的財産権の侵害のほか、交通事故や公害等のさまざまな**不法行為**による損害賠償請求権の根拠となる条文です。民法709条の損害賠償制度の基本的な目的は、**損害の填補**、すなわち、不法行為により生じた損害（被害者の現状と、不法行為がなかったと仮定した場合の状況との差）を損害賠償金の支払いによって填補することにあると考えられています。

他方で、損害賠償制度は、加害者に損害賠償責任を課すことで侵害を抑止する機能も果たしています。民法709条の損害賠償請求権については、**侵害の抑止**のために損害額を超えて賠償金の支払いを命じることは認められていませんが、損害をどのように把握するか、損害に関する主張・立証のあり方を考える際には侵害の抑止という観点も重要と考えられています。

2 過失の推定（特許法103条）

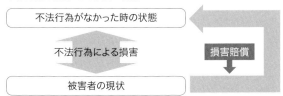

↓過失の推定による証明責任の転換

民法709条

侵害者に故意・過失が**あったこと**の証明責任

原告（特許権者）

過失の推定（特許法103条）

特許公報

侵害者に過失が**なかったこと**の証明責任

被告（侵害者）

筆者作成

民法709条のもとでは、被害者が、加害者の故意（権利侵害となることを知りながらその行為を行ったこと）や過失（本来尽くすべき注意義務を尽くさなかったこと）を主張し、証明する責任を負います。一般的な不法行為の場合、故意・過失の立証が困難な事例も少なくありません。

しかし特許権侵害については、特許公報により特許発明の内容が公開されていること、そして「業として」の行為のみが特許権の侵害となることに鑑みて、特許法103条により侵害者の**過失が推定**され、過失がなかったことを証明する責任を侵害者側が負うこととされています。同様の考え方から意匠権侵害や商標権侵害についても過失が推定されています（意匠法40条、商標法39条による特許法103条の準用）。

ただし特許法103条は過失を「推定」するものであり「みなす」ものではありません。そのため侵害者に過失がなかったことの立証（推定の覆滅）に成功すれば損害賠償責任を免れられます。もっとも実際の裁判例では、公報が未発行であったなどの例外的な場合を除いて推定の覆滅は認められていません。

---

③ 特許権侵害による損害と特許法102条

↓売上減少による逸失利益

権利者製品と
侵害品の競合

特許製品の市場

もし特許権侵害がなかったら···

逸失販売数量

| 売上減少による逸失利益 | = | 逸失販売数量 | × | 権利者製品一単位あたりの利益 |

筆者作成

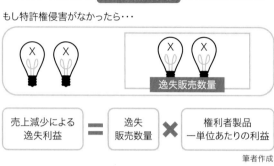

↓特許法102条1項

侵害品の譲渡数量（権利者の実施能力の範囲内）

逸失販売数量

侵害者側が「権利者が販売することができないとする事情」を立証した場合に控除

権利者製品一単位当たりの利益

2号の損害額：控除数量（侵害品の譲渡数量−逸失販売数量）分の実施料相当額

1号の損害額

筆者作成

↓特許法102条2項

侵害者利益額＝損害額　と推定

損害額

推定の覆滅

筆者作成

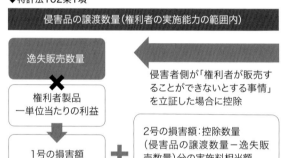

↓実施料相当額（特許法102条3項）

一般的な算定手法
⇒ 侵害品の売上高 × 相当な実施料率

3項の損害の「事後的な」算定

通常の約定実施料
● 良好な当事者関係
● 侵害ではない・特許が無効となる可能性など

3項の損害額
● 敵対的な関係
● 侵害である・無効ではないことが確定

筆者作成

特許権侵害による損害としては、主に、特許権侵害がなかったとすれば本来得られたであろう利益（売上減少による逸失利益の損害、実施料相当額の損害）や、本来支出する必要のなかった弁護士費用（前述の切り餅事件では、後述の特許法102条2項による推定額約7.3億円と弁護士費用約7300万円との合計額が損害額と認定されました）等が挙げられます。民法709条のもとではこれらの損害に関する主張立証責任は被害者側が負うこととなりますが、後述するように特許法102条は特許権侵害による損害に関して特別な規定を設けています。

売上減少による逸失利益とは、侵害行為による権利者製品の売上減少により得ることができなかった利益を意味し、侵害行為がなければ販売できたであろう権利者製品の数量（逸失販売数量）×権利者製品一単位当たりの利益として計算されます。もし侵害品が流通しなければより多くの製品を特許権者が販売できたといえる場合、特許権者は自らの製品の売上減少による逸失利益の額につき損害賠償金の支払いを受けることができます。

もっとも権利者製品と侵害品に価格差や機能差がある場合や侵害品以外の競合品が市場に存在する場合、逸失販売数量を権利者が立証することは困難なことも少なくありません。そこで特許法102条1項と2項は以下のように特別の定めを設け、特許権者の立証負担を軽減しています。

特許法102条1項は複雑な規定ですが、基本的な考え方は、侵害行為がなくとも権利者製品をいくつ販売できなかったかに関する事情（価格差や競合品のシェア等）を侵害者側が立証しない限り、侵害品譲渡数量＝逸失販売数量として売上減少による逸失利益の額を計算し損害額とする（1号）というものです。またこの事情の立証に成功して侵害品譲渡数量からの控除が認められた場合にも、当該数量に対応する実施料相当額分（2号の損害額）が1号の損害額に原則加算されることとなります。

特許法102条2項は、**侵害者が侵害行為により受けた利益の額**を特許権者の損害額と推定するものです。102条2項は侵害者の利益額を権利者の損害と「みなす」ものではないため、侵害者が権利者の損害額がより低いことの証明（推定の覆滅）に成功すれば損害額が減額されます。推定の覆滅が認められるためには、権利者製品と侵害品の価格差・機能差、競合品の市場シェア等を侵害者側が具体的に主張立証する必要があります。

さらに**特許法102条3項**は**実施料相当額**を損害額とできることを規定しています。特許権者が特許製品やその他の侵害品の競合品を製造販売する能力がまったくなかったような場合、特許法102条1項や2項の主張は認められませんが、3項の損害額分については賠償を受けることができます。3項の損害額は、ライセンス契約に準拠し、侵害品の売上高に相当な実施料率を乗じる手法で算定されることが一般的です。もっとも3項の損害額が事前に支払う実施料と同額では侵害し得の状況となりかねないため、侵害があったことを前提に事後的に算定すべきもの（特許法102条4項）として、事前の約定例よりも高い実施料率により算定されることもあります。

★ ○×問題でチェック ★

　　問5　特許法102条1項による場合、権利者は侵害行為がなければ権利者製品がいくつ販売できたかを証明する必要がある。
　　問6　侵害者の利益額は権利者の損害額とみなされる。

IV　無効審判と無効の抗弁

1　無効審判・特許異議の申立て

↓無効審判と異議申立て

	無効審判	異議申立て
請求・申立者	利害関係人に限定	だれでも可能
請求・申立期間	いつでも	特許掲載公報発行から6か月以内
審理方法	原則口頭審理	書面審理
請求人・申立人の手続きへの関与	審判の当事者として積極的に関与	特許権者による訂正請求の際の意見書提出のみ

筆者作成

↓無効審判と異議申立ての件数

	特許無効審判		特許異議申立て（権利単位）	
	請求件数	成立件数	申立件数	取消決定
2014年	215	37	（2015年4月1日より運用開始）	
2015年	231	39	364	0
2016年	140	56	1214	55
2017年	161	35	1251	128

※無効審判成立件数、取消決定は一部成立・取消しを含む

特許庁「特許行政年次報告書2018年版〈統計・資料編〉」のデータをもとに筆者作成

↓無効審決の遡及効

登録時に遡って特許権消滅

特許権の設定登録 ← 無効審決の確定

過去の侵害行為も非侵害となる（ただしすでに確定した損害賠償請求認容判決は覆らない（104条の4））

筆者作成

↓特許庁の審判廷

特許庁HP

新規性・進歩性等の特許要件を充たさない発明について特許が付与された場合、第三者は、特許権を遡及的に消滅させるために、特許**無効審判**の請求（特許法123条）または**特許異議の申立て**（113条）を行うことができます。

特許無効審判は、特許要件を充たさないこと等（**無効理由**）を理由として、利害関係人（侵害の警告を受けた者や特許発明の実施を検討中の者等）が請求することで手続きが開始します。無効審判の請求人は特許権者（被請求人）を相手方として、裁判の原告・被告と同様に自ら主張・立証活動を行う必要があり、特許庁の審判官の合議体が裁判官のような立場で無効理由の有無について判断します。その結論（無効審決、無効不成立審決）に不服のある当事者は審決の取消しを求めて訴訟を提起すること（**審決取消訴訟**）も可能です（一審は知財高裁）。

無効審決（特許を無効とする審決）が確定した場合、特許権は設定登録時に遡り遡及的に消滅し、過去の侵害行為も非侵害となります。ただし侵害訴訟で無効の抗弁を主張することが可能であったことから、紛争の蒸し返しを防ぐため、すでに侵害訴訟において確定した損害賠償請求認容判決の再審は認められないことが規定されています。

特許異議の申立ても審判官の合議体によって審理が行われますが、無効審判と異なり期間制限（特許公報の発行から6か月以内）があり、申立人が異議申立ての審理に関わる機会は限定的です。特許権者は特許を取り消す決定に対して取消訴訟を提起することが可能です（一審は知財高裁）が、特許を維持する決定に対して申立人は訴えを提起することができません（その代わりに無効審判を請求することが可能です）。

2　侵害訴訟における特許無効の抗弁（特許法104条の3）

特許法104条の3第1項

特許権……の侵害に係る訴訟において、当該特許が特許無効審判により……無効にされるべきものと認められるときは、特許権者……は、相手方に対しその権利を行使することができない。

↓訂正の再抗弁が認められる場合

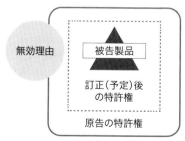

無効理由　被告製品　訂正（予定）後の特許権　原告の特許権

筆者作成

特許法104条の3第1項は、侵害訴訟における**無効の抗弁**を規定したものです。かつて侵害訴訟では無効理由の主張は許されないと解されていましたが、最高裁平成12年4月11日判決［キルビー事件］をふまえ2004（平成16）年改正により無効の抗弁が明文で規定されました。

被告が無効の抗弁に関する主張・立証に成功すれば、被告製品が特許発明の技術的範囲に属するか否かにかかわらず、特許権の権利行使は認められないこととなります。

ただし特許に無効理由が存在する場合でも、適法な訂正手続きにより無効理由を回避することが可能でありかつ訂正後の特許発明の技術的範囲に被告製品が属する場合（**訂正の再抗弁**が認められる場合）には当該特許権の行使は認められます。

★〇×問題でチェック★

問7　特許権者は、特許を無効とする審決に対して取消訴訟を提起することができる。

問8　侵害訴訟において被告側が特許の無効理由を主張することは許されない。

22 特許を使ったイノベーション戦略

Ⅰ ライセンス

特許法77条1項 特許権者は、その特許権について専用実施権を設定することができる。

特許法78条1項 特許権者は、その特許権について他人に通常実施権を許諾することができる。

1 特許権者の許諾に基づく実施権（ライセンス）

▼実施権の種類

	効力発生	内容	利用実態
専用実施権	契約等＋登録	設定行為で定めた範囲内における排他的権利（特許権者は特許発明を実施できない）	少ない
通常実施権	契約等	・特許権者から権利を行使されない不作為請求権 ・独占的／非独占的かを設定可能	多い

筆者作成

特許権者は、第三者に特許発明を実施する権利（「実施権」。「ライセンス」とも呼ばれます）を許諾することができます。特許権者の許諾に基づく実施権には、①**専用実施権**と②**通常実施権**があります。専用実施権は、設定行為で定めた範囲内での排他的権利であり、侵害者に対して差止請求権や損害賠償請求権を行使することもできますが、特許権者であっても実施することができず、強力すぎる専用実施権が設定される例はわずかです。また、専用実施権の設定には、契約等に加えて特許庁への登録が必要です。他方、通常実施権は、特許権者から差止請求権や損害賠償請求権を行使されないという**不作為請求権**です。通常実施権は、登録せずとも契約等のみで成立し、その内容も当事者間で柔軟に決めることができるため、多用されています。通常実施権には、他の第三者には実施許諾しない旨が合意された**独占的通常実施権**とそのような合意がない**非独占的通常実施権**があります。非独占的通常実施権は複数の実施権が同時に成立可能です。

2 大学発明のライセンスを通じたイノベーションの促進

大学などの研究機関は、自ら製造販売等の事業を行うわけではないので、研究成果が社会で実用化されずに埋もれてしまうことがあります。しかし、大学等の研究成果について特許権を取得し、適切にライセンスすることにより、大学等の画期的な研究成果を利用した製品やサービスの実用化を促し、研究成果を広く社会に還元することが可能になります。そのために特許などを活用して大学等から民間に技術移転を行う組織が**TLO**（Technology Licensing Organizationの略称で技術移転機関の意味）です。わが国では、**大学等技術移転促進法**に基づく政府の承認等を受けた30余りのTLOが政策的な支援を受けて活動しています。

たとえば、山中伸弥京都大学教授がノーベル賞を受賞した研究成果である**iPS細胞**をご存知の方も多いでしょう。皮膚細胞に4つの遺伝子を導入するなどして作製されるiPS細胞は、生殖細胞の破壊を伴うES細胞のような倫理的な問題もなく、さまざまな細胞に分化することが可能であるため、再生医療分野をはじめとする幅広い分野での利用が期待されています。iPS細胞については複数の特許権が成立しており、関連する特許を含む多数の特許権（**特許ポートフォリオ**）をTLOが集中的に管理し、ライセンスを供与する仕組みが構築されています。iPS細胞関連特許のライセンス件数は一貫して増加しており、2019年には200を超える国内外の企業等にライセンスが供与されています。

▼ヒトiPS細胞の作製（※当初の方法）

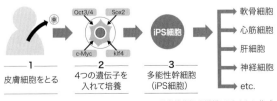

1 皮膚細胞をとる　2 4つの遺伝子を入れて培養　3 多能性幹細胞（iPS細胞）

科学技術振興機構HPをもとに作成

▼ライセンス件数（iPSアカデミアジャパン株式会社）

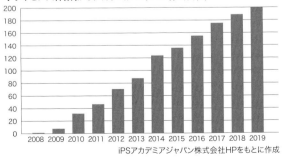

iPSアカデミアジャパン株式会社HPをもとに作成

★○×問題でチェック★

問1　通常実施権者は、特許権者が他の第三者に実施権を許諾することを決して防ぐことができない。
問2　自らは製造販売等の事業を行わない大学が特許権を取得する意味はない。

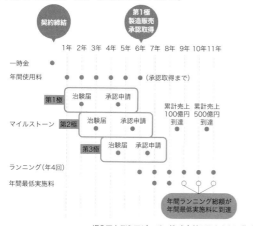

↓標準的な対価支払い条件（医療用途ライセンス）

iPSアカデミアジャパン株式会社HPをもとに作成

ライセンスの内容・条件は多様であり当事者の交渉に委ねられますが、iPS細胞関連発明は、さまざまな用途で幅広く利用されるため**非独占的ライセンス**が原則です。また、ライセンスが有償である場合の実施料の決め方には、契約締結時に一時金を支払う、金額を定額とする、売上に応じた金額（ランニング・ロイヤリティ）とする、事業化の節目（マイルストーン）ごとに支払う、これらを組み合わせるなどの選択肢があります。

もっとも、**独占的ライセンス**が必要な場合も考えられます。たとえば、医薬品の安全性等を確認するための臨床試験に多額の資金を要するといった場合、開発企業からすると開発した医薬品の独占的販売により資金を回収したいと考えるでしょう。そのようなときには排他的ライセンスにより開発を後押しすることも有効です。大学発明を実用化するために適切なライセンスを選択することが重要です。

II　営業秘密との使い分け

1　特許と営業秘密の比較

↓特許と営業秘密の比較

	特許権	営業秘密
出願	必要	不要
保護期間	出願から原則20年	制限なし
保護要件	発明該当性 新規性 進歩性　等	秘密管理性 有用性 非公知性
公開制度	出願公開（1年6か月後） 特許公報（登録時）	公開制度なし
第三者との関係	独自開発した第三者に対して権利行使可能	第三者は独自開発やリバースエンジニアリングにより営業秘密を知得可能

筆者作成

特許によらずとも、創作した成果を秘密として厳重に管理すれば事実上第三者の無断利用をある程度防止することができます。もっとも、自力での秘密管理にも限界があるため、**不正競争防止法**は、第三者の不正な取得・使用・開示といった行為から**営業秘密**を法的に保護しています（☞**31**）。

特許と営業秘密にはそれぞれ一長一短があります。特許権を取得するためには出願が必要です。また、特許発明の内容は公開され、特許権の存続期間（出願から原則20年間）が満了すると、発明はパブリックドメイン（☞**6-II**）に属し、だれでも自由に利用できます。これに対して、営業秘密の保護に出願は不要ですし、秘密である限り期間の制限なく保護されます。しかし、第三者が独自開発や市場で流通している製品の分析（リバースエンジニアリング）により営業秘密を取得することに営業秘密の保護は及びません。これに対して特許権を有していればそのような場合でも侵害が成立し、権利を行使することができます。したがって、製造方法のように工場内で使用される技術や製品を分析しても把握できない技術については、営業秘密による保護が適しています。なお、営業秘密は、進歩性等の特許要件を充足していなくともよいですが、**秘密**として**管理**されており、事業活動に**有用**な技術上または営業上の情報であって、**公然と知られていない**ものである必要があります。

2　オープン・クローズ戦略

↓オープン・クローズ戦略の概念図

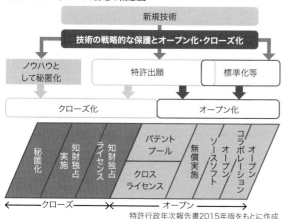

特許行政年次報告書2015年版をもとに作成

特許や営業秘密を用いて技術を囲い込み、独占的に利用する自己完結的な戦略が**クローズ戦略**です。一方、複雑化する技術進歩に迅速に対応するためには、他社とも共同してイノベーションの分業を進める**オープン戦略**も有効です。その場合、特許は、多数の特許を一括管理する**パテント・プール**やお互いの特許権をライセンスしあうクロスライセンスのように、技術の外部利用を進めるために用いられ、さらに市場拡大等の観点から**無償解放**されることもあります。ただし、オープン化は無償とは限らず、標準化技術のように有償で他者に利用させる場合もあります。

そしてこれら両者を組み合わせるのが**オープン・クローズ戦略**です。この場合、技術をオープン化して研究開発効率化、市場拡大、標準化等をはかる場面と、特許や営業秘密により技術をクローズ化して、独占的利益を確保する場面を適切に見極めることが重要です。

III　標準必須特許とFRAND宣言

▼ICT分野における標準化の必要性

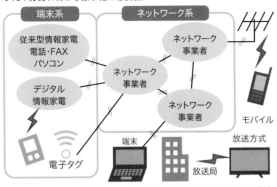

（一社）情報通信技術委員会HPをもとに作成

標準化は、製品やサービスを提供するための技術的な規格を取り決めることです。とりわけICT（Information and Communication Technology、情報通信）分野では、どのような機器・端末もネットワークを介して相互に接続できるように、機器やネットワークのインターフェース等を取り決めておく必要があります。また、多数の部品から組み立てられるICT機器・端末の部品を交換するためには部品間の互換性も必要です。このように**ICT分野における相互接続性**や**互換性**を確保するためには、**標準規格**を取り決め、だれでもそれを利用できるようにしておくことが重要です。その結果、標準が普及すれば、消費者もメリットを受けることができます。

標準規格には特許が付与された技術が採用されることもあります。標準規格に準拠した製品・サービスを提供するうえで回避できない特許を**標準必須特許**と呼び、そのような製品・サービスを提供する標準規格実施者は標準必須特許を実施せざるをえません。そこで標準規格実施者が投資を行って生産を開始した時点になって標準必須特許の権利者が法外なライセンス料を請求し、「応じなければ差止請求権を行使して生産を中止させるぞ」といえば、標準規格実施者は投資が無駄になることをおそれて受け入れざるをえないでしょう。このような状況を**ホールド・アップ**といいます。

一方、標準を普及させるためには、標準規格に採用した技術をだれでも利用できるようにする必要があります。ホールド・アップが懸念されると標準規格実施者は安心して標準規格に準拠した製品・サービスを提供することができないからです。

そのような事態を避けるため、標準規格を決める標準化団体は、標準必須特許権者に対して**公正、合理的かつ非差別的**（**Fair, Reasonable and Non-Discriminatory**）な条件で第三者にライセンスする用意がある旨を宣言することを求めます。標準必須特許権者によるその旨の宣言が**FRAND宣言**です。

しかし、FRAND宣言によっても問題が解決するとは限りません。FRAND宣言は「公正、合理的かつ非差別的」という一般的・抽象的なライセンス条件を定めるにすぎません。具体的なライセンス料は、FRAND宣言ではなく、標準必須特許権者と標準規格実施者との交渉により決まります。その場合、標準必須特許権者がFRAND条件に合致すると考えるライセンス料を提示しても、標準規格実施者は、それよりも不当に低い金額を提示して交渉を長引かせ、製品を作り続ける**ホールド・アウト**という手段をとるかもしれません。

このように、標準必須特許問題を考えるうえでは、ホールド・アップとホールド・アウトという2つの問題に留意する必要があります。

▼標準必須特許の権利行使に対するホールド・アップの懸念

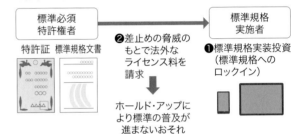

筆者作成

▼標準必須特許のFRAND宣言

筆者作成

▼ホールド・アウトの懸念

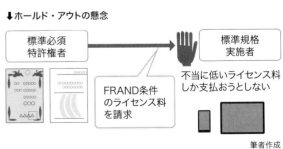

筆者作成

問5　標準規格を実装するうえで不可欠な技術については、特許が認められない。
問6　FRAND条件とは、実施料が公正・合理的なものであれば、差別的なものでもよい。

Ⅳ　アップル対サムスン事件

アップル対サムスン事件では、FRAND宣言がされた標準必須特許に基づく権利行使の可否が世界各国で争われましたが、ここでは日本での訴訟を紹介します。三星電子株式会社（以下「サムスン」といいます）は、移動通信システムにおけるデータを送信する装置に関する特許権を有しており、この特許が第3世代移動通信システムないし第3世代携帯電話システム（3G）に関連した通信規格であるUMTS規格の必須特許であることを標準化団体に知らせるとともに、FRAND条件で取消不能なライセンスを許諾する用意がある旨のFRAND宣言をしていました。一方、Apple Japan合同会社等（以下「アップル」といいます）は、UMTS規格に準拠したスマートフォンやタブレット端末を販売等していました。両者は、ライセンス交渉に臨みましたが、合意に至らず、特許権者サムス

↓事件の概要

筆者作成

ンは、アップルが自らの特許権を侵害していると主張して差止め等を求める仮処分を申し立てました。これに対して、アップル側は、サムスンは権利を濫用しているから差止請求権の行使は許されない、と反論するともに、同様の理由からサムスンは損害賠償請求権も有しないことの確認を求めました。

　知財高裁（平成26年5月16日決定〔平成25年（ラ）10007号〕、平成26年5月16日判決〔平成25年（ネ）10043号〕）は、FRAND条件によるライセンスを受けられるという標準規格実施者の合理的信頼を保護する必要性などを挙げて、標準規格実施者が**FRAND条件によるライセンスを受ける意思を有する者**（willing licensee）であるか否かにより権利行使の可否を判断する枠組みを示しました。

　それによれば、FRAND条件によるライセンスを受ける意思を有する者に対する差止請求権の行使は権利の濫用（民法1条3項）にあたります。そしてそのような意思を有しないとの認定は厳格にされるべきとした知財高裁は、アップルはライセン

↓FRAND宣言された特許権に基づく権利行使の権利濫用該当性

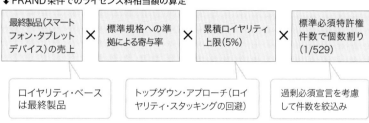

筆者作成

スを受ける意思を有する者であると認定してサムスンによる差止請求を認めませんでした。また、FRAND条件によるライセンスを受ける意思を有する者（アップル）に対する損害賠償請求権の行使についても、**FRAND条件でのライセンス料相当額（FRAND実施料額）を超える部分**では**権利の濫用**にあたるとされました。

　一方、知財高裁は、FRAND実施料額の範囲内の損害賠償請求権の行使は特段の事情がない限り権利の濫用ではないとして、FRAND実施料額を次のとおり算定しました。

　まず、知財高裁は、製品売上に一定のロイヤリティ率を乗じる一般的手法を基本としつつ、製品売上としては最終製品であるスマートフォンとタブレット端末の売上を用いました。ただし、スマートフォンとタブレット端末は移動体通信機能以外の機能を有するため、移動体通信に関するUMTS規格への準拠が製品売上に寄与した割合を乗じています。次に、ロイヤリティ率の算定にあたっては、多数の標準必須特許によるライセンス料を合計した累積ロイヤリティの上限を5%と設定したうえで、その額を標準必須特許件数で個数割りして最終的な金額を算定しました。

↓FRAND条件でのライセンス料相当額の算定

最終製品(スマートフォン・タブレットデバイス)の売上	×	標準規格への準拠による寄与率	×	累積ロイヤリティ上限(5%)	×	標準必須特許権件数で個数割り(1/529)
ロイヤリティ・ベースは最終製品		トップダウン・アプローチ(ロイヤリティ・スタッキングの回避)				過剰必須宣言を考慮して件数を絞込み

筆者作成

　標準必須特許全体のロイヤリティ額の上限を先に決める方式は**トップダウン・アプローチ**と呼ばれ、個別のロイヤリティが積み上がり合計額が高騰する**ロイヤリティ・スタッキング**を回避する狙いがあります。また、標準必須特許件数による個数割りでは、必須宣言が過剰にされる傾向があること等も考慮して、必須宣言特許の総数ではなく、中立的な第三者が（おそらく）必須特許であると判断した件数が用いられています。

★○×問題でチェック★
問7　FRAND条件によるライセンスを受ける意思を有しない者に対する差止請求は認められる。
問8　FRAND実施料は、問題となった標準必須特許に関する事情のみを考慮して算定する。

23 医薬品・バイオの特許保護

I 医薬品・バイオの特許保護

1 医薬品開発のプロセス

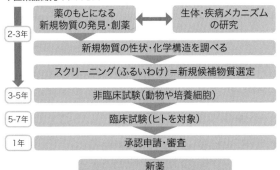

↓医薬品開発のプロセス

製薬工業協会HPをもとに筆者作成

↓国内医薬品売上ランキング2022

	商品名	製薬会社・領域	薬価ベース(単位:百万円)
1	オプジーボ	小野・がん免疫薬	152,436
2	キイトルーダ	メルク・がん免疫薬	128,313
3	リクシアナ	第一三共・抗凝固薬	116,466
4	タケキャブ	武田薬品工業・抗潰瘍薬	111,888
5	ベクルリー	ギリアド・抗ウイルス剤	109,838

IQVIA2022年医薬品市場統計売上データをもとに筆者作成

医薬品は、病気の診断、治療、予防など、私たちの健やかな生活を支える役割を担っています。医薬品は、有用性（効き目）、副作用などの安全性を確認する必要があるため、その開発には10年以上の年月と1000億円以上の研究開発費を必要とします。それでも新薬開発の成功確率は、わずか22,000分の1といわれています（2022年製薬協調べ）。

医薬品開発は左図のプロセスで進められます。基礎研究では、薬のもとになる新規物質の発見や創製研究を行います。疾患への有効な医薬品を求める創薬ニーズと生体・疾病メカニズム研究を医薬品創製につなげる創薬シーズを組み合わせた研究が行われ、新規候補物質が選ばれます。非臨床試験では、動物や培養細胞を用いて、新規物質の有効性や安全性を確認します。これを通過すると薬の候補（治験薬）として、実際にヒトにおける効果や安全性を確認する臨床試験に進みます。その後、医薬品医療機器総合機構（PMDA）での審査・厚生労働大臣の承認（1年）と薬価収載を経て、保険適用となり医薬品が誕生します。このようなプロセスを「創薬」とよび、有機化学、薬理学、生化学、毒性学、薬物動態学、薬剤学、基礎医学などが広く関与します。

2 保護されうる範囲

医薬品の開発には、長い年月と多額の研究開発費を必要とするため、他者に真似をされ、短時間で開発費をかけずに同じ医薬品が市場に投入された場合、製薬企業は、研究投資を回収できず、新薬の研究開発の継続が困難になります。そのため医薬品の知的財産権による保護は、製薬企業にとって非常に重要です。

医薬品開発のプロセスでは、図のような発明が挙げられます。これらは特許要件を充たせば特許権が付与されます。たとえば、医薬品の原薬となる新規な化学物質（リード化合物）の場合、物質そのものを保護する**物質特許**としての保護が可能で、業としての実施全般に効力が及ぶため、医薬関連特許の中でもとても強い権利です。製造方法が異なっていても物質が同じであれば特許権が及びます。次に新規化合物の製造方法の場合、**製法特許**としての保護が可能で、その方法の使用とその方法によって生産された物も権利の範囲に含まれます。一方、候補化合物を探し出すスクリーニング方法が画期的なものであれば、「方法特許」としての保護が可能ですが、その方法を使用する行為にしか権利は及びません。また、既知の化学物質であっても、新たな医薬用途がある場合には、**用途特許**として保護することが可能です。

↓医薬品開発と発明

方法の発見
スクリーニング方法
評価法　精製法
培養法　遺伝子組み換え法

物の発明
化学物質　細胞
遺伝子　実験動物
タンパク質　微生物
原薬を含む組成物

用途発明
医薬品の効能・効果
適応症

筆者作成

また医薬分野では、特許以外の知的財産権の対象になることがあります。たとえば、錠剤の形状のような外形的デザインは、意匠権での保護が可能です。また一般用医薬品の販売名は商標権での保護も有用です。同じ販売名や類似販売名を他者が使用できないようにするだけでなく、医療安全面においても誤認や誤用を防止する対策になります。また、錠剤上に表記された標章は商標的使用に該当しないと判断した裁判例があります（知財高裁平成27年8月27日判決［ピタバ事件］）。

問1　医薬品開発は、基礎研究、非臨床試験、臨床試験、承認審査を経て開発される。
問2　新たな医薬用途がある場合には、「用途特許」として保護することが可能である。

3 ライフサイエンス関連発明の特殊性

ライフサイエンス関連分野は、ヒトや動植物などの生物が営む生命のメカニズムを解明し、革新的な医療技術の実現や食糧、環境問題の解決に応用することを目指す技術分野です。近年の革新的な科学技術の進歩により物質科学、生命科学、システム情報科学、人間科学などを統合した総合的な科学技術分野として、多様な発明がみられるようになっています。たとえば、医薬発明、バイオ発明、遺伝子発明なども、化学物質や微生物を用いたライフサイエンス関連発明です。

生物には固有の複雑さがあり、生きた細胞などを扱うこの分野特有の特殊性があります。たとえば、この分野には**1件の特許の重み**があるといわれます。他の技術分野を例にあげて比べると、スマートフォンは1台あたり数百以上の特許によって支えられていますが、医薬・バイオの分野では、発明から新薬開発までの10年以上の年月と1000億円ともいわれる研究投資に対して、1つの特許で製品や方法を独占できる場合が多いからです。また競合他社との関係では、**後発品問題**があります。1つの特許をめぐる先発事業者と後発事業者間の特許紛争は、他の技術分野と比較しても多く、最高裁判決や知財高裁の大合議判決をみても医薬関連分野の事件が顕著です。また、特許を取得しても人体への影響から厚生労働省の認可を得るまでは製造販売ができないことで生じる**権利行使の問題**（延長制度については後述）、再生医療分野や遺伝子組み替え技術などの**倫理問題**、そして微生物などの薬用資源を途上国に求める**薬用資源問題**などが挙げられます。

▼微生物の寄託と特許制度

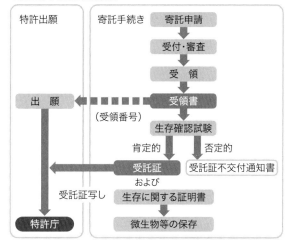

製品評価技術基盤機構HPをもとに作成

また微生物の発明は、地中から抽出した微生物がほとんどであるので、明細書の発明の詳細な説明に、当業者がその生物学的材料を作れる旨を記載することができない場合には、発明の実施可能性について確認する必要があるため、特許法では、特許庁長官の指定機関に微生物を寄託する制度を設けています（特許法施行規則27条の2第1項）。日本では、製品評価技術基盤機構（NITE）が指定機関として、上図のような手続きが行われています。

▼遺伝子の構造（DNA二重らせんワトソン・クリックモデル）

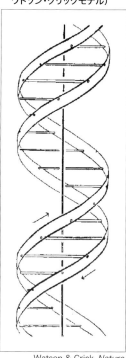

Watson & Crick, *Nature*
(1953), pp. 171, 738

バイオテクノロジー技術の歴史は古く、19世紀のメンデルの遺伝の法則の発見やミーシャのDNA（デオキシリボ核酸）の発見、20世紀に入るとヴィンクラーによるゲノム概念の提唱や、20世紀最大の発見といわれる**ワトソンとクリックによるDNAの二重らせん構造**の発見があり、ワトソンらは2本の鎖の配列に遺伝情報が蓄えられていることなどをNature誌に発表しました。これが分子生物学の基礎を築いたといわれています。1970年代になると、遺伝子組み換え技術の発展に伴って、遺伝子や微生物、遺伝子組み替え動植物などに特許を与えるべきかという問題が、米国、欧州、日本などで議論されるようになりました。特許法で保護されるためには、単に発見しただ

けではなく、人為的に抽出され、産業有用性のある機能が解明された発明でなければなりません。これにより人類の健康や食物増産、環境保護などの産業の発展に寄与するためです。また、人類への貢献であるとともに、倫理道徳的観念とも表裏一体であることにも留意をしておく必要があります。

近年の創薬分野では、グラフにあるように、バイオ医薬品が占める割合が増加しています。たとえば、抗体医薬品は、人が備えている免疫システム（抗体）を利用して、ウイルスや細菌などをピンポイントに攻撃するため、副作用が少ないとされています。2019年以降拡大する新型コロナウイルス感染症（COVID-19）でも、抗体医薬による治療薬の開発が期待されています。

▼バイオ医薬品と従来型医薬品の売上推移

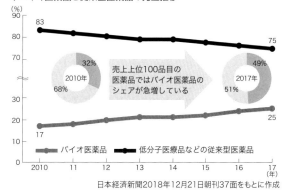

日本経済新聞2018年12月21日朝刊37面をもとに作成

4 特許権の存続期間の延長制度

↓特許権の存続期間の延長制度

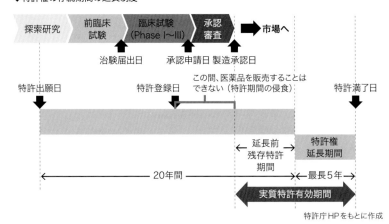

特許庁 HP をもとに作成

特許権は、出願日から20年間保護されますが、医薬品の場合は研究開発に少なくとも10年、さらに薬機法（後述）の製造販売承認を得るためには、有効性や安全性の確認が必要で相当の時間を要します。先発医薬品メーカーにとっては、多大な研究開発の投資を回収するためには、できるだけ市場において独占できる期間を確保したいと考えることでしょう。図にあるように、探索研究の段階で有用な新規化合物が見出され、特許権を取得した場合でも、厚生労働省の製造販売承認後でなければ、実施（製造や販売等）をすることができません。すなわち、特許権取得後に特許を実施できない期間が発生します

（**特許期間の侵食**）。これに対する救済として、例外的に**最長5年間の存続期間の延長**が認められます。

特許権の存続期間の延長を希望する場合には、医薬品の製造承認を受けた日から3か月以内に延長登録出願をしなければなりません。延長登録出願がされると、特許庁審査官による審査が行われ、延長登録拒絶理由がない限りは、存続期間の延長登録がなされます。

延長登録には、①特許庁の審査の遅延を理由とするもの（特許法67条2項）、②政令処分を受けるために必要な期間を回復するもの（同条4項）があり、医薬品の製造販売承認の審査による特許期間の侵食は、②の政令処分を受けるために必要な期間を回復するものに該当します。また、②によって、存続期間が延長登録された場合の特許権の効力が及ぶ範囲は、先発医薬品、後発医薬品の双方にとって重要な問題となります。この問題については、すでに重要な裁判例がいくつか出されています。オキサリプラチン大合議判決（知財高裁平成29年1月20日判決）によると、延長登録された特許権の効力範囲は、「成分、分量、用法、用量、効能及び効果」により物（医薬品）が特定され、医薬品として「実質同一物」に及ぶとされています。

5 後発医薬品（ジェネリック医薬品）

医薬品の分類を整理してみましょう。医薬品には、「医療用医薬品」（医院などで医師による処方箋が必要）とOTC医薬品（Over The Counter Drug）と呼ばれる薬局やドラッグストアで購入できる「要指導医薬品」（薬剤師による対面販売が必要）、「一般用医薬品」（薬局やインターネット等で購入可能）に分類されます。さらに「医療用医薬品」は、**先発医薬品（新薬）**と**後発医薬品（ジェネリック医薬品）**に分けられます。「先発医薬品」は「医薬品開発のプロセス」（前掲）で開発されますが、「後発医薬品」は、「先発医薬品」の再審査（後述）終了および特許権存続期間の満了後、先発医薬品と同じ有効成分で、新薬の代替品として使用できることなどを科学的に証明（生物学的同等試験）できれば医薬品として販売されます。製造販売承認までの開発期間は約3～4年で、開発費用も1億円程度です。そのため先発医薬品より安価で提供することが可能です。行政が近年ジェネリック医薬品を後押しする傾向にあるのは、医療費を削減する（税金支出を抑える）ことにあります。

ところで、後発医薬品メーカーの視点で考えると、先発医薬品の再審査が終了し、特許権存続期間の満了と同時に製造販売を開始したいところですが、製造販売承認を受けるまで、すなわち実際の販売開始までは、特許権者の独占が継続することになります。これについて、先発医薬品の特許権存続中に、後

↓後発品の製造承認試験と特許権侵害

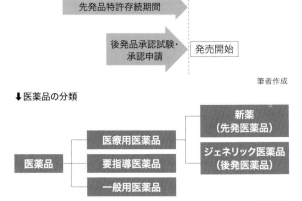

筆者作成

↓医薬品の分類

発医薬品の製造承認を受けるための試験データを収集する行為が、**試験・研究のための実施**（特許法69条1項）に該当するかについて争われたのが、メシル酸カモスタット事件（最高裁平成11年4月16日判決）です。最高裁では、特許権の存続期間満了後に販売することを目的とした、製造承認申請に必要な試験を行うことは、69条1項の試験・研究にあたると判断されました。

問5　特許権存続期間は、最長5年間の延長が認められる。
問6　先発医薬品の特許権存続中に後発医薬品の試験データを収集する行為は、試験・研究のための実施に該当する。

1 薬機法の仕組み

↓薬機法の規制対象

医薬品	医薬部外品
化粧品	医療機器および再生医療

薬機法

筆者作成

↓医療機器の分類と規制

	小 ─────リスク───── 大		
分類	一般医療機器	管理医療機器	高度管理医療機器
規制	届出	第三者認証	大臣承認
具体例	医療ガーゼ 絆創膏 メス ピンセット	MRI装置ワークステーション 眼科用内視鏡 超音波血流計 歯科用金属	透析器 人工骨 人工呼吸器 コンタクトレンズ	植込型 人工心臓 ペースメーカー 冠動脈ステント
	クラスI	クラスII	クラスIII	クラスIV

筆者作成

↓医療機器の製造販売承認プロセス（少なくとも6か月）

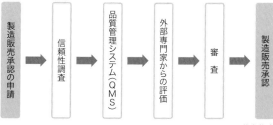

製造販売承認の申請 → 信頼性調査 → 品質管理システム（QMS） → 外部専門家からの評価 → 審査 → 製造販売承認

筆者作成

2 特許制度と薬事制度の協働

↓先駆け審査指定制度にむけて

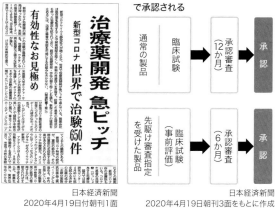

治療薬開発 急ピッチ
新型コロナ 世界で治験650件
有効性なお見極め

日本経済新聞
2020年4月19日付朝刊1面

↓審査の実質的な前倒しで6か月程度で承認される

通常の製品：臨床試験 → 承認審査（12か月）→ 承認

先駆け審査指定を受けた製品：臨床試験（事前評価）→ 承認審査（6か月）→ 承認

日本経済新聞
2020年4月19日朝刊3面をもとに作成

↓再審査制度

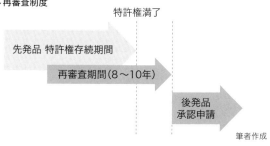

特許権満了

先発品 特許権存続期間

再審査期間（8～10年）

後発品承認申請

筆者作成

「医薬品、医療機器等の品質、有効性及び安全性の確保等に関する法律」（薬機法）は、医薬品や医療機器等の有効性や安全性を規制する制度です。薬機法は、**医薬品、医薬部外品、化粧品、医療機器および再生医療等製品の品質、有効性、安全性を確保すること**を目的として、製造から販売、市販後の安全対策まで一貫した規制を行っています。

医薬品は、申請された医薬品の有効成分、分量、用法、用量、効能、効果、副作用等について審査が行われ、販売後の品質、有効性および安全性の確保と適正な使用方法を確立するために、副作用・感染症報告制度、再審査制度（後述）、再評価制度によって安全管理が行われています。医薬部外品には、うがい薬、育毛剤、殺虫剤、整腸剤などがあり、医薬品に準じて製造販売承認を受ける必要があります。化粧品は人の身体を健やかに保つものとして、ほとんどの製品は承認申請が不要ですが、製造販売業許可等を受ける必要があります。

医療機器は、左図（中断）のように人体に及ぼすリスクに応じて分類され、品質、有効性、安全性の審査が行われます。また、再生医療等製品は、これまで有効な治療法のなかった疾患に対する再生医療の実用化に向けて、2014（平成26）年改正で追加されました。これを機に「薬事法」から現在の名称に変更されています2015（平成27）年11月25日施行）。最近では、患者由来の遺伝子組み換えを行う国内初の遺伝子治療用製品が2019年3月に製造販売承認され、画期的な免疫療法として注目されています。

医薬品開発では、持続的な創薬活動をしていくための特許制度による保護と医薬品等の品質、有効性、安全性の確保のための薬機法による規制は、まったく異なる観点から医薬品の製造販売を制限するものといえます。たとえば、薬機法には、販売後の調査である再審査制度があります。厳しい承認審査を経たとしても、医療現場での使用において重篤な副作用が報告される場合があるため、新薬については、製造販売承認後一定期間の後、再審査が実施されます（薬機法14条の4）。再審査期間中は、特許権が満了している場合でも後発医薬品の製造販売承認の申請は認められません。期間は医薬品の種類によって、希少疾患用医薬品は10年、新有効成分医薬品は8年の運用がされています。また、製造販売の承認については、後発医薬品の製造販売に抵触する特許がないことを条件とする「パテントリンケージ」も後発医薬品の参入を制限するものといえます。

2019（令和元）年薬機法改正では、新たに「先駆け審査指定制度」、「条件付き早期承認制度」が法制化されました。いずれも医薬品の承認審査の短縮を行うものです。先駆け審査指定制度は、世界に先駆ける画期的新薬への適用が期待されます。また、条件付き早期承認制度は、重篤で有効な治療法がない、患者数が少ないなど、臨床データ収集が困難である場合、有効性が推定され、安全性の確認後、特別に早期に承認される制度で再生医療等製品などに有効です。

★ ○×問題でチェック ★

問7 薬機法の規制対象は、医薬品、医薬部外品、化粧品である。
問8 先発医薬品の再審査期間中は、後発医薬品としての製造販売承認の申請は可能である。

24 ソフトウエアの法的保護

I　総論

1　ソフトウエアの歴史

↓ ENIAC：電子式計算機の誕生（1946年）

public domain

↓ Apple1：アップル社最初のマイクロコンピュータ（1976年）

Wikipedia（CC BY-SA）

　コンピュータ、スマートフォン、タブレットは、私たちの生活に深く浸透し、手軽に情報検索ができる時代になりました。たとえば、スマートフォンでゲームや動画を楽しむための「アプリ」は、「アプリケーションソフトウエア」の略で、ゲーム等を楽しむことを可能にするプログラムが組み込まれています。また文章作成ソフト、メールソフト、インターネットブラウザなども複数のプログラムから構成されたソフトウエアです。これらは20世紀後半のコンピュータ技術研究の賜物です。1946年にアメリカで公開された世界初のコンピュータENIAC（エニアック）

は、全長30m、総面積170㎡、重量30tで陸軍の弾道計算のために作られた**電子計算機**でした。その後、ハードウエアは小型化を、ソフトウエアは高速化を目指して、半導体やプログラム内蔵式などの研究が世界中で進められ、1970年当時、新興ベンチャー企業であったインテル社は、世界初のマイクロプロセッサー（半導体チップ）「4004」を日本のビジコン社（電卓メーカー）と共同開発しました。1976年にはアップル社が創設され「Apple1」を発表、共同利用する大型コンピュータからパーソナルコンピュータの時代となったのです。

II　ソフトウエアの法的保護の必要性

1　新たな潮流：ソフトウエアの時代へ

↓ソフトウエア保護の背景

1970年代	ビデオゲームプログラムコピー訴訟
1980年代	**1982年IBM産業スパイ事件** 1983年プログラム権法の検討 1985年著作権法改正 　　（著作権法によるソフトウエア保護）
1990年代	1990年日米知的所有権協議 1997年ソフトウエア関連発明に関する 　　運用指針の改訂 　　（ソフトウエア単体での特許認可）

筆者作成

　1970年代までは、ソフトウエアはハードウエアの付属物として一緒に売買されていましたが、技術革新によりハードウエアのコストは減少する反面、コンピュータ作業の増加とともにプログラム開発は高度化し、ソフトウエア独自の経済的価値をもつようになりました。ソフトウエア単独での売買が主流になるにつれて、新たな問題も発生するようになります。たとえば、大流行したインベーダーゲームの不正なコピーや複製物を無断で使用する行為が発生するようになりました。多大な費用、労力、時間をかけて開発されたソフトウエアが、第三者によって簡単にコピーされ、大きな利益をあげるという状況は、正当な権利者が不利となり、ソフトウエア分野の健全な発展を妨げることになります。権利者が第三者に対抗するためには、特許権や著作権などの何らかの法的保護が必要とされる時代となっていくのです。

★○✕問題でチェック★

　問1　世界初のコンピュータは、陸軍の弾道計算のために作られた電子計算機だった。
　　　　　　　　　　　　　　　　　　　　問2　ゲームソフトの複製は、どんな場合でも著作権侵害にはならない。

2 熾烈なコンピュータとソフトウエアの開発競争

↓IBM産業スパイ事件

日本経済新聞1982年6月23日夕刊1面

ソフトウエアの経済的価値が顕在化した出来事として、アメリカ司法省が1969年、IBMのバンドリング方式（ハードとソフトを一体型で販売）に対して、ハードウエアとソフトウエアの価格が不明瞭であるとして独占禁止法違反で訴えた事件がありました。その結果、IBMはハードとソフトを分離して提供するアンバンドリング方式に転換し、競合他社はIBMの同等ソフトウエアの開発をすることで優位に立てる状況にありました。そこで起きたのが1982（昭和57）年6月、日立製作所と三菱電機の社員がIBMから機密情報を盗み出したとして、連邦捜査局（FBI）のおとり捜査で逮捕された日立・IBM事件です。この事件を契機にソフトウエアの法的保護の問題が脚光を浴びることになります。さらに大流行したビデオゲームプログラムの盗用についての訴訟が相次ぎ、1982（昭和57）年にはスペース・インベーダー・パートⅡ事件（東京地裁昭和57年12月6日判決）で、**コンピュータ・プログラムは著作権法上の著作物にあたる**と判断されました。

3 著作権による保護

↓プログラムは著作物？

アフロ

これらの状況をうけて、まず、1983（昭和58）年12月通商産業省（現・経済産業省）は、産業構造審議会情報産業部会の中間答申でプログラム権法の提唱をします。さらに、1984（昭和59）年1月文化庁は、著作権審議会第6小委員会の中間報告で、プログラムを著作物と明示し、著作権法によって保護するなど、著作権法一部改正による提言を示します。このように新たに立法を提唱した通産省と改正案を提言した文化庁は、完全に対立する事態となったのです。結論としては、著作権法が1985（昭和60）年に改正されることになり、プログラムは著作物として著作権法上に明確に示され、正当な権利者は必要と認められる範囲で複製・翻案が認められるようになりました。留意が必要なのは、著作権で保護されるのは、**プログラムの具体的な記述の表現部分（ソースコード）**だということです。海賊版などのデッドコピー対策には有効ですが、プログラム言語や規約、解法については権利が及びません（著作権法10条3項）。これはプログラムの作成に不可欠な要素は万人が自由に使えるべきだと考えられているためです。

4 特許法による保護：ソフトウエアとハードウエアの協働

↓ソフトウエア関連発明の発明該当性の判断の流れ

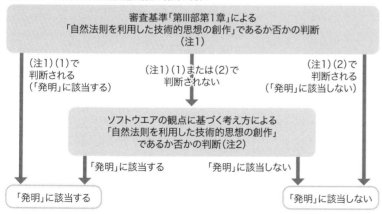

（注1）附属書B第1章2.1.1.1
（1）請求項にかかる発明が、(i)または(ii)のように、全体として自然法則を利用しているか
　(i)機器等に対する制御または制御に伴う処理を具体的に行うもの
　(ii)対象の技術的性質に基づく情報処理を具体的に行うもの
（2）請求項にかかる発明が、情報の単なる提示、人為的取決め、数学上の公式等の「発明」に該当しないものの類型に該当するか
（注2）附属書B第1章2.1.1.2
請求項にかかる発明において、ソフトウエアによる情報処理がハードウエア資源を用いて具体的に実現されているか

特許庁特許・実用新案審査ガイドブック附属書Bをもとに作成

プログラムが著作権で保護されても、プログラムの機能のような技術に関することは、特許権で保護されることになります。プログラムは、現行の特許法2条3項4号に「物」の発明に含まれると明示されています。また、特許法上の発明であるためには、左図のようなフローに従い、**自然法則を利用した技術的思想の創作**でなければなりません。これはソフトウエアにおいても同様で、エンジン制御や画像処理など自然法則を利用して具体的な情報処理を行っているかどうかの判断がされますが、ビジネス用コンピュータソフトウエアやゲームソフトなどの全体としてソフトウエアを利用するものについては、「**ソフトウエアとハードウエア資源とが協働**することによって、使用目的に応じた特有の情報処理装置又はその動作方法が構築される」（特許・実用新案審査基準ハンドブック附属書B第1章コンピュータソフトウエア関連発明2.1.1.2）ものかどうかで判断されます。

★○×問題でチェック★
問3　コンピュータ・プログラムは著作権法では保護されない。
問4　プログラム発明は、物の発明である。

1　人工知能（AI）とは？

AIの正式名称は**Artificial Intelligence**といいます。今では聞き慣れたものとなりましたが、「人工知能（AI）って何？」と問われたら、その答えは人それぞれ異なるかもしれません。近年の出願動向を示した下の図からもわかるように、国内においてもAIに関係する発明の出願は顕著に増加しています。その定義は必ずしも明確ではありませんが、**人間のような知的な情報処理ができるソフトウエア**だということができます。人工知能はさまざまな視点から分類ができます。たとえば、課題処理の範囲に応じて、**特化型人工知能**と**汎用型人工知能**に分類することができます。特化型人工知能とは、特定した領域に能力を発揮するもので、現在実用化されているものはすべて特化型人工知能です。汎用型人工知能のイメージは、ドラえもんや鉄腕アトムのように人間と同じように判断をするものをいいます。また、人間のような知能をもつかどうかで分類したのが、**強いAI**と**弱いAI**です。知能を再現できるものは「強いAI」、知能の一部に特化したものを「弱いAI」と分類されることがあります。

↓アルファ碁の対戦風景

AP／アフロ

上写真のグーグル社傘下ディープマインド社が開発した囲碁AI「アルファ碁」は、特化型人工知能で、弱いAIに分類することができます。当時の世界最強棋士との対決（2016年）は大変話題となりました。

↓人工知能の歴史

	人工知能の置かれた状況	主な技術等	人工知能に関する出来事
1950年代		・探索、推論	チューリングテストの提唱（1950年）
1960年代	第一次人工知能ブーム（探索と推論）	・自然言語処理 ・ニューラルネットワーク ・遺伝的アルゴリズム	ダートマス会議にて「人工知能」という言葉が登場（1956年） ニューラルネットワークのパーセプトロン開発（1958年） 人工対話システムELIZA開発（1964年）
1970年代	冬の時代	・エキスパートシステム	初のエキスパートシステムMYCIN開発（1972年） MYCINの知識表現と推論を一般化したEMYCIN開発（1979年）
1980年代	第二次人工知能ブーム（知識表現）	・知識ベース ・音声認識	第五世代コンピュータプロジェクト（1982〜92年） 知識記述のCyc（サイク）プロジェクト開始（1984年）
1990年代	冬の時代	・データマイニング ・オントロジー	誤差逆伝播法の発表（1986年）
2000年代	第三次人工知能ブーム（機械学習）	・統計的自然言語処理 ・ディープラーニング	ディープラーニングの提唱（2006年）
2010年代			ディープラーニング技術を画像認識コンテストに適用（2012年）

総務省「ICTの進化が雇用と働き方に及ぼす影響に関する調査研究」（平成28年）をもとに作成

人工知能という技術分野が誕生したのは1950年代といわれています。それ以降、上図のように3つのブームを経て現在に至っています。人工知能の父といわれる数学者の**アラン・チューリング**（イギリス）は、世界初のコンピュータENIACが誕生する頃には、「思考するコンピュータ」をすでに考案していたといわれています。1950年に彼が発表したチューリングテストは人工知能研究の基盤を確立しました。1956年にはダートマス会議でジョン・マッカーシー（アメリカ）らによって「人間のように考える機械」が「人工知能」と名付けられ、世界中で人工知能研究が活発化していきます。**第一次ブーム（1960年代）**では、**探索と推論**技術が登場します。人間の思考回路を記号で表現し、解き方のパターンを探し出す研究が進展したことで、パズルや迷路などを解くAIが発表されました。この時期には、アップル社のSiriの起源となった初の言語処理プログラムELIZAが開発されています。**第二次ブーム（1980年代）**では、**知識表現**を導入し、プログラムされた法則から解答を導き出すエキスパートシステムの実現が盛んとなりました。たとえば、アマゾンなどの

ネットショッピングのECサイトの評価システムやサイトの訪問者が見た情報をもとに類似の商品を勧めるシステムにはこの技術が使われています。そして現在は**第三次ブーム（2000年〜）**の最中で、**機械学習**の技術が特徴的です。人間の脳内の神経細胞（ニューロン）とその神経回路をモデルにしたニューラルネットワークを用いた深層学習（ディープラーニング）は、自動運転技術や幅広い分野への応用が期待されています。

↓深層学習に言及するAI関連発明の出願件数の推移

特許庁「AI関連発明の出願状況調査報告書」（2020年7月）をもとに作成

問5　囲碁AI「アルファ碁」は、特化型人工知能である。
問6　人工知能第一次ブームの中心技術は「機械学習」である。

↓AI・機械学習・深層学習の関係

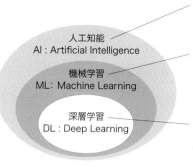

- 人間の思考プロセスと同じような形で動作するプログラム全般
- あるいは、人間が知的と感じる情報処理・技術全般
- AIのうち、人間の「学習」に相当する仕組みをコンピュータ等で実現するもの
- 入力されたデータからパターン／ルールを発見し、新たなデータに当てはめることで、その新たなデータに関する識別や予測等が可能
- 機械学習のうち多数の層から成るニューラルネットワークを用いるもの
- パターン／ルールを発見するうえで何に着目するか（「特徴量」）を自ら抽出することが可能

総務省HPをもとに作成

現在、実用化されているAI関連の製品は、全自動洗濯機、お掃除ロボット、人と会話ができるスマートスピーカー、囲碁ができるAIなど多岐にわたります。人工知能の技術レベルは大きく4段階に分けることができます。レベル1は単純制御型で、洗濯物の重さで洗濯時間を設定する洗濯機など、あらかじめイ

ンプットされたルールに従って機械制御するものです。レベル2はルールベース型で、部屋の間取りを学習するお掃除ロボットなど、ルールをもとに状況を判断するものです。レベル3は**機械学習**を取り入れ、対戦を繰り返すことでコンピュータ自身が学習する将棋・囲碁システム、診断データと生体データを読み込み、相関関係にある疾病を学ぶ医療診断システムなど、一定のルールを発見して、未知のデータを予測・推論するものです。レベル4は**深層学習（ディープラーニング）**を取り入れ、人間の目では発見しにくい病変を見つけ出す画像診断、状況に応じて最適な判断をする自動運転技術など、必ず人間が設計する必要があった要素を自動的に学習して対応パターンを見つけ出します。これは機械学習の1つの手法で、人間の脳のメカニズムをモデルとしたプログラムです。

2 人工知能の現状

↓人工知能（AI）の代表的な研究テーマ

名称	概要
推論・探索	「推論」は、人間の思考過程を記号で表現し実行するものである。「検索」は、解くべき問題をコンピュータに適した形で記述し、考えられる可能性を総当たりで検討したり、階層別に検索することで正しい解を提示する。たとえば、迷路を解くためには、迷路の道筋をツリー型の分岐として再構築したうえでゴールにたどり着く分岐を順番に探し、ゴールに至る道を特定する。検索の手法は、ロボットなどの行動計画を、前提条件・行動・結果の3要素によって記述する「プランニング」にも用いることができる。
エキスパートシステム	専門分野の知識を取り込んだうえで推論することで、その分野の専門家のように振る舞うプログラムのこと。1972年にスタンフォード大学で開発された「マイシン（MYCIN）」という医療診断を支援するシステムが世界初とされる。たとえばあらかじめ定めた病気に関する情報と判断のルールに沿って質問し、得られた回答に基づいて次の質問を選択するといった過程を繰り返すことで診断結果を提示する。その後、エキスパートシステムに保有させる知識をいかに多くするかが課題となり、1984年には一般常識を記述して知識ベースと呼ばれるデータベースを構築する取り組みであるCyc（サイク）プロジェクトが開始され、30年以上経過した現在でも続けられている。エキスパートシステムでは暗黙知などの情報を知識として整備することの困難さが課題となった。
機械学習	コンピュータが数値やテキスト、画像、音声などのさまざまかつ大量のデータからルールや知識を自ら学習する（見つけ出す）技術のこと。たとえば、消費者の一般的な購買データを大量に学習することで、消費者が購入した商品やその消費者の年齢等に適したオススメ品を提示することが可能になる。
ディープラーニング	ニューラルネットワークを用いた機械学習の手法の1つである。情報抽出を一層ずつ多階層にわたって行うことで、高い抽象化を実現する。従来の機械学習では、学習対象となる変数（特徴量）を人が定義する必要があった。ディープラーニングは、予測したいものに適した特徴量そのものを大量のデータから自動的に学習することができる点に違いがある。精度を上げる（ロバスト性を高める）手法と、その膨大な計算を可能にするだけの計算機の計算能力が重要になる。

総務省「ICTの進化が雇用と働き方に及ぼす影響に関する調査研究」（平成28年）をもとに作成

近年の第三次ブームでは、クラウド技術やSNSの普及でビッグデータといわれる膨大なデータの集積、記録、解析、保存のすべてが可能となり、第一次、第二次ブームでの技術的障壁を一掃し、左表のような社会への応用を見据えたさまざまな研究が展開されています。特に深層学習（ディープラーニング）の進展は、これまで難易度が高いとされていた人間がもっている知能処理（認識・学習・判断・推論）を行いながら、相手や状況に応じた対応を行うことができます。一方で、深層学習は大量のデータから自動的に知識を習得するためその判断過程を追えないという**ブラックボックス問題**が、AI活用を限定的なものとしています。医療や金融などでの実用化には「説明可能なAI」が必要とされており、人間とAIの協働する社会を目指す研究が行われています。

3 知的財産法での保護

↓知的財産法での保護

	特許法	著作権法
生データ	×	×
学習プログラム	○	○
学習データセット	×	△※
学習済みモデル（プログラム）	○	○
学習済みモデル（パラメーター）	×	×

※創作性が必要

筆者作成

このように社会での実用化が非常に期待されるAIですが、その本質的要素は、プログラムやデータといった情報にあります。コンピュータ上で実行されるプログラムであるので著作権ではプログラムの著作物としての保護、特許法ではプログラムの発明としての保護が考えられます。近年では**オープン・ソース・ソフトウエア（OSS）**が普及しています。これは技術の普及・促進を目的として、プログラム等の著作権は権利者に留保しますが、一定の条件下で無償ライセンスをしているものです。そのため、機械学習では、プログラムでの差別化よりもAIを学習させるための学習データセット、学習済みモデルに価値を見出す傾向にあります。数値などの事実データを用いる場合には左表のような保護が考えられます。また日本では、**情報解析のための利用**には、著作権があるデータであっても著作権者の利益を不当に害しない限り利用できます（著作権法30条の4）。

★○×問題でチェック★

問7　深層学習は、機械学習の1つで人間の脳をモデルとしたプログラムである。

問8　日本での情報解析のための他人のデータセット利用は、著作権侵害ではない。

25　意匠法とは

I　意匠法とは

1　意匠制度の概要

> **意匠法1条**　この法律は、意匠の保護及び利用を図ることにより、意匠の創作を奨励し、もつて産業の発達に寄与することを目的とする。

　意匠法は、知的財産法の中でも、意匠の保護・利用をはかり、意匠の創作を奨励し、産業の発達に寄与することを目的とします（1条）。もっとも、意匠法は、その仕組みが有効に機能するデザインの領域として、法律上の**意匠**に該当するもののみを保護することとしており、デザインのすべての領域をカバーすることを目的としていません（**26**で詳しく述べます）。意匠法により、意匠の創作をした者は、出願・審査を経て、一定の要件のもとで意匠権を付与され、もって当該意匠と同一または類似の意匠にかかる実施を独占することができます（23条）。

2　特許制度との比較

↓特許制度との比較

	意匠制度	特許制度
保護の対象	意匠	発明
保護の主体	創作者	発明者
出願の要否	必要	必要
出願公開の有無	なし	あり
保護期間	出願から最大25年	原則出願から最大20年

筆者作成

　意匠法の仕組みは特許法の仕組みとかなりの程度共通しています。保護される者はその**創作者**（発明者）であり、職務発明に相当する**職務創作意匠**も存在します。また先願主義のもとで、出願・審査を経て登録を受けることで、著作権のような依拠を要件としない絶対的な権利が発生する点も共通しています。とはいえ、保護の対象が「意匠」と「発明」で異なることをはじめ、意匠法には出願公開制度や審査請求制度がなかったり、意匠権は特許権よりも長く出願から25年間保護されたりといった違いも存在します。

II　「意匠」の保護

1　「意匠」とは

　意匠法は、①物品の意匠、②建築物の意匠、③画像の意匠を保護し（2条1項）、また、複数の物品等からなる④組物の意匠（8条）、施設の内装を保護する⑤内装の意匠（8条の2）も特別に保護しています。

　まず①**物品の意匠**ですが、一定の形のある動産であって、取引対象となる物の意匠を保護します。また、意匠を構成する要素は、形状、模様、色彩あるいはそれらの結合（形状等）に限られており、このうち、形状は必須とされています。そのため、単なる色彩や模様それ自体は保護されません。次に意匠は、見た目を保護するものですので、視認できないほど小さいデザインや、その物品の外部から見えない内部構造のデザインについては、原則保護することができません（視覚性の要件）。さらに、意匠は美感を生ずるものである必要があるとされています（美感の要件。ただし実際上美感の有無はあまり問題視されていません）。なお、のこぎりの持ち手部分のデザイン等、物品の一部のデザインを**部分意匠**として保護することもできます。たとえば図の場合、実線で描かれたのこぎりの持ち手の部分の意匠が保護され、その形状等が類似するのこぎりであれば、たとえ刃の形が異なっていても、原則として権利が及びます。この仕組みは、物品の意匠以外の意匠についても認められます。

↓物品の意匠の例（のこぎり）　↓部分意匠の例（のこぎり）

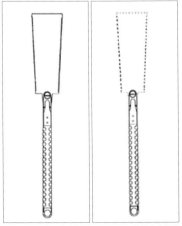

意匠審査基準　　意匠審査基準

問1　意匠法はデザインのすべてを保護する法律である。
問2　物品の一部にだけ意匠登録を受けることはできない。

↓画像の意匠の例（「商品購入用画像」
ウェブサイトの画像）

意匠審査基準

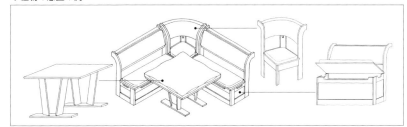

↓組物の意匠の例

J-PlatPat（意匠登録1132299：一組の応接家具セット）

②**建築物の意匠**と③**画像の意匠**は、2019（令和元）年改正で導入されました。建築物の意匠は、店舗デザイン等を念頭に、企業のブランド価値創出の観点から保護が必要であるとして新たに導入されました。同様の観点から、⑤**内装の意匠**も、内装全体として統一的な美感を起こさせるものに限って保護の対象とされました。また、③画像の意匠は、技術革新やGUI（グラフィック・ユーザ・インターフェース）の重要性が高まっている状況に鑑み新たに導入されました。もっとも、機器の操作画像や、機器の機能を発揮した際の表示画像を保護するもので、壁紙やゲーム画像等、製品の機能自体と関係のないものは保護されません。

最後に、応接家具セット等、複数の物品等の組み合わせにより全体として統一が認められる意匠について、その全体を保護するため、④**組物の意匠**も認められています。

2 保護の要件

意匠法の保護の要件は、①工業上の利用可能性、②新規性、③創作非容易性、④先願、⑤拡大先願、⑥不登録事由の5つが挙げられます。

このうち、②**新規性**については、出願時において、公知意匠だけでなく、需要者からみて公知意匠と類似する意匠についても、その保護の必要がないとして登録を受けることができません（意匠法3条1項3号）。また、③**創作非容易性**については、当業者が出願時に公知の形状等（公知の模様など、公知「意匠」に限りません）から容易に創作できたものであれば登録を受けることができません（3条2項）。この2つは似ているようにも見えますが、表にあるとおり異なるものと理解されています。

また、④**先願**については、特許法と同様に、同じ保護対象に複数の権利が発生することを阻止するものですが（9条）、意匠法においては、同一または類似の意匠の間で判断されます。ただし、自己の意匠登録出願との関係では、デザインのバリエーションの保護の観点から、特別に**関連意匠**（10条）が用意され

ています。これは、基礎意匠を1つ定め、それを起点に、自己の先願にかかわらず、類似する意匠を関連意匠として保護対象に加えることを認めるものです。

↓関連意匠

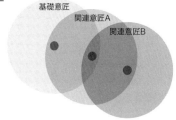

基礎意匠
関連意匠A
関連意匠B

意匠審査基準をもとに筆者作成

↓新規性と創作非容易性の違い

	比較の観点	比較の対象
新規性	需要者	公知の意匠
創作非容易性	当業者	公知の形状等

筆者作成

III 意匠権の取得

1 出願書類

意匠登録を受けるためには、その意匠について意匠登録出願をして審査を経て、意匠登録を受ける必要があります。意匠登録出願の際には書類が必要ですが、**願書**（なお願書には、出願人等の情報のほか、意匠にかかる物品を記述する必要があり、これは後述の意匠権の権利範囲にも影響する重要なものです）とともに重要なのが**図面**です。意匠は物品等の形状等を対象とするものなので、特許法における請求の範囲（クレーム☞**17-II****1**）と異なり、言語ではなく、図面によって対象を特定することとしています。原則として図のような6つの図面を1セットとして出願することになります（もっとも、たとえば設置物の底面等、一般的に意匠として重要性の小さいと考えられる部分について

は、図面を提出しないこともできます）。平面的な物品の意匠や画像の意匠については、少ない数の図面で出願することも可能です。また、場合によっては、図面に代えて写真や見本、ひな形を提出することもできます。

↓図面の実例（無線操縦玩具）

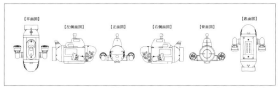

【平面図】　【左側面図】　【正面図】　【右側面図】　【背面図】　【底面図】

「意匠登録出願の願書及び図面等の記載の手引き」

2 手続きの流れ

↓意匠登録出願の手続き

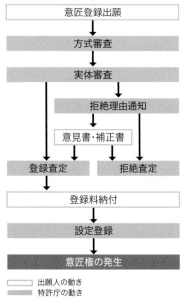

```
意匠登録出願
   ↓
 方式審査
   ↓
 実体審査
   ↓
拒絶理由通知
   ↓
意見書・補正書
   ↓              ↓
登録査定       拒絶査定
   ↓
登録料納付
   ↓
 設定登録
   ↓
意匠権の発生
```

☐ 出願人の動き
■ 特許庁の動き

特許庁HPをもとに筆者作成

意匠登録出願がされると、特許法と同様に、方式審査がされます。そして、特許法と異なり、出願されたすべての意匠について実体審査が行われます。以降は特許法と同様に、審査の結果、審査官が拒絶理由を発見しなければ登録査定となり、一方で拒絶理由を発見すれば拒絶理由通知が発出され、出願人はこれに対応します。それでも拒絶理由が解消されなければ拒絶査定となります（拒絶査定不服審判も特許法と同様です）。登録査定を受けて、登録料を納付すれば、設定登録がされ、意匠権が発生します。特許法における手続きと比較してみてください（☞17-Ⅱ**2**）。

特許法と大きく異なる点として、出願公開制度が存在しないことが挙げられます。そのため、意匠はすべて秘密のまま審査されることになります。また、設定登録を受けた場合には、その意匠は意匠公報に掲載されるのが原則ですが（したがって拒絶査定を受けた意匠については、公開されないままとなります）、出願人の希望により、設定登録の日から最大3年間、これを秘密にすることが認められています（**秘密意匠**、意匠法14条）。これにより、意匠完成後すぐに出願し、意匠登録を受けておきつつ、製品発表会まで意匠を秘密にしておくといったことができます。この場合、秘密を請求した期間が経過し次第、当該意匠の内容が意匠公報に掲載されます。また、第三者からすると、意匠権の存在を知ることができないため、気づかないまま秘密意匠の対象となっている意匠権を侵害してしまうおそれがあります。その場合に、いきなり当該第三者に意匠権侵害の責任を問うのは適切ではないので、たとえば差止請求をする場合には事前に警告をする必要がある等の対応がされています。

Ⅳ　意匠の類似

1 意匠が類似するとはどういうことか

ここまでみてきたように、意匠登録を受ける際の新規性や先願の判断についても、意匠権の権利範囲の判断についても、意匠が同一または類似の範囲にあるかどうか（**意匠の類似**）が重要な問題となります。

物品の意匠を例にとると、意匠が（同一または）類似するというためには、表にあるように、物品と形状等の両方が同一または類似の範囲にあることが必要になります。いずれかが非類似であれば、意匠は非類似となります。そのため、**物品の類似**と、**形状等の類似**の両方を検討する必要があります（このうち物品の類似については、議論もあります）。

たとえば、右図の「体重測定機付体組成測定器」の事案（東京地裁平成27年2月26日判決）を見てください。原告意匠権者は、①と②の意匠にかかる意匠権を有していました（Ⅱ**2**で説明した関連意匠です）。これらの意匠権に基づき、③の被告意匠（被疑侵害意匠）について、意匠権侵害であるとして訴訟を提起した事案です。①と③の意匠、あるいは②と③の意匠は類似しているでしょうか。まずこの事案では、①②の意匠にかかる物品は体重測定機付体組成測定器で、③の意匠にかかる物品は体組成計なので、物品は同一とされました。そのうえで、形状等の類似について、裁判所は、①と③の意匠の間では、正面から見たガラス板のサイズが、おおむね正方形状である①と横長の長方形状である③とで異なることや、スイッチ模様の並べ方が異なること等を根拠に、類似性を否定しました。一方②と③の意匠の間では、ガラス板のサイズがほとんど同じ

↓「体重測定機付体組成測定器」:
①原告登録意匠1、②同2、③被告意匠

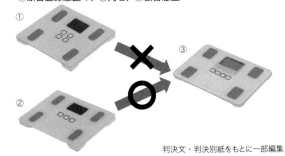

判決文・判決別紙をもとに一部編集

↓物品の意匠の類似

形状等 ＼ 物品	同一	類似	非類似
同一	同一の意匠	類似の意匠	非類似の意匠
類似	類似の意匠	類似の意匠	非類似の意匠
非類似	非類似の意匠	非類似の意匠	非類似の意匠

筆者作成

であることを重視し、スイッチ模様の数の違い等についてあまりウェイトを置かずに、類似性を肯定しました。結果として、③の意匠の実施は、②の意匠にかかる意匠権を侵害すると判断されたのです。

意匠の類似は、究極的には具体的な事案に基づく判断ではありますが、以下では物品の意匠を中心に、物品の類似と形状等の類似について、各々説明します。

2 物品が類似するとは

意匠にかかる物品が類似するためには、その**用途・機能**の共通性が必要とされています（なお、建築物の意匠や画像の意匠についても、その**用途・機能**の共通性が要求されます）。したがって、たとえば、自動車の意匠と、同じデザインを用いたミニカーの意匠とは、物品が類似しません。実際の例として、図の「化粧用パフ」の事案（大阪地裁平成17年12月15日判決）では、原告登録意匠にかかる物品は化粧用パフであり、被告意匠にかかる物品はゲルマニウムシリコンブラシでした。裁判所は、化粧用パフの本来の用途として化粧を挙げ、

↓「化粧用パフ」原告登録意匠

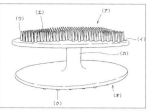
J-PlatPat（意匠登録1187684）

↓「化粧用パフ」被告意匠

判決別紙

ファンデーション等を皮膚に塗布する機能を有するとしつつ、さらに、洗顔の際の泡立て等、洗顔用品としての用途・機能も有するとして、クレンジング等の用途・機能を有するゲルマニウムシリコンブラシと類似すると判断しました。

3 形状等が類似するとは

形状等の類否判断については、特許庁における審査と裁判所における侵害判断とで、若干の違いがあります。ここでは侵害の場面を例に、具体的な判断を説明します。

裁判所は一般論として、意匠の全体観察を指摘しつつ、「意匠に係る物品の性質、用途、使用態様、さらに公知意匠にはない新規な創作部分の存否等を参酌して、取引者・需要者の最も注意を惹きやすい部分を意匠の**要部**として把握し、登録意匠と相手方意匠が、意匠の要部において構成態様を共通にしているか否かを観察することが必要である」と述べています（知財高裁平成23年3月28日判決）。

実際の例として、図の「自走式クレーン」の事例（東京高裁平成10年6月18日判決）では、特定の位置関係にある「キャビン、機器収納ボックス及びブームの構成態様及び配設関係」等を登録意匠の要部として認定し、これらが被告意匠において

↓「自走式クレーン車」原告登録意匠 / 被告意匠

原審判決別紙

も共通するとして、意匠の類似が肯定されています。また、下図の「長靴」の事例（大阪地裁平成21年11月5日判決）では、絞りの数が5つであることや絞りの間にこぶ状の膨らみが多数あること等を要部と認定し、被告意匠においては絞りの数が異なることやこぶ状の膨らみがないこと等から、要部を共通にしないとされ、意匠の類似が否定されています。

↓「長靴」原告登録意匠

J-PlatPat（意匠登録1339016）

↓「長靴」被告意匠

右側面図

判決別紙

4 一部に実施されている場合

ところで、登録意匠と類似する意匠が被疑侵害意匠の一部になっている場合はどうでしょうか。たとえば、右図の学習机の事例（大阪地裁昭和46年12月22日判決）では、登録意匠が学習机であり、被疑侵害意匠が書架付学習机ですが、これらをそのまま全体で対比すると、非類似となりそうです。しかし裁判所は、被疑侵害意匠のうち、区別可能な机部分が登録意匠である学習机と類似している場合、原告の意匠と類似する意匠が被疑侵害意匠において**利用**されていると評価し、意匠権侵害を肯定しました。

↓「学習机」原告登録意匠 / 被告意匠

判決別紙

★○×問題でチェック★
問7　物品の類似は、用途・機能の共通性で判断される。
問8　登録意匠と同一または類似の意匠が、被疑侵害意匠の一部に使われている場合には、意匠権侵害とはならない。

25 意匠法とは　　**95**

26 デザインの法的保護

I さまざまな法律によるデザインの保護

↓デザインを保護する法律と保護の側面

デザインを保護する さまざまな法律	保護の側面
意匠法	デザインの美的な外観
著作権法	デザインの具体的な表現
特許法	デザインの技術的な側面
商標法	デザインに化体した業務上の信用
不正競争防止法	デザインの不正競業的な利用から の保護

筆者作成

　デザインの保護を目的としているのは**意匠法**ですが、デザインは**著作権法、特許法、商標法、不正競争防止法**でも保護され、状況によっては**一般不法行為法**（民法709条）でも保護される可能性があります。また、左表のように、それぞれの法律が保護するデザインの側面が異なっていることから、1つのデザインが複数の法律で保護されることがあります。たとえば包装用容器について、その美的な外観は意匠法で、その容器に化体した業務上の信用は商標法で保護されます。このように、デザインは意匠法だけでなく他の法律でも保護されることを意識する必要があります。

II 応用美術の保護

↓ル・コルビジェのLC4シェーズロング

筆者撮影

↓意匠法と著作権法との比較

	意匠法	著作権法
目的	産業の発達に寄与	文化の発展に寄与
保護対象	物品の意匠/建築物の意匠/画像の意匠	思想または感情の創作的な表現
権利取得の手続き	必要	不要
登録/保護要件	新規性/創作非容易性/意匠登録を受けることができない意匠	創作性
権利の発生	設定登録	創作時
存続/保護期間	出願の日から25年	著作者の死後70年 公表後70年（法人）
権利の性質	絶対的排他権	相対的排他権

筆者作成

　写真はル・コルビジェがデザインしたLC4シェーズロング（長椅子）です。このようなプロダクトデザインが意匠法で保護される典型例であり、家具、電化製品、車などのデザインを意匠権で保護することが可能です。

　では、こうした大量に生産され実用品として使用されるデザインを、著作権法における著作物と認めることができるでしょうか。絵画や彫刻などもっぱら美的鑑賞の対象となるものが純粋美術と呼ばれるのに対し、実用品に使用されるデザインは**応用美術**と呼ばれ、その著作権法による保護について従来から多くの議論がなされてきました。

　応用美術の問題が議論される背景には、そのような実用品のデザインを保護する意匠法の存在があります。意匠権の取得には手続きが必要かつ新規性要件や創作非容易性要件などが課され（☞**25-II2**）、著作権の取得よりもハードルが高く、著作権の保護期間も意匠権の存続期間より長いことから、応用美術を著作権法で保護すると意匠法の存在意義を没却する懸念が

あるからです。

　解釈論としては、応用美術が著作権法2条1項1号に定義される著作物の要件の中の**「美術の範囲」**に属するかが問題となります。著作権法には応用美術という文言は存在せず、同条2項で**美術工芸品**が美術の著作物に含まれることを規定するのみです。美術工芸品とは実用的用途はあるものの美的鑑賞の対象となる一品製作品のことであり、職人が制作したガラス工芸品などが該当します。では、一品製作的でなく大量に生産される実用品は美術の著作物といえるのでしょうか。裁判例の多くは、**純粋美術と同視できるような、実用目的に必要な構成と分離して、美的鑑賞の対象となる美的特性**を備えている部分を把握できる場合には、応用美術も美術の著作物として著作権法による保護を受けることができるとしていますが（たとえば知財高裁平成26年8月28日判決）、幼児用椅子のデザインについて、こうした基準ではなく、作成者の**個性が発揮**されており創作的な表現であれば著作物性が認められるとする裁判例もあります（知財高裁平成27年4月14日判決）。

★○×問題でチェック★

問1　デザインは意匠法でしか保護されない。
問2　応用美術は著作権法では保護されない。

Ⅲ　さまざまなデザインの法的保護

1　テキスタイルデザイン

↓細幅レース地

↓ブラジャー

J-PlatPat（意匠登録0856575）　　　　判決別紙

テキスタイルとは、織物や織物材料のことです。意匠法の起源とされる1711年のフランスのリヨンの執政官令は、まさにこのテキスタイルデザインの保護を目的としたものでした。日本でも図のように細幅レース地が意匠登録されています。しかし、テキスタイルデザインを意匠権で保護することは、物品にかかる意匠の意匠権侵害の成立に**物品が同一または類似**であることが前提とされることから、実質的には困難です。実際、この細幅レース地に類似する図柄をブラジャーに使用しているとして訴えた事件でも、意匠権侵害は認められませんでした（神戸地裁平成9年9月24日判決）。

2　アパレルデザイン

↓三宅一生のプリーツ製品

↓ブラウス

J-PlatPat（特許登録4625878）　　　　判決別紙

ここでのアパレルとは、さまざまなテキスタイルを使用した衣服のことです。衣服は意匠権による保護が可能ですが、左図の三宅一生のプリーツ製品のように技術的側面に着目した特許権の取得も可能です。他方、衣服はバリエーションが多く流行性も有するため、衣服ひとつひとつに意匠権を取得することは現実的ではありません。そのため、不正競争防止法2条1項3号の利用が効果的な場合があります。たとえば右図のブラウスについて、裁判所は商品形態としての**実質的同一性**と**依拠性**を認め、このブラウスの販売を不正競争防止法2条1項3号の形態模倣行為と認定しています（大阪地裁平成29年1月19日判決）。

3　靴のデザイン

↓アキレスシューズの瞬足

↓ルブタンの靴底の色彩

J-PlatPat（意匠登録1334367）　　　　商願2015-29921

靴のデザインも意匠権によって保護されます。足が速くなると話題になったアキレスシューズの「瞬足」など、さまざまな靴のデザインが意匠登録されています。また、アディダスのスリーストライプなど靴に付されている商標は、商標権の保護を受けることが可能です（商標登録4376378）。最近では、**色の商標**が認められることになったことに伴い、クリスティアン・ルブタンのレッドソールが商標登録出願されましたが、登録は認められませんでした（知財高裁令和5年1月31日判決）。欧州では、ルブタンのレッドソールは商標登録されています（EUTM 008845539）。

4　バッグのデザイン

↓エルメスのバッグ

↓イッセイミヤケのバッグ

判決別紙　　　　　　　　イッセイミヤケHP

バッグのデザインも意匠権を取得できます。また、自他商品識別力を有するバッグは**立体商標**として商標登録が可能です。エルメスのバッグ「バーキン」は立体商標として登録されており（商標登録5438059）、外観が類似するバッグを販売する会社の商標権侵害が認められました（東京地裁令和2年6月3日判決）。バッグは不正競争防止法でも保護可能で、イッセイミヤケのバッグは**特別顕著性**と**周知性**があることから商品等表示該当性（不正競争防止法2条1項1号）が認められています（東京地裁令和元年6月18日判決）。また、不正競争防止法2条1項3号の形態模倣行為の規制も有効な場合があります。

★〇×問題でチェック★

問3　物品にかかる意匠の意匠権侵害の成立には物品の同一または類似が前提となる。

問4　商標法では色の商標は保護されない。

5 パッケージデザイン

↓ヤクルトの包装用容器

J-PlatPat（商標登録5384525）

↓大幸薬品の正露丸の包装

判決別紙

パッケージデザインは商品の購買を促す包装のデザインです。左図（左）はヤクルトの包装用容器で、意匠権が取得されています（意匠登録409380）。この意匠権の存続期間はすでに満了していますが、立体商標としても登録されていて（商標登録5384525）、現在でも商標権に基づく権利行使が可能です。パッケージデザインは不正競争防止法でも保護されますが、その場合はパッケージデザインの要素のどこに**自他商品識別機能**があるかが問題となります。左図（右）の正露丸の事件ではラッパの図柄（および社名）のみに自他商品識別機能があるとされています（大阪地裁平成18年7月27日判決）。

6 タイプフェイス

↓タイプフェイス（ゴナU）一部抜粋

31001

31002
31003
31004

31005

31006
31007

31008

判決別紙

タイプフェイスとは文字書体です。タイプフェイスそれ自体は意匠法の保護対象でないことから意匠法では保護されません。著作権法による保護も、最高裁が**顕著な特徴を有する**といった**独創性**と**それ自体美的鑑賞の対象となる美的特性**を要求しており事実上困難です（最高裁平成12年9月7日判決）。他方で、タイプフェイスが商品に該当するとして不正競争防止法2条1項1号による保護を認めた裁判例（東京高裁平成5年12月24日決定）、特徴ある部分を一組の書体のほぼ全体にわたってそっくり模倣する場合に一般不法行為法（民法709条）の保護可能性を肯定する裁判例（大阪地裁平成9年6月24日判決：結論としては不法行為を否定）があります。

7 ピクトグラム

↓障害者のための
国際シンボルマーク

内閣府HP

↓河川標識

国土交通省HP

↓著作物性が争われた
ピクトグラム（一部抜粋）

判決別紙

ピクトグラムとは、表現を抽象化した非言語の図記号で、主に多くの人々が利用する場所や施設で案内情報として使用されています。ピクトグラムについては、たとえば左図（中）のように、河川標識を物品としてピクトグラムを用いた河川標識が意匠登録されています（意匠登録1381535）。なお、実在する施設をグラフィックデザインの技法で描いたピクトグラムが、実用的機能を離れて美的鑑賞の対象となりうる美的特性を備えていることから、著作物であるとした裁判例もあります（大阪地裁平成27年9月24日判決）。

8 パロディ商標

↓プーマ社の商標

↓パロディ商標

判決文（裁判所HP（知財高裁
平成22年7月12日））

PUMAとKUMA：判決文（裁判所HP（知財高裁平成25年6月27日））

デザインも**パロディ**の対象となることがあります。他人の著作物を利用したパロディ作品が著作権法上違法となるかという文脈でよく議論がなされますが、ここではデザインとの関係でパロディ商標をとりあげます。「SHI-SA」、「KUmA」の商標は共に、著名なプーマ社の登録商標のパロディであることは容易に推察できます。両商標に対して商標登録の登録異議申立てまたは無効をプーマ社が主張しましたが、SHI-SAは登録商標とは非類似であるとされたため有効な商標として維持されました（現在は放棄により抹消）。しかし、KUmAは商標法4条1項7号・15号に基づき無効とされています。

★○✕問題でチェック★

問5　タイプフェイスは著作権法で保護される可能性がある。
問6　ピクトグラムは著作権法で保護されない。

9 建築デザイン・内装デザイン・パブリックデザイン

↓新国立競技場
西村尚己／アフロスポーツ

↓博多駅（博多口駅前広場）
©JDP GOOD DESIGN AWARD
(http://www.g-mark.org)

2019（令和元）年の意匠法改正により建築物が意匠法で保護されることになりました。そのため、新国立競技場や、住宅、校舎、橋梁などが建築物として意匠登録可能です。また、**建築芸術**のような芸術性、美術性を有する宮殿などの建築物は、建築の著作物として著作権法による保護が可能です。ただし、一般住宅のようなものは建築の著作物に該当しないとされています。

さらに、同改正では内装も意匠法の保護対象に加えられました。なお、店舗のデザインについて、コメダ珈琲の店舗の外観（店舗の外装、店内構造および内装）を不正競争防止法2条1項1号・2号における**商品等表示**に該当するとした例があります（東京地裁平成28年12月19日決定）。

一方で、博多口駅前広場のようなパブリックデザインは、広場全体として一意匠とはいえないことから、広場全体に対する意匠権は取得できません。なお、イサム・ノグチらの設計した「ノグチ・ルーム」を含めた建物と庭園を一体として一個の建築の著作物として認めた例がありますが（東京地裁平成15年6月11日決定）、博多口駅前広場全体を一個の著作物と認めたとしても、建築芸術として建築の著作物と認めるのは困難でしょう。

10 メイクアップ・ヘアスタイルなど

ファッションに関するデザインの中でも、テキスタイル、アパレル、靴、バッグ等についてはすでにとりあげましたので、ここではメイクアップ（化粧）やヘアスタイル（髪型）についてとりあげます。メイクアップも人の顔に施すデザイン、ヘアスタイルも人の髪に施すデザインですが、意匠法の保護対象に該当しないことから意匠法では保護されません。しかし、メイクアップやヘアスタイルが具体的表現として著作物性を充たせば、著作権法による保護を受ける可能性はあるでしょう。ただし、裁判例においては、ファッションショーにおけるモデルのメイクアップやヘアスタイルについて、実用される衣服やアクセサリーとのコーディネートを想定する実用的なものであることから、応用美術の議論を前提に、美術の著作物にあたらないとしたものがあります（知財高裁平成26年8月28日判決）。なお、メイクアップとは異なりますが、人体に対する観音立像の入れ墨について著作物性を肯定した裁判例も存在しています（知財高裁平成24年1月31日判決）。

↓ファッションショー
IMAXtree／アフロ

IV 東京オリンピックエンブレム問題

↓問題となった東京オリンピックのエンブレム
時事通信社 (https://www.jiji.com/jc/v4?id=201509emblem&P=201509emblem-jpp019656557)

↓記者会見する佐野研二郎氏
ロイター／アフロ

↓最終的に採用されたエンブレム
時事通信社 (https://www.jiji.com/jc/d4?p=oly105-jpp021287511&d=d4_ww)

2020（令和2）年に予定されていた東京オリンピックのエンブレムもデザインの一種です。佐野研二郎氏によって発表されたエンブレム（左上図の左部分）は、ベルギーのリエージュ劇場のロゴ（左上図の右部分）と類似しているとの指摘がなされました。各国で商標出願・登録されていれば商標調査が可能ですが、無方式で発生する著作権の場合には、画像検索で調査を行ったとしてもあらゆる著作物を調査することは困難です。

エンブレムの赤い円の存在、構成要素の配色の違いなどから非類似といえるとの見解もありますが、最終的に当該エンブレムは取り下げられまったく別のエンブレムが採用されました。そのため、裁判所においてリエージュ劇場のロゴへの依拠性と類似性が判断されたわけではありませんが、国際的なイベントでデザインを使用する場合には特に注意が必要であることを示しています。

★ ○×問題でチェック ★
問7　建築物は意匠法でも著作権法でも保護される可能性がある。
問8　メイクアップやヘアスタイルも著作権法で保護される可能性がある。

27 標識法とは

Ⅰ　ブランドと商標の役割

↓「バンドエイド」のパッケージ

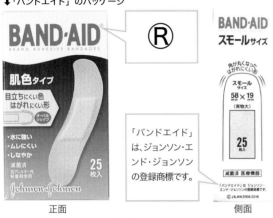

正面　　　　　側面

（左）ジョンソン・エンド・ジョンソン株式会社 HP
(https://www.band-aid.jp/lineup/care/hadairo)
（右）筆者撮影

↓価値が高いとされる国際的なブランド

順位	ブランド	ブランド価値（百万ドル）
1		234,241
2	Google	167,713
3	amazon	125,263
4	Microsoft	108,847
5	Coca-Cola	63,365

インターブランド、ベスト・グローバル・ブランド 2019 ランキング
（ロゴマークはいずれも J-PlatPat より引用。上から登録番号：4696655、
5893980、5886480、1142097、106633/06）

↓各ブランド要素の知的財産法による保護の可能性

ブランド要素	標識法		創作法	
	商標法	不正競争防止法	著作権法	意匠法
ブランドネーム	○	○	×	×
ロゴ・シンボル	○	○	○	×
色	○	○	×	×
キャラクター	○	○	○	×
スローガン	○	○	△	×
音・ジングル	○	○	○	×
パッケージ・デザイン	○	○	○	○
ドメイン名	○	○	×	×

筆者作成

　私たちは日常生活において多くのブランドに接しています。救急絆創膏の「バンドエイド」もブランドの一例です。そのパッケージを見ると、商品名の右上に Ⓡ（通称「マルアール」）が付されており、側面には「登録商標」と書かれています。これらは同ブランドの名称が商標登録されていることを示しています。事業者がこの種の表示を付す目的は、競合他社に対して「バンドエイド」を無断で使用すると商標権の侵害にあたる旨を警告するためです。また、「バンドエイド」という言葉が救急絆創膏一般を示す名称であると認識されるようになると（これを**普通名称化**といいます）、商標法の保護を受けられなくなってしまうため、これを防ぐ目的もあります。このように、事業者は自社の商標がメディア等でどのように表記されているかに細心の注意を払っているのです。

　商標は、市場においてさまざまな役割を果たしています。第1に、自己の商品またはサービスと他者のそれとを識別し、商品またはサービスがだれによって提供されているかを消費者に伝達します。これを**出所識別機能**（または自他商品識別機能）といいます。第2に、同じ商標が付されている商品であれば、特定の事業者によるある程度一貫した品質のコントロールが及んでいると期待することができるため、消費者は安心して商品を購入することができます。これを**品質保証機能**といいます。このほかにも、消費者が良いイメージやライフスタイルを商標と関連づけるようになると、商標それ自体が顧客吸引力を有することがあります。これを**宣伝広告機能**といいます。インターブランド社の分析によれば、Appleというブランドのもつ価値を金額に換算すると2342億ドルに上るとされます。商標法などの標識法（後述）は、主として出所識別機能を保護します。

　ブランドを構成する要素は商品またはサービスの名称（ブランドネーム）に限られません。ブランドを視覚化した**ロゴ・シンボル**、ブランドを象徴する色彩である**ブランドカラー**（宝飾品ブランド Tiffany のティファニーブルーなど）、人物や生き物をかたどった**キャラクター**（日本KFCのカーネル・サンダース人形など）、ブランドに関する情報を短いフレーズで伝える**スローガン**（スポーツ用品ブランドNikeの「Just Do It」など）、CM等で使用される**音・ジングル**、商品の**パッケージ・デザイン**、ウェブページの場所を特定する**ドメイン名**もブランドを構成する重要な要素です。これらの各要素が出所識別機能を発揮するときには商標法や不正競争防止法で保護され、また、著作権法や意匠法の保護を受けることができる場合があります。ブランドの各要素は複数の知的財産法により重畳的に保護されているのです。

問1　商標法は主として商標が有する出所識別機能を保護している。
問2　ブランドのキャラクターを保護する法律は商標法のみである。

II 標識法の概要

1 商標法と不正競争防止法2条1項1号・2号

↓商標法と不正競争防止法2条1項1号・2号の比較

	商標法	不正競争防止法2条1項1号・2号
保護対象	「商標」＝標章（「人の知覚によって認識することができるもののうち、文字、図形、記号、立体的形状若しくは色彩又はこれらの結合、音その他政令で定めるもの」）であって、業として商品を生産（役務を提供）等する者がその商品（役務）について使用するもの	「商品等表示」＝「人の業務に係る氏名、商号、商標、標章、商品の容器若しくは包装その他の商品又は営業を表示するもの」
保護の方法	権利付与	行為規制
特許庁による審査・登録	必要	不要
事前の使用の要否	未使用でも登録可能	使用を通じて需要者から一定程度認知されている必要がある
保護範囲　表示	同一または類似	同一または類似
保護範囲　商品・役務	同一または類似の範囲	類似の範囲を超えて保護される
保護範囲　地理的範囲	全国	表示が周知性または著名性を獲得した地域に限られる
保護期間	出願日から10年（※ただし、何度でも更新可能）	制限なし
法律を所管する省庁	特許庁（経産省の外局）	経済産業省

筆者作成

↓「宅急便」（ヤマト運輸株式会社）の商標公報

```
日本国特許庁
商　標　公　報　　第　39　類
標識出願　平 6-27904    特例出願    公　告  平6（1994）5月17日
公告                                商　顧  平6-274672
                                    出　願  平4（1992）9月30日
宅急便                              出願人  ヤマト運輸株式会社
                                            東京都中央区銀座 2丁目16番10号
指定役務  39 貨物車による輸送、貨物自動車による輸送    代理人  弁理士 甲野 太郎 外1名
審査官  乙山 次郎
```

J-PlatPat（1997（平成9）年まで発行されていた商標公告公報、個人名は仮名）

商標法と不正競争防止法（不競法）2条1項1号・2号は、営業上用いられる標識を保護する法律（**標識法**と総称されます）であるという点で共通しますが、保護が認められるための要件や保護の方法において異なります。商標法の保護を受けるためには、特許庁に**出願**という手続きを行い、一定の審査を経て、**商標権の設定登録**を受ける必要があります。商標を将来的に使用する意思さえあれば、**未使用**であっても商標登録を受けることができます（これを**登録主義**といいます）。登録主義の利点は、これから新商品の販売を開始しようとする事業者にとって、あらかじめ商品名などについて権利を確保しておき、安心して新商品の宣伝広告に投資を行い、需要者からの信用を築くことができることにあります。商標権の効力は日本全国に及びます。これに対して、不競法の保護を受けるために、登録は不要です。その代わりに、実際に表示を使用することにより、需要者から出所を識別するものとして一定程度認知されること（周知または著名）が求められます（これを**使用主義**といいます）。不競法の保護は、表示が周知または著名となった地域に限り認められます。

商標法は一定の要件を充たす商標を出願した者に商標権という権利を付与するという仕組みを採用しています。商標権を有する者を**商標権者**といいます。このように商標法は**権利付与法**であるという点で特許法や著作権法などと共通します。これに対して、不競法は、法律で**不正競争行為**として定められた行為を禁止するという仕組みを採用しており、**行為規制法**に分類されます。

商標権の存続期間は、設定登録の日から10年で満了しますが、何度でも更新することができるため、半永続的な権利であるといえます。不競法の保護期間は、各規定の要件を充足する限り、制限はありません。

商標出願を行う際には、その商標を使用する商品または役務（サービス）を指定する必要があります。これを**指定商品**または**指定役務**といいます。商標権を取得しても、あらゆる商品・役務について権利を行使できるわけではありません。登録商標「宅急便」の**商標公報**をみると、指定役務が「貨物車による輸送、貨物自動車による輸送」であることがわかります。第三者が登録商標と類似する商標を類似の範囲外の商品・役務に使用する行為には、商標権の効力は及びません。他方で、不競法によれば、混同のおそれが生じている範囲であれば、指定商品・役務の類似の範囲外で類似の表示を使用する行為をも禁止することができます。

↓商標法（左）と不正競争防止法2条1項1号（右）の保護範囲の違い

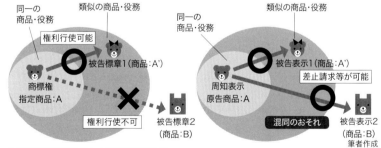

筆者作成

↓商標登録出願件数および商標登録件数

特許行政年次報告書2019・2020年版〈統計・資料編〉第1章6をもとに作成

★○×問題でチェック★
問3　商標登録を受けるためには、出願された商標が未使用であってもかまわない。
問4　不競法2条1項1号の保護は、商品・役務の類似の範囲外にも及ぶ。

28 商標法とは

Ⅰ 「商標」とは

1 商標の種類

↓商標の構成

文字商標	図形商標	記号商標	立体商標	結合商標
SONY®	(アディダスのロゴ)	(三菱のマーク)	(KFCのカーネル像)	NIKE

J-PlatPat（左から、登録番号：620105、1752369、98702、4153602、1517133）

　商標法の保護対象である**商標**とは、「標章」であって、①業として商品を生産し、証明し、または譲渡する者がその商品について使用するもの（商品商標）、または、②業として役務（サービス）を提供し、または証明する者がその役務について使用するもの（役務商標）をいいます（商標法2条1項1号・

2号）。また、商標登録を受けている商標を**登録商標**といいます（2条5項）。次に、**標章**とは、「人の知覚によつて認識することができるもののうち、**文字、図形、記号、立体的形状**若しくは**色彩又はこれらの結合、音**その他政令で定めるもの」と定義されます（2条1項柱書）。伝統的には、文字、図形、記号といった平面的なものに限り登録が認められていましたが、1996（平成8）年改正で立体的形状の登録が認められるようになりました（☞Ⅱ**2**）。文字、図形、記号等を組み合わせた商標を**結合商標**といいます。

2 新しい商標

↓音商標

↓色彩のみからなる商標　**↓位置商標**　**↓動き商標**

↓ホログラム商標

J-PlatPat（左から、登録番号：5985746、5930334、6034112、5805759、5908593）

　2014（平成26）年の法改正で、それまで商標登録が認められていなかった「音」、「色彩」、「位置」、「動き」および「ホログラム」（これらを総称して「新しいタイプの商標」）の商標登録が可能となりました。この改正の背景には、マーケティング戦略の多様化に伴い、事業者が色彩や音などを商標として用いるようになっており、また、諸外国ではすでにこれらの登録が認められているため、保護のニーズが高まっていたことがあります。諸外国の商標法で保護されている「におい」、「味」、「触感」および「トレードドレス」（商標の全体イメージや全体的外観など）

を保護対象とすることは見送られました。
　音商標については、初期の登録例は言語的要素を含む音に限られていましたが、2017（平成29）年以降、言語的要素を含まない音（胃腸薬「正露丸」のCMに用いられるラッパのメロディなど）の登録例が現れています。**色彩のみからなる商標**は、最も審査が厳しく、現時点での登録例は2色以上の色の組み合わせに限られており（「MONO消しゴム」の青白黒の三色柄など）、単一色の登録は認められていません。**位置商標**とは、図形等の商標であって、商品等に付す位置が特定される商標のことです。登録例として「カップヌードル」の帯型の図形があります。**動き商標**とは、文字や図系等が時間の経過に伴って変化する商標のことです。登録例として東宝の映画冒頭に流れるロゴの映像があります。**ホログラム商標**とは、文字や図形が変化する商標のことです。登録例としてJCBカードのホログラムがあります。

↓新しいタイプの商標の出願および登録査定状況

	音		動き		位置		色彩		ホログラム	
	出願件数	登録件数	出願件数	登録件数	出願件数	登録件数	出願件数	登録件数	出願件数	登録件数
2015年	365	21	80	13	243	5	448	0	14	1
2016年	133	74	38	47	80	14	42	0	3	8
2017年	80	113	8	31	51	21	22	2	0	2
2018年	51	49	26	8	41	19	19	5	2	1
2019年	37	32	24	17	44	16	6	1	1	2
合計	666	289	176	116	459	75	537	8	20	14

特許行政年次報告書2020年版〈統計・資料編〉第2章7をもとに作成

★○✕問題でチェック★

問1　商標法の保護対象は平面的な表示に限られ、立体的な表示は保護されない。
問2　香水の匂いは、出所を識別するものであれば商標登録することができる。

Ⅱ　商標の登録要件

1　3条の登録要件

↓3条1項各号の登録阻却事由

条文	適用例　（）は指定商品・役務	3条2項の適用
普通名称(1号)	「SAC」（カバン類等）、 「トンボ」（釣り具）	×
慣用商標(2号)	「羽二重餅」（餅を含む菓子等）、 「ちんすこう」（菓子等）	×
記述的表示 (3号)	「GEORGIA」（コーヒー等）、 「本生」（麦芽発泡酒）、 「あずきバー」、 「LADY GAGA」（レコード等）	○
ありふれた氏 ・名称(4号)	「株式会社倉田」（印刷用紙等）、 「西沢スキー」（スキー用具）	○
極めて簡単で かつありふれた 標章(5号)	＜KO＞（玩具）、 「L-IP」（鋼板等）	○
識別力を欠く 商標(6号)	「習う楽しさ教える喜び」 （知識の教授等）	×

筆者作成

↓3条2項に基づいて登録が認められた「あずきバー」の商標

読売新聞2013年1月25日
朝刊35面

商標法3条1項各号に該当する商標の登録は認められません。ただし、3～5号に該当する商標は、市場で商標が使用され特定の出所を表示するものとして需要者から認知されれば登録が認められます（同条2項。これを**使用による識別力の獲得**といいます）。たとえば、「あずきバー」（指定商品：あずきを加味してなる菓子）は、商品の品質、原材料または形状を表すものであり3条1項3号の記述的表示に該当しますが、3条2項により登録が認められました。

2　立体商標制度

↓立体商標の登録要件

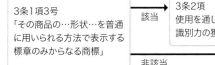

筆者作成

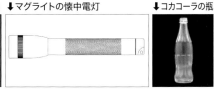

J-PlatPat（左から登録番号：538425、5094070、5225619）

商品や容器の**立体的形状**は、商品等の形状を普通に用いられる方法で使用する標章のみからなる商標（商標法3条1項3号）に該当することが通例であるため、使用による識別力を獲得して初めて登録が認められます（同条2項）。初期の裁判例は、ヤクルトの容器の登録を認めないなど、3条2項該当性を厳しく判断していました。しかし、その後、実際の使用態様では文字標章が付されている懐中電灯マグライトやコカ・コーラの瓶、ヤクルトの容器などの登録が認められるようになりました。

3　4条の登録要件

↓混同を生じさせるおそれのある商標の登録阻却（4条1項10号・11号・15号）

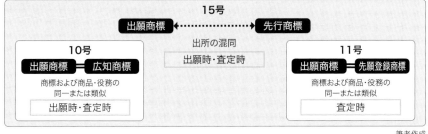

筆者作成

↓氷山印事件（最高裁昭和43年2月27日判決）

行政事件裁判例集15巻9号1792頁

商標法4条1項各号は登録が認められない商標を列挙しています。このうち10～15号の趣旨は、出所の混同を生ずるおそれのある商標の登録を防ぐことにあります。10号によると、他人の商品・役務を表示するものとして「需要者の間に広く認識されている」商標（**広知商標**）と類似する商標を、指定商品・役務と類似する商品・役務を指定して出願しても、登録は認められません。11号によると、先願登録商標に類似する商標を、その指定商品・役務に類似する商品・役務を指定して出願しても登録は認められません。氷山印事件最高裁判決は、本願商標「氷山印」と引用登録商標「しょうざん」は類似せず、11号は適用されないと判示しました（最高裁昭和43年2月27日判決）。15号によると、指定商品・役務と類似しない商品・役務に使用される広知商標であっても、それと混同を生ずるおそれがある商標の登録は認められません。

★○×問題でチェック★

問3　商標法3条1項3号に該当する商標であっても商標登録が認められる可能性がある。

問4　広知商標と類似する商標を指定商品と類似の商品について使用をするものは登録できない。

4 パロディ商標の登録をめぐる争い

↓パロディ商標（左）と引用商標（右）の比較

4条1項15号に該当せず「混同のおそれ」なし

4条1項15号に該当「混同のおそれ」あり

（上）裁判所HP（知財高裁平成22年7月12日判決）
（下）裁判所HP（知財高裁平成25年6月27日判決）

↓「フランク三浦」の商標登録が認められた事例

読売新聞2016年4月14日朝刊35面

旅先の土産店で著名なブランドをパロディした商標を付したTシャツ等の商品を見かけることがあります。**パロディ商標**を商標登録できるか否かについて、「SHI-SA」は、引用商標「PUMA」と類似せず（商標法4条1項11号）、混同のおそれを生じさせない（同項15号）として登録が認められました。これに対して、「KUMA」は、引用商標との間に出所の混同を生じさせることなどを理由に登録が無効となりました。また、高級時計メーカーの「FRANCK MULLER」（フランク ミュラー）のパロディ商標である「フランク三浦」（「浦」は誤字。本来は右上の点がない）（指定商品は時計など）は、4条1項10号・11号・15号のいずれにも該当しないとして登録が認められました。

Ⅲ　商標権侵害の成否

1 侵害成立要件

↓商標権の効力が及ぶ範囲

		商標		
		同一	類似	非類似
商品・役務	同一	侵害（25条）	侵害（37条）	非侵害
	類似	侵害（37条）	侵害（37条）	非侵害
	非類似	非侵害	非侵害	非侵害

筆者作成

商標権侵害が成立するためには、①登録商標と同一または類似の商標を（**商標の類似性**）、②指定商品・役務と同一または類似の商品・役務について（**商品・役務の類似性**）、③商標として使用すること（**商標の使用**）が要件となります。したがって、同一または類似の商標であっても、指定商品・役務と類似しない商品・役務について使用する場合には商標権侵害は成立しません。

2 商標の類似

↓結合商標の分離観察が認められる場合

a 商標の各構成部分がそれを分離して観察することが取引上不自然であると思われるほど不可分的に結合しているとは認められない場合

b 商標の構成部分の一部が取引者または需要者に対し、商品または役務の出所識別標識として強く支配的な印象を与えるものと認められる場合

c それ以外の部分から出所識別標識としての称呼、観念が生じないと認められる場合

髙部眞規子「結合商標の類否」日本商標協会誌91号（2019年）122頁をもとに筆者作成

商標の類似性は、願書に記載された原告の登録商標と被告が実際に使用する商標を対比して判断します。類似性の判断は、対比される両標章が同一または類似の商品・役務に使用された場合に、出所に関する混同を生ずるおそれがあるか否かを基準とし、その際には、商標の**外観**（見た目）、**称呼**（呼び名）、**観念**（意味）、の3点に加えて、幅広く**取引の実情**を総合的に検討します（Ⅱ③の氷山印事件最高裁判決の基準を踏襲）。

結合商標については、その構成部分の一部を抽出して比較すること（**分離観察**）が許容されるかどうかが問題となります。判

↓原告の登録商標（左）と被告標章（右）

裁判所HP（知財高裁平成27年11月5日判決）

例によれば、左図のaの場合には分離観察が原則とされ、aに該当しない場合であっても、bまたはcに該当する場合には例外的に分離観察をすることが許容されます（最高裁平成20年9月8日判決など）。たとえば、原告の登録商標（指定役務：入浴施設の提供）と静岡県函南町で日帰り入浴施設を運営する被告の標章は類似しないとして、侵害を否定した裁判例があります（上図）。知財高裁は、被告標章における「湯〜トピア」と「かんなみ」の部分は、分離して観察することが取引上不自然と思われるほど不可分的に結合しているとは認められず、また、「湯〜トピア」の部分は、指定役務との関係では、出所識別標識として強く支配的な印象を与えるということはできないとして、両部分を一体的に観察して、類否を判断すべきであると判示しました。

★〇✕問題でチェック★

問5　登録商標に類似する商標を指定商品と類似しない商品に使用する行為は侵害となる。
問6　結合商標の類似性は常に分離観察により判断される。

IV 商標権侵害の主張に対する抗弁

1 商標的使用

↓意匠的使用の例（非侵害）
（左が登録商標、右が被告標章）

裁判所HP（東京地裁平成22年9月30日判決）

↓意匠的使用の例（侵害）
（いずれも原告の登録商標）

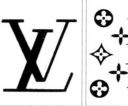 

裁判所HP（大阪地裁昭和62年3月18日判決）

↓記述的使用の例（非侵害）
（被告標章）

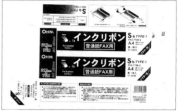

裁判所HP（東京地裁平成16年6月23日判決）

　形式的には商標権侵害に該当する行為であっても、被告標章が出所識別機能を発揮する態様で使用（これを**商標的使用**といいます）されていない場合には、侵害は成立しません（商標法26条1項6号）。まず、被告が意匠として標章を使用する場合には、商標的使用にあたらないとされることがあります。Tシャツに描かれたキャラクターの背景の一部として登録商標と類似するピースマークを表示する行為について侵害が否定されました。他

方で、世界的に著名なルイ・ヴィトンの模様を被告商品（かばん）に付す行為のように、出所識別機能を有する標章として使用される場合には侵害が肯定されます。次に、被告製品の種類、用途などを表示するために標章を付す行為も、商標的使用にあたらないとされます。ブラザー社のファクシミリに使用できるインクリボンに「For Brother」等と表示する行為は、原告の登録商標「Brother」等を侵害しないと判断されました。

2 並行輸入

↓フレッドペリー事件の概要図

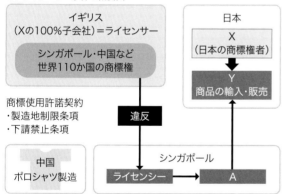

筆者作成

　外国において適法に商標が付されて販売された商品を日本の商標権者に無許諾で国内に輸入する行為を**真正品の並行輸入**といいます。商標法には、形式的には商標権侵害に該当するものの、実質的に出所識別機能および品質保証機能という商標の機能（☞**27-I**）を害さないことを理由に侵害を否定する法理（**商標機能論**）があり、真正品の並行輸入もこの法理に基づいて非侵害とされることがあります。ただし、フレッドペリー事件（最高裁平成15年2月27日判決）では、外国におけるライセンシーが、イギリスのライセンサーと締結した商標使用許諾契約においてシンガポールほか3か国で商品を製造販売することを義務づけられていたにもかかわらず、中国で下請け製造させた商品をYがAを通じて購入したうえで日本に輸入した行為が、商標権侵害にあたると判断されました（☞**4-V**）。

V 地域団体商標

　従来の商標制度では、地域の特産品や伝統工芸品などに付けた地域ブランドの名称（地域名と普通名称を組み合わせただけの商標）はそのままの形では登録することができず（商標法3条1項3号）、使用による識別力を獲得して初めて登録が認められるものの（同条2項）、この要件を充たすことは容易ではありませんでした。そこで、一定の要件を充たす商標について、3条2項に相当する全国的知名度を獲得していなくても**隣接都道府県に及ぶ程度の地域で認知**されれば登録を認める制度が創設されました（**地域団体商標制度**）。地域団体商標の登録が認め

↓地域団体商標として登録が認められる商標の構成

	構成	登録例
1	地域の名称＋商品（役務）の普通名称	仙台いちご、三ケ日みかん
2	地域の名称＋商品（役務）の慣用名称	輪島塗（漆塗り）、米沢織（織物）、松坂牛（牛肉）、山代温泉（入浴施設の提供等）
3	地域の名称＋商品（役務）の普通名称または慣用名称＋産地等を表示する際に付される文字として慣用されている文字	本場大島紬、京都名産千枚漬 ※ただし、「特選」「元祖」など、商品の産地または役務の提供の場所を表示する際に付されないものを除く

筆者作成

↓地域団体商標マーク

特許庁HP

られるには、出願商標の構成が上の表のいずれかに該当する必要があります（7条の2）。なお、地域団体商標について商標権を有する団体は、地域団体商標マークを使用することができます。

★○×問題でチェック★
問7　商品の用途を表示するために標章を付す行為は、商標的使用にあたらない可能性がある。
問8　地域団体商標の登録が認められるためには、商標が全国的な知名度を獲得する必要がある。

29 不正競争防止法における標識保護

Ⅰ　総論

不正競争防止法2条1項1号・2号の比較

	周知表示に関する要件				類似表示に関する要件	
	商品等表示	認知度	類似性	混同の おそれ	商品等表示としての使用	規制対象行為
1号	「人の業務に係る氏名、商号、商標、標章、商品の容器若しくは包装その他の商品又は営業を表示するもの」	「需要者の間に広く認識されている」（周知性）	同一または類似	必要	「商品等表示を使用」→出所識別力を発揮する態様で用いられていること	譲渡、引渡し、譲渡・引渡しのための展示、輸出、輸入、電気通信回線を通じた提供
2号		「著名な」（著名性）	同一または類似	不要	「自己の商品等表示として」の使用（1号と同じ）	

経済産業省『不正競争防止法2019』17頁をもとに筆者作成

不正競争防止法（不競法）2条1項1号と2号は、商品や営業を示す表示を保護する規定であるという点で共通していますが、違反の成立要件が異なります。1号では、保護を求める者（「他人」）の**商品等表示**が「需要者の間に広く認識されている」こと（周知性）が要件とされますが、2号ではより高い認知度（**著名性** ☞Ⅲ**2**）が必要となります。また、需要者に出所の混同が生じるおそれは1号でのみ要件とされます。

Ⅱ　不正競争防止法2条1項1号

1　商品の形態の保護

商品の形態が「商品等表示」に該当するための2要件

①同種の商品と識別しうる独自の特徴を有していること（**特別顕著性**）
②長期間にわたり継続的にかつ独占的に使用され、または短期間であっても強力に宣伝されるなどして使用されること（**周知性**）

筆者作成

BAO BAO ISSEY MIYAKE（原告）のバッグ（左）と被告のバッグ（右）

株式会社イッセイミヤケHP

商品の形態は、商品を魅力的にしたり、機能を向上させたりするために採用されるのが一般的ですが、ときとして商品の出所表示として需要者から認識されることがあります。たとえば、BAO BAO ISSEY MIYAKEというブランドのトートバッグの形態は、他の同種商品とは異なる顕著な特徴を有しており（**特別顕著性**）、かつ、宣伝広告の規模および販売実績が大きいこと（**周知性**）を理由に、商品等表示に該当すると判断されました。同事件では、形態の類似するバッグを販売する被告の行為の差止め等が認められました（東京地裁令和元年6月18日判決）。

2　店舗外観・内装等の保護

コメダ珈琲店岩出店（左）とマサキ珈琲中島本店（右）の店舗外観

株式会社コメダホールディングスHP

西松屋の商品陳列方法

西松屋リクルートHP

焼き鳥チェーンの「鳥貴族」と「鳥二郎」の看板（大阪市北区）

青木大也氏撮影

近年のマーケティングは、店舗における体験を重視する傾向にありますが、商業的に成功している店舗の外観や内装を競合他社が模倣することが問題視されています。従来の裁判例は、店舗の外観や内装を商品等表示として保護することに消極的な姿勢を示してきました。そのような中、「珈琲所コメダ珈琲店」の店舗外観について、他の喫茶店の郊外型店舗の外観と異なる顕著な特徴を有しており、その継続的、独占的な使用と宣伝、報道がなされていることなどを考慮して、類似する店舗で喫茶店を営む被告の行為の差止めを認める裁判例が現れました（東京地裁平成28年12月19日決定）。乳児子ども用品店「西松屋」の商品陳列デザイン

である「全商品をハンガー掛けとする」「高さ210cmまで展示する」「陳列面を連続させる」「2/3まではフェースアウトとする」「商品取り棒を設置する」などの特徴の組み合わせが、商品等表示に該当しないと判断した裁判例があります（大阪地裁平成22年12月16日判決）。近年は特に飲食分野で紛争が増加しています。報道によれば、2015（平成27）年に焼き鳥チェーンの「鳥貴族」が同業種の「鳥二郎」に対して、店舗の看板、メニュー、内装、従業員の服装等を模倣されたと主張して、表示の使用の差止め等を求める訴えを提起しましたが、和解が成立しています。

★ ○×問題でチェック ★

問1　不競法2条1項1号・2号は、混同のおそれが違反成立要件とされている点で共通する。
問2　商品の形態が保護されるためには、同種の商品と識別しうる独自の特徴を備えたものでなければならない。

3 周知性の認定とアンケート調査

↓リーバイス（原告・左）とエドウィン
（被告・右）のジーンズのバックポケット

判決別紙
（東京地裁平成12年6月28日判決）

↓良品計画（原告・左）とカインズ
（被告・右）のユニットシェルフ

判決別紙
（知財高裁平成30年3月29日判決）

裁判において、周知性を立証するために当事者がアンケート調査を提出することがあります。たとえば、リーバイスのジーンズのバックポケットに施された弓形の刺繍について、当該表示のみを示されてブランド名を正答した一般消費者の割合が18.3%に上ることを認定して、周知性を肯定した裁判例があります。他方で、無印良品のユニットシェルフの形態について、一般消費者の約98%が同商品の画像を見てメーカー名を正答できなかったにもかかわらず、裁判所は周知な商品等表示にあたると判示しました。

III　不正競争防止法2条1項2号

1 希釈化とは

↓希釈化の2類型

種類	内容	仮想事例
不鮮明化	先行表示と同一・類似の後行表示の使用により、先行表示とその主体との結びつきをぼやけさせること	レストランに宝飾店「Tiffany」と同じ名称が使用された場合
汚染	後行表示の使用により、先行表示が有する好ましい連想を毀損または低下させ、先行表示の名声を損なわせること	風俗店に宝飾店「Tiffany」と同じ名称が使用された場合

筆者作成

↓表示の汚染が認められた事例
（左が原告標章、右が被告商品4）

判決別紙
（知財高裁平成30年10月23日判決）

著名表示と同一または類似の表示を使用する行為を規制する不競法2条1項2号は、**希釈化（ダイリューション）**により著名表示が毀損されることを防ぐために、1993（平成5）年に新設されました。希釈化には、

不鮮明化と**汚染**という2つの類型が含まれます。JUNKMANIA事件では、被告が販売するルイ・ヴィトン（原告のブランド）のリメイク品は粗雑な品質であり、原告商品のブランドイメージを汚染するものであるとして、2号違反による損害賠償請求が認められました。

2 著名性

↓サントリーの「黒烏龍茶」と被告の「黒濃烏龍茶」のパッケージ

判決別紙

2条1項2号の違反が成立するためには、原告の商品等表示が著名であることが必要です。サントリー（原告）の製造販売する飲料「黒烏龍茶OTPP」について、当該表示が著名な程度に到達するためには、一定程度の時間の経過を要する以上、発売後2か月半程度しか経過していない当該表示は著名であるとは認められないと判示した裁判例（東京地裁平成20年12月26日判決）があります。

3 類似性

↓日本航空の原告表示（左）と
南急観光の被告表示（右）

判決別紙（東京地裁平成30年9月12日判決）

↓任天堂の原告表現物（左）と
被告のコスチューム（右）

判決別紙（知財高裁令和元年5月30日中間判決）

↓「白い恋人」（左）と「面白い恋人」
（右）のパッケージ

毎日新聞社／アフロ

不競法2条1項2号の類似性は、著名な商品等表示とそれを有する著名な事業主との一対一の対応関係を崩し、希釈化が生じるといえる程度に類似しているか、すなわち、「容易に著名な商品等表示を想起させるほど類似しているような表示か否か」を判断基準とする見解が有力です。肯定例として、原告（日本航空）の著名な「鶴丸マーク」（原告表示）と自動車運送事業等を営む被告（南急観光）が車両に付した被告表示とが類似

していると判断した事例や、公道を走行可能なカートのレンタル事業を営む被告の顧客などが着用するコスチュームが、原告（任天堂）のゲーム「マリオカート」のキャラクターと類似すると判断した事例があります。また、北海道土産として有名な菓子「白い恋人」（石屋製菓）のパロディ商品である「面白い恋人」を販売等する吉本興業らの行為が2号違反にあたると主張して訴訟が提起されましたが、和解で終結しました。

★ ○X問題でチェック ★
問3　不競法2条1項2号の保護を受けるには、商品等表示が周知性よりも高い認知度を獲得する必要がある。
問4　不競法2条1項2号の類似性の判断基準は、「容易に著名な商品等表示を想起させるほど類似する表示か否か」である。

29 不正競争防止法における標識保護　**107**

30 不正競争防止法とは

Ⅰ　不正競争防止法の全体像

↓不正競争防止法の概要

法律の目的(1条)	不正競争の定義(2条)										国際約束に基づく禁止行為		
①周知な商品等表示の混同惹起(1号)	②著名な商品等表示の冒用(2号)	③他人の商品形態を模倣した商品の提供(3号)	④営業秘密の侵害(4号〜10号)	⑤限定提供データの不正取得等(11〜16号)	⑥技術的制限手段の効果を妨げる装置等の提供(17号・18号)	⑦ドメイン名の不正取得等(19号)	⑧商品・サービスの原産地・品質等の誤認惹起表示(20号)	⑨信用毀損行為(21号)	⑩代理人等の商標冒用(22号)		1外国国旗・紋章等の不正使用(16条)	2国際機関の標章の不正使用(17条)	3外国公務員等への賄賂(18条)

民事措置と刑事措置あり(①②③④⑥⑧)　　民事措置のみ(⑤⑦⑨⑩)　　　刑事的措置のみ

措置の内容

民事的措置	
○差止請求権	(3条)
○損害賠償請求権	(4条)
○損害額・不正使用の推定等	(5条等)
○書類提出命令	(7条)
○営業秘密の民事訴訟上の保護 (秘密保持命令、訴訟記録の閲覧制限、非公開審理)	(10条等)
○信用回復の措置	(14条)

刑事的措置(刑事罰)

不正競争のうち、一定の行為を行った者に対して、以下の処罰を規定
○罰則(21条)
　・営業秘密侵害罪:10年以下の懲役または2000万円以下(海外使用等は3000万円以下)の罰金
　・その他:5年以下の懲役または500万円以下の罰金
○法人両罰(22条)
　・営業秘密侵害罪の一部:5億円(海外使用等は10億円)以下
　・その他:3億円以下
○国外での行為に対する処罰(21条6項・7項・8項)
　(営業秘密侵害罪、秘密保持命令違反、外国公務員贈賄罪)
○営業秘密侵害行為による不当収益等の没収(21条10項等)

刑事訴訟手続きの特例(23条〜31条)

営業秘密の内容を保護するための刑事訴訟手続きの特例(営業秘密の内容の言い換え、公判期日外での尋問等)

没収に関する手続き等の特例(32条〜40条)

第三者に属する財産の没収手続きや、没収保全の手続、没収にかかる国際共助手続き等

経済産業省HPをもとに作成

　不正競争防止法(不競法)は、事業者間の公正な競争を確保するため、許されない競争行為を**不正競争**として定義し、当該不正競争に対する民事的措置(差止・損害賠償請求権等)および刑事的措置(刑事罰)を整備しています。許されない競争行為の外延が不明確であると正当な事業活動を萎縮させてしまうおそれがあることから、不競法は、不正競争行為を**限定列挙**し、列挙された行為類型のみを同法による救済・制裁の対象としています。現在は上図の①〜⑩の行為類型が不正競争として列挙されています。新たに不正競争とみなすべき行為が出現した場合には、そのつど、国会が法改正をして対応しています(例:2018(平成30)年改正で⑤を新設)。このほか、不競法には国際約束に基づく禁止行為も規定しています。Ⅱ以下で、以上のうち一部を解説します。

Ⅱ　限定提供データの不正取得等

↓限定提供データのイメージ

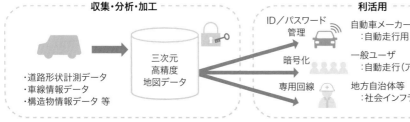

経済産業省HP「不正競争防止法2019」29頁の図をもとに作成

★○×問題でチェック★

問1　不競法は、「不正競争」の定義に該当しない行為には適用されない。
問2　営業秘密として保護されるデータであっても、限定提供データとして保護されうる。

不競法2条1項11〜16号は、限定提供データにかかる不正利用行為を不正競争として規制しています。本規制は、第四次産業革命の進展を受けて、ビッグデータの中でも営業秘密に該当しない外部提供データの保護を目的として、2018（平成30）年改正により新設されました。

本規制にいう**限定提供データ**とは、業として特定の者に提供されるデータで、電磁的方法により相当量蓄積され、電磁的管理（例：ID・パスワード管理、暗号化等）されているデータをいいます。データの収集・加工・分析への関与や投資は保護の要件ではなく、相当量のデータを電磁的に蓄積・管理し、外部提供を行っていれば、保護を受けられます。ただし、営業秘密に該当するデータや無償で公衆に利用可能となっている情報と同一の限定提供データは、保護を受けられません。

不正利用にあたる行為は、大きく不正取得類型と保有者から示された場合の不正使用・開示類型に分けられます。この点はおおむね営業秘密の場合と同様です。ただし、限定提供データを使用することにより生じた物を譲渡する行為や、取引により善意取得した限定提供データを開示する行為が、規制対象から除外されている点は、営業秘密の場合と異なります。

III　商品の原産地・品質・内容等についての誤認表示

不競法2条1項20号は、需要者または取引者にその商品、サービスの原産地、品質、内容、数量などを誤認させるような表示をなす行為を不正競争として規制しています。現実の誤認が生じることは必要なく、誤認させるおそれがあれば足りるとされます。こうした表示は、瑕疵ある情報を伝達し、その判断能力を曇らせることで顧客を不当に誘引し、公正な競争を阻害するおそれがあるためです。

本号にいう商品の原産地とは、商品が産出・加工・製造された生産地をいいます。たとえば、裁判例では、中国産のうなぎの蒲焼を愛知県三河産のうなぎの蒲焼であるかのように表示する行為、京都で製造、加工されたものではなく、京都産出の材料を含んでいないにもかかわらず、「京の柿茶」と表示する行為、岡山県で製造した手延麺に「氷見うどん」と表示して富山県氷見市で販売する行為などが、**原産地の誤認表示**にあたるとされました。

商品の**品質、内容等の誤認表示**に関しては、たとえば、ビールでない発泡酒に「ライナービヤー」と表示して販売する行為や、豚肉を混ぜたひき肉に「牛ミンチ」と表示する行為がこれにあたるとされました。また、キシリトールガムの広告において

↓原産地誤認表示

岡山で作ったのに「氷見うどん」　2審も「不正競争」認定

読売新聞2007年10月25日朝刊35面

↓品質・内容等誤認表示

「混ぜれば分からぬ」　偽ミンチ　安い肉集め利益追求

朝日新聞2007年6月20日朝刊34面

「一般的なキシリトールガムに比べ約5倍の再石灰化効果を実現」などと表示した行為について、その根拠である実験が合理性を欠き、虚偽の事実であるから、商品の品質の誤認表示にあたるとした裁判例もあります。

IV　信用を毀損する虚偽の事実の告知・流布

↓権利侵害警告

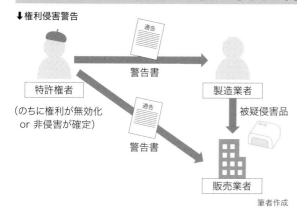

特許権者
（のちに権利が無効化
or 非侵害が確定）

警告書　→　製造業者

警告書

製造業者　→　被疑侵害品　→　販売業者

筆者作成

不競法2条1項21号は、競争関係にある他人の営業上の信用を害する虚偽の事実を告知・流布する行為を不正競争として規制しています。これは、競争者間では営業誹謗行為によって相手方の信用を低下させ、自己の営業活動を有利に進めようとする誘惑が働きやすいためです。

本号にいう**虚偽の事実**とは、客観的真実に反する事実をいいます。虚偽の事実に該当するかどうかは、その受け手の普通の注意と読み方・聞き方を基準として、真実と反するような誤解をするかどうかで判断されます。たとえば、原告の顧客に対し「原告はもうつぶれた」「もう営業していない」と述べて別会社への契約の切替えを勧誘する行為は、虚偽の事実の告知にあたるとされます。

本号がよく問題になるのは、特許権者等が相手方の製品は自社の権利を侵害しているとして相手方の**取引先に警告書を送付**したところ、その後、権利が無効になったり、非侵害が確定したという場合です。裁判例の中には、特許権者が事実的、法律的根拠を欠くことを容易に知りえなかった場合には、警告書の送付は特許権者による正当な権利行使の一環として違法性が阻却されるとしたものがあります。しかし、権利侵害が成立しないのに侵害品であるとして取引先に警告したわけですから、虚偽の事実の告知・流布として本号に該当し、侵害警告に対する差止めを認めるべき、というのが多くの学説・裁判例の考え方です。そのうえで、相手方が侵害警告にかかる損害賠償を請求した場合に権利者側に過失が認められるかどうかが、議論されています。

31 営業秘密

I 営業秘密漏えい事件の増加と被害の拡大

▼近年の営業秘密漏えい事件

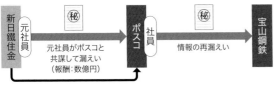

新日鐵住金	高額報酬(数億円)で外国ライバル企業へ漏えい
(2012年提訴)	→約1000億円の賠償請求

【漏えい】変圧器用の電磁鋼板※の製造プロセスおよび製造設備の設計図等
※ 20年以上の開発期間を要し、送配電ロスを大幅に軽減可能

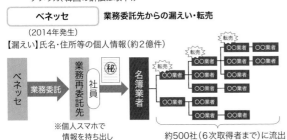

【現状】賠償請求・差止請求→2015年9月30日に和解(300億円)
　　　　アメリカ、韓国の訴訟は取下げ

ベネッセ	業務委託先からの漏えい・転売
(2014年発生)	

【漏えい】氏名・住所等の個人情報(約2億件)

※個人スマホで
　情報を持ち出し

約500社(6次取得者まで)に流出

【現状】社員の逮捕(懲役2年6月(実刑)、罰金300万円(2017年3月:東京高裁))

東 芝	提携先から外国ライバル企業へ漏えい
(2012年発生)	→約330億円で和解

【漏えい】NAND型フラッシュメモリ※の仕様およびデータ保持に関する検査方法等
※ 携帯電話等の記憶媒体。小型化をめぐる激しい国際競争

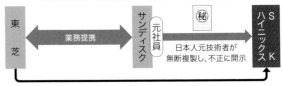

【現状】・賠償請求(約1100億円) → 2014年12月に和解(約330億円)
　　　　・元社員の逮捕(懲役5年(実刑)、罰金300万(2015年9月:東京高裁))

日本年金機構	サイバー攻撃による漏えい
(2015年発生)	

【漏えい】日本年金機構が保有する個人情報の一部(約125万件)

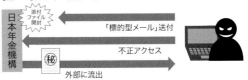

経済産業省「営業秘密の保護・活用について」1頁をもとに作成

　営業秘密とは、簡単にいえば企業の機密情報のことです。部外秘の設計図、製法、顧客情報、販売マニュアルなどがその典型例です。今日、こうした営業秘密はその重要性を増しており、技術流出事件の報道に接する機会も増えています。たとえば、新日鐵住金の電磁鋼板の製法や東芝のNAND型フラッシュメモリに関する営業秘密が韓国企業に漏えいした事件がありました。

　両事件では韓国企業が300億円ないし330億円を支払うことで和解が成立しましたが、技術流出に伴う日本企業の深刻な被害が浮き彫りとなりました。また最近では、サイバー攻撃によって情報が漏えいするケースや、漏えいした顧客情報がインターネットを通じて瞬く間に広範囲の名簿業者の間で転売されるケースなども散見されます。

II 営業秘密の3要件

▼営業秘密の3要件

【秘密管理性】秘密として管理されていること
営業秘密保有企業の秘密管理意思が、秘密管理措置によって従業員等に対して明確に示され、**当該秘密管理意思に対する従業員等の認識可能性が確保されていること**

【有用性】有用な営業上または技術上の情報であること
当該情報が現に事業活動に利用されていることは必要ないが、利用されることにより費用の節約や経営効率の改善等に役立つものであること

○ ・設計図、製法、製造ノウハウ
　　・顧客名簿、仕入先リスト
　　・販売マニュアル

✗ ・有害物質の垂れ流し、
　　脱税等の反社会的な
　　活動についての情報

【非公知性】公然と知られていないこと
保有者の管理下以外では一般に入手できないこと

○ ・保有者の管理下以外では容易に
　　知ることができない情報

✗ ・刊行物等に記載された情報
　　・特許として公開

経済産業省「営業秘密の保護・活用について」4頁をもとに筆者作成

　不正競争防止法(不競法)は、営業秘密として保護を受けるための3要件を定めています。第1に、**秘密管理性**です。秘密として管理されている情報でなければなりません。アクセス制限等の措置によって、その情報にアクセスした従業員等が会社の営業秘密であると認識できる必要があります。どの情報が営業秘密であるか明確に認識できない場合には、従業員にとって転職後の就業に困難をきたすおそれがあるためです。第2に、**有用性**です。事業活動に有用な情報でなければなりません。失敗した実験データであっても、費用の節約に役立つ情報であれば保護されます。ただし、脱税情報など反社会的な活動に関する情報は保護されません。第3に、**非公知性**です。公然と知られていない情報であることが必要です。特許として公開されている情報など一般に入手可能な情報は保護されません。

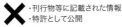

★○×問題でチェック★
問1　技術上の営業秘密が流出した場合、被害金額が数百億円に上るケースもある。
問2　会社の情報であれば、すべて営業秘密にあたる。

III 営業秘密の不正利用行為

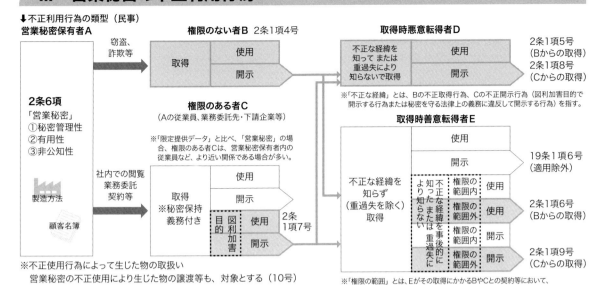

↓不正利用行為の類型（民事）

※不正使用行為によって生じた物の取扱い
営業秘密の不正使用により生じた物の譲渡等も、対象とする（10号）

※「権限の範囲」とは、Eがその取得にかかるBやCとの契約等において、使用もしくは開示を許された範囲

経済産業省HPをもとに作成

　営業秘密を利用する行為がすべて不正競争行為となるわけではありません。不競法は、2条1項4号から10号において、規制対象となる営業秘密の不正利用行為の態様を列挙しています（上図参照）。これらは大きく3つに整理できます。

　1つ目は、一次行為者の不正利用行為です。これには、営業秘密に対する正当なアクセス権限のない者による行為（4号）とアクセス権限のある者による行為（7号）の2つのタイプがあります。たとえば、4号は、アクセス権限のない者が、窃取、詐欺、強迫その他の不正の手段により営業秘密を取得する行為やその不正取得した営業秘密を使用、開示する行為を規制しています。一方、7号は、営業秘密を保有する事業者からその営業秘密を示された従業員等が、その営業秘密を図利加害目的で使用、開示する行為を規制しています。

　2つ目が、転得者の不正利用行為です。これには、転得時にその営業秘密について不正取得行為または不正開示行為が介在したことを知りながら転得した者による行為（5号・8号）と、転得時にそうした不正行為の介在を知らないで転得した者による行為（6号・9号）の2つのタイプがあります。たとえば、5号と8号は、転得時に不正行為の介在を知りながらその営業秘密を転得する行為やその転得した営業秘密を使用、開示する行為を規制しています。一方、6号と9号は、転得時に不正行為の介在を知らないで転得した者が、その後不正行為の介在を知ったにもかかわらず、その営業秘密を使用、開示する行為を規制しています（ただし、取引の安全を考慮して、転得者が転得時の取引によって取得した権限の範囲内で使用、開示する場合には、6号・9号の規制が及ばないものとされています）。

　3つ目が、侵害品の流通行為です。10号は、技術上の営業秘密（例：設計図、製法）を不正に使用して製造された侵害品について、そうした経緯を知りながら譲渡等する行為を規制しています。

IV 営業秘密の刑事的保護

↓営業秘密侵害事犯の相談受理件数・検挙事件数の推移

	2013	2014	2015	2016	2017	2018	2019
相談受理件数	12	29	26	35	72	47	49
検挙事件数	5	11	12	18	18	18	21

警察庁「令和元年における生活経済事犯の検挙状況等について」22頁をもとに筆者作成

　近年、営業秘密の刑事的保護の重要性が高まっています。上の表からも営業秘密侵害事犯の相談受理件数および検挙事件数が増加傾向にあることがうかがえます。これは1つには、営業秘密の電子データ化が進み、従業員等が退職時に会社の営業秘密データを大量に複製して持ち出すケースが増えていることによります。刑事的措置の場合、捜査機関による捜索や差押えなど強力な証拠収集が可能であり、持ち出された営業秘密データが拡散するのを防止するうえで効果的です。

　裁判例の中で最も多いのが、営業秘密領得罪の適用事例です。営業秘密領得罪は、営業秘密を示された者が、図利加害目的で、その営業秘密の管理任務に背いて、営業秘密記録媒体等に記録されたデータを複製する方法によりその営業秘密を領得する行為を処罰対象としています（不競法21条1項3号ロ）。たとえば、日産自動車事件では、営業秘密へのアクセス権限をもつ従業員が、勤務先を退職して同業他社へ転職する直前に、勤務先の営業秘密ファイルを私物のハードディスクに複製した行為について、営業秘密領得罪が適用されました（最高裁平成30年12月3日決定）。持ち出された営業秘密が使用・開示される前段階で取締りが可能な点に本罪の特徴があります。

　このほか、日本企業の営業秘密が国外に漏えいした場合に、国外での侵害行為を処罰対象とできる点も刑事的措置の特徴といえます。

★○×問題でチェック★
問3　会社から営業秘密を示された従業員は、その営業秘密を自由に使用、開示できる。
問4　日本企業の営業秘密が海外で侵害された場合でも、処罰対象とできる。

32　パブリシティ権

I　パブリシティ権とは

↓パブリシティ権の根拠【表1】

人格説	氏名や肖像は人格権により保護されるので、そこから発生する顧客吸引力も法的に保護される
経済説	氏名や肖像はそれ自体顧客吸引力を有するため、または、これを保護することにより芸能活動等のインセンティブが生ずるため、法的に保護される

筆者作成

↓パブリシティ権の法的性質【表2】

人格権モデル	保護される芸能人・著名人に一身専属する。譲渡や相続はできないし、法人は主体とならない
財産権モデル	権利者は譲渡・相続できる。法人も主体たりうる

筆者作成

↓パブリシティ権の根拠と法的性質

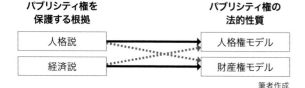

筆者作成

著名人の**氏名**や**肖像**が商品やその広告に用いられることによって、その商品がよく売れるようになることがあります。氏名や肖像の有するこのような**顧客吸引力**を独占的に利用する権利は、**パブリシティ権**と呼ばれて法律上保護されます。なお、「パブリシティ」とは、「世間の注目」や「よく知られていること」という意味です。このパブリシティ権は、制定法上明文の規定はありません。そのため、一般法としての不法行為における、「権利又は法律上保護される利益」（民法709条）が侵害されたとして違法な行為か否かが問題となります。

このようなパブリシティ権が保護される理由について、大きく分けて、**人格説**と**経済説**の2つの説明があります（表1）。人の氏名や肖像が人格権の客体となることを根拠として、顧客吸引力も権利の対象となると理解するのが人格説で、氏名や肖像が有する経済的な価値それ自体を権利の根拠とするのが経済説です。また、権利の法的性質についても、大きく分けて人格権モデルと財産権モデルの2つの理解があります（表2）。大まかにいえば、人格説の理解によれば人格権モデルに結びつきやすく、経済説は財産権モデルで理解されることが多いといえます。

II　人のパブリシティ権

1　著名人の肖像

↓事件の概要

原告X₁・X₂(女性デュオ「ピンク・レディー」の元メンバーの2名)「渚のシンドバッド」、「ウォンテッド」等の歌手として活動	→	被告Y(株式会社光文社)X₁・X₂の肖像を掲載した紙面を含む雑誌(『女性自身』2007年2月27日号)を出版

筆者作成

他人の氏名や肖像を利用したときにパブリシティ権侵害となるのは、どのような場合でしょうか。この点について基本的な考え方を示したのが、**ピンク・レディーdeダイエット事件判決**（最高裁平成24年2月2日判決）です。

女性デュオ「ピンク・レディー」のメンバーとして活動していた2名（原告Xら）が、彼女らの肖像が無断で用いられたとして、出版社Yを訴えました。肖像が用いられた紙面（次頁の図1を参照）は、ピンク・レディーの曲の振り付けを利用したダイエット法を解説する記事ですが、その中に原告両名の肖像が掲載されていたため、パブリシティ権侵害が主張されました。

最高裁は、パブリシティ権は氏名・肖像に関する**人格権に由来する権利**の一内容として保護されるとしたうえで、**専ら氏名・**

↓ピンク・レディーdeダイエット事件最高裁判決判旨

- **パブリシティ権の性質**：氏名・肖像のパブリシティ権は、人格権に由来する権利の一内容として保護される。

- **パブリシティ権侵害となる場合**：次の3つの場合等、専ら氏名・肖像を有する顧客吸引力の利用を目的とする場合に、パブリシティ権侵害となる。

  ①氏名・肖像が独立して鑑賞の対象となる場合
  　例：ポスター、ステッカー、写真集等
  ②氏名・肖像を商品等の差別化をはかる目的で商品等に付す場合
  　例：キャラクター商品等
  　　（Tシャツ、マグカップ、カレンダー等）
  ③氏名・肖像を商品等の広告として使用する場合
  　例：CMに出演する等

筆者作成

肖像の顧客吸引力の利用を目的とする場合にパブリシティ権侵害となるとしました。具体的には、本件記事で用いられたXらの肖像は、ダイエット法の解説において読者の記憶を喚起して、記事の内容を補足する目的で使用されたもので、専らその顧客吸引力を利用するものではないとして、侵害を否定しました。

★○✕問題でチェック★

問1　人格説で理解したときには、常に権利は譲渡できないと理解する。
問2　著名人の肖像を利用したときは、常にパブリシティ権侵害となる。

↓『女性自身』2001年2月27日号、本件紙面全3頁のうち1頁。枠囲みがX₁・X₂の肖像【図1】

↓『中田英寿──日本をフランスに導いた男』

筆者撮影（枠囲み追加は筆者による）

筆者撮影

↓芸能人の肖像を用いた書籍に関する事件【表3】

中田英寿事件(事件①)	200頁ほどの書籍で、中田選手の写真も数点。関係者に対する取材活動に基づいて、同選手に関する文章で構成→**非侵害**
『コンプリートお宝フォトファイル』シリーズ事件(事件②)	100頁超すべてにわたり、150枚もの写真が掲載。書籍全体が肖像の鑑賞を目的とする→**侵害**

筆者作成

パブリシティ権侵害の判断においては、**表現の自由とのバランス**が重要です。芸能人を書籍全体で取り扱う場合には、執筆者の表現や創作の実現という性質が強いため、権利侵害とするには注意が必要です。たとえば表3の事件①は、掲載された写真は選手に関する記述を補う目的にすぎないとして、侵害が否定されました（東京地裁平成12年2月29日判決）。これに対して、事件②では、多少の文章が添えられたページがあっても、書籍全体が原告の肖像を鑑賞の対象とすることを目的とするとして、侵害が認められています（東京地裁平成25年4月26日判決）。

2 著名人の氏名

↓晩翠草堂

↓現在のバス停

仙台観光国際協会HP

木村雛乃氏撮影

著名人の**氏名**単独でも顧客吸引力が生ずることがあります。その利用がパブリシティ権侵害となるかについて争われたのが、土井晩翠事件（横浜地裁平成4年6月4日判決）です。この事件では、「晩翠草堂」（詩人土井晩翠晩年の邸宅）の前に、仙台市が「晩翠草堂」と表示した案内板や、「晩翠草堂前」というバス停留所を設置した行為について、パブリシティ権侵害が主張されました。裁判所は、詩人は創作活動から収入を得ており、氏名や肖像の顧客吸引力から経済的利益を得ることを目的としていないことを理由として故土井晩翠のパブリシティ権を否定しました。ただしこの判決も、氏名の顧客吸引力の利用がパブリシティ権侵害となる場合があることを前提としています。

III 物のパブリシティ権

↓事件の概要

原告Xら(トウカイテイオー等の競走馬の馬主内村正則ほか22名)	→	被告Y(テクモ株式会社)「ギャロップレーサー」、「ギャロップレーサー2」を製作

筆者作成

↓トウカイテイオー

↓「ギャロップレーサー」オープニング映像

日刊スポーツ／アフロ

YouTube

↓ゲーム「ギャロップレーサー」、「ギャロップレーサー2」の特徴

・実在する競走馬1000頭以上が登場し、プレイヤーが騎手となってこれらに騎乗してレースを展開。
・競走馬は、ゲーム内では馬名と性別、産種、毛色、脚質、距離適性、スピード・スタミナレベル、気性、加速力、根性、成長タイプ等のデータとして登場。

筆者作成

物の名称や影像に顧客吸引力が生ずる場合もあります。この場合には**物のパブリシティ権**は生じないのでしょうか。この点について争われたのが、**ギャロップレーサー事件**（最高裁平成16年2月13日判決）です。

この事件は、被告が製作したジョッキーレーシングゲーム「ギャロップレーサー」、「ギャロップレーサー2」に、競走馬「トウカイテイオー」等の名称が用いられていたことから、その馬主らがパブリシティ権侵害を主張して提訴したものです。これらのゲームでは、競走馬がデータとして登場していましたが、特に宣伝広告に用いられていたのはトウカイテイオーという競走馬でした。これら競走馬の名称等にかかるパブリシティ権について、最高裁は、仮に顧客吸引力があるとしてもその無断利用は不法行為にあたらないとしました。その理由として、①物の無体物としての側面の利用は所有権侵害にはならないこと（顔真卿事件判決（☞**1-III**）参照）、②商標法・著作権法等の知的財産法は利用できる範囲を明確化しているが、明文の規定なくパブリシティ権を肯定すれば、違法とされる行為の範囲や態様が不明確になってしまうことが挙げられています。

★○×問題でチェック★
問3 著名人の氏名が有する顧客吸引力を利用しても、パブリシティ権侵害とならない。
問4 物が有する顧客吸引力を利用しても、パブリシティ権侵害とならない。

○×問題の解説

■1 知的財産法とは
問1：×（知的財産法は戦前から存在していた）
問2：×（知的財産法という名前の法律はない）
問3：○（創作法と標識法のうち、発明の促進を目的とする特許法は前者に分類される）
問4：×（無体物としての利用には、所有権は及ばない）

■2 知的財産法は何のためにあるのか
問1：○（このとおり）
問2：×（1つの製品に極めて多数の特許が関係しているために、侵害調査が難しい）
問3：○（このとおり）
問4：×（知的財産法をとりまく環境の変化により、改めてその存在理由が問われている）

■3 知的財産法を担う人・組織
問1：×（文化庁）
問2：○（審査官は、法分野や技術分野で分かれた部署で、専門知識を駆使して審査を行う）
問3：×（刑事事件は知財高裁の管轄外）
問4：○（弁理士法75条が、弁理士または特許業務法人でない者に対する業務制限を規定している）

■4 知的財産法の国際的側面
問1：×（権利独立の原則から、同一発明について、日本とドイツの特許権は相互に影響しない）
問2：×（紛争解決手続についての定めがあるのはTRIPs協定である）
問3：○（パリ条約やベルヌ条約は、知的財産権の保護水準の最低ラインを定めているにすぎない）
問4：×（パリ条約やベルヌ条約の改正には全会一致を要する）
問5：○（受信地である日本が「結果発生地」と評価される可能性があるから）
問6：×（「結果発生地」の法を適用する可能性もある）
問7：×（特許製品の譲受人との合意、および、その表示がなされている場合には、並行輸入は制限される）
問8：○（フレッドペリー事件を参照）

■5 知的財産法のエンフォースメント
問1：×（民事と刑事のエンフォースメントはそれぞれ独立して進められる）
問2：○（侵害行為によって生成された物等の廃棄も請求できる）
問3：×（過去の侵害行為に対しては損害賠償請求が可能）
問4：×（私人であっても刑事罰の対象）
問5：×（各知的財産権で異なる）
問6：×（告訴がなくても刑事訴追できるのは非親告罪）
問7：×（税関法ではなく関税法）
問8：×（知的財産権侵害物品は輸出入禁止）

■6 著作権法とは
問1：○（著作権法1条）
問2：×（1970年に旧著作権法を全面改正して現行著作権法が成立した）
問3：×（著作権法は思想・感情の創作的表現、特許法は発明を保護する）
問4：○（著作権法51条）
問5：○（事実行為としての創作的な表現を行った者が著作者となる。単に資金の提供を行ったにすぎない者は著作者にはあたらない）
問6：○（著作権法14条。ただし、別の者が著作者であるという反証が成立すれば推定は覆る）
問7：○（著作権法15条・17条）
問8：×（肩書ではなく実際に著作物の全体的形成に創作的に寄与したかどうかにより判断される）

■7 著作物性
問1：○（著作権法2条1項1号）
問2：×（サルの思想・感情を理由とすることはできないが、発案者（人間）の思想感情を理由とすることはできる）
問3：×（個性の表出で足りる）
問4：×（文章が短くとも、個性の表出が認められることはありうる）

■8 著作権の内容
問1：×（支分権に規定された行為しか著作権侵害にならない）
問2：○（著作権法26条の2第2項）
問3：×（公衆に対する貸与のみ貸与権侵害の問題が発生する）
問4：○（頒布（著作権法2条1項19号）に該当するので頒布権の対象となる）
問5：×（特定でも多数であれば「公衆」に該当するので演奏権の侵害となりうる）
問6：○（著作権法28条）／問7：○（特許法とは異なる）
問8：×（ロクラクⅡ事件ではそのような場合にも事業者が複製権侵害を認めている可能性を認めている）

■9 著作権の制限
問1：×（著作権法は、『『支分権の対象となる行為』であっても侵害にならない行為」について、詳細に限定列挙している）
問2：×（コンビニコピー機は、「『専ら文書又は図画の複製に供する』自動複製機器」であるため、これを用いた複製には、権利制限の対象である（著作権法附則5条の2））
問3：×（技術的保護手段の結果に障害を生じないようにするツールを使った複製である）
問4：×（無許諾でアップロードされている録画物であることを知りながら行う複製である）
問5：×（私的録音補償金は、私的録音補償金管理協会のみが請求することができる）
問6：×（地上波デジタル放送が開始された後、私的録画補償金の制度は機能不全に陥ったものの、制度自体が廃止されたわけではない）
問7：×（街頭の広告は街の景色から切り離すことはできず、著作権法30条の2が適用され非侵害）
問8：×（現在の著作権法が適用される裁判例でも、長い間この条文は用いられてきた）
問9：○（美術鑑定書事件判決を参照）
問10：×（授業目的公衆送信補償金管理協会が一括して教育機関の設置者に請求することとされている）
問11：×（公立図書館は非営利かつ無償で書籍を貸し出しており、著作権法38条4項の要件を充たす）
問12：×（無許諾で家庭用受信装置を用いて来客に見せられるのは「放送されている」著作物のみであり、録画されたものを見せることは、著作権法38条3項第2文の対象外）

■10 著作権侵害の要件
問1：○（依拠性はアクセスの有無を、類似性は創作的表現の共通性を立証する）
問2：×（著作権を強化すると後続創作のへの影響があるので、バランスをとる必要がある）
問3：×（内容が同趣旨でも、アイデアの共通にすぎなければ類似性は認められない）
問4：○（共通点については、立場Aと立場Bで違いはない）
問5：○（アイデアと表現の区別が困難な場合がある）
問6：×（事実が共通するだけでは類似性は認められない。事実の創作的表現の共通の場合には認められる）

■7 ×（写真がそのまま用いられていても、その創作性が表れていなければ類似性は認められない。雪月花事件判決）
問8：○（プロ野球ドリームナイン事件、地裁判決・高裁判決）

■11 著作者人格権
問1：×（著作権法59条）
問2：×（三島由紀夫 ─ 剣と寒紅事件）
問3：×（著作権法19条1項は著作者名を表示しない権利も保障している）
問4：○（著作権法20条1項）
問5：○（著作権法20条2項）
問6：×（新梅田シティ事件）
問7：×（著作権法113条11項）
問8：×（著作者人格権は著作者の死亡により消滅する）

■12 美術と著作権法
問1：×（美術館にあるようないわゆる"美術"でなくても「美術の著作物」と判断されうる）
問2：○（「建築芸術」といえるような建築のみ「建築の著作物」と認められるとするのが一般的である）
問3：×（廃墟写真事件判決）
問4：×（著作権法45条2項）／問5：×（著作権法46条）
問6：×（日本法に追及権の定めはない）
問7：○（もっとも、議論がないわけではない）
問8：○（紹介例のほか、よく挙げられる例としてマルセル・デュシャン「泉」やジョン・ケージ「4分33秒」など）

■13 音楽と著作権法
問1：×（ある演奏家は、その演奏家の行っている演奏が無断で利用された場合に限り、その演奏を差し止めるなどの法的な救済を得られる）
問2：○（音楽の著作物の利用は多種多様であるから、許諾を利用のつど取ることは難しい）
問3：○（記念樹事件の控訴審判決を参照）
問4：○（音楽教室事件の東京地裁判決は、音楽教室における音楽の著作物の利用の主体は音楽教室であると述べている）

■14 映画・ゲームと著作権法
問1：○（著作権法2条3項）
問2：○（多数の企業が出資して製作委員会を構成する）
問3：○（著作権法29条1項）
問4：×（最高裁はゲームソフトが映画の著作物に該当すると判断したうえで、頒布権の消尽を認めた）
問5：×（単にアイデアが似ているだけでは著作権侵害にならない）
問6：○（ありふれた表現は著作権で保護されない）
問7：○（ときめきメモリアル事件は同一性保持権の侵害を認めた）
問8：×（公衆送信権の対象となるので許可を得るかガイドラインに従う必要がある）

■15 出版・マンガと著作権法
問1：×（出版社には著作隣接権は認められていない）
問2：○（出版権を設定することが合意されたときのみ出版権が設定される）
問3：×（紙の出版の市場は縮小傾向にあるが電子出版市場が拡大している）
問4：×（紙の書籍については再販売価格の拘束が例外的に許容されている）
問5：○（古文単語語呂合わせ事件の一審では認められた例がある）
問6：×（編集著作物として保護される）
問7：×（最終的な導入には至らなかった）
問8：×（音楽・動画以外の著作物にも一定の要件の

もとで違法化が拡大された)

■16 インターネットと著作権法

問1：×（その作者なりの何らかの個性の表れた表現であれば著作権で保護される）

問2：×（そのような条文は存在せず、違法となる場合もある）

問3：〇（著作権法23条1項）

問4：×（違法ダウンロード規制は、ダウンロード保存をした場合だけが対象）

問5：×（他人の権利を侵害する情報発信をした場合には、発信者情報開示請求制度によって被害者に発信者の個人情報が開示される）

問6：〇（多くの画像には著作権があるので、無断で使うと著作権侵害になる）

問7：×（2ちゃんねる事件では放置したことで運営者の責任が認められた）

問8：×（令和2年改正でリーチサイト規制が導入された）

■17 特許法とは

問1：〇（特許法1条は特許法の目的は発明の奨励にあると定める）

問2：×（特許法72条。また、特許権は専用権ではなく禁止権との理解が有力である）

問3：×（特許権の範囲は、クレームにより定まる）

問4：×（審査請求がされた場合に、実体審査が行われる）

問5：〇（特許法125条）

問6：×（創作活動に関与した者が発明者となり、単にアイデアを提供した者、資金を提供した者は発明者とならない）

問7：〇（特許法35条3項）

問8：×（無効にできるし取り戻すこともできる。特許法123条1項6号、同2項、74条1項）

■18 特許の保護対象

問1：〇（課題を解決する手段とはならない単なる情報の提示は、技術的思想の創作とはいえない）

問2：〇（ただし、ビジネス方法を情報通信技術を用いて実現させる場合は、ソフトウエア関連発明の一種として、発明となる場合もある）

問3：〇（特許法2条3項。方法の発明は、単純方法の発明（同2号）と物を生産する方法の発明（同3号）に分けられる）

問4：〇（人間を手術、治療または診断する方法は産業上の利用可能性を欠くと考えられている）

問5：〇（特許法29条1項3号）

問6：×（わずかに異なれば新規性は認められるが特許法29条2項の進歩性が問題となる）

問7：×（このような出願をすると、特許法36条4項1号または36条6項1号に違反する場合がある）

問8：〇（道徳観、倫理観は時代によって変遷するので、公序良俗に反するかは抑制的に判断する必要がある）

■19 特許権の保護範囲

問1：×（特許権の効力は、「業として」の実施以外には及ばない。特許法68条）

問2：〇（特許法2条3項）

問3：〇（特許法70条2項）

問4：×（侵害判断は、クレームと、被告製品を文章化したものとを比較して行われる）

問5：×（特許発明の本質的部分を被疑侵害物件／方法が備えていない場合には、均等論の第一要件非充足）

問6：×（マキサカルシトール事件最高裁判決）

問7：×（特許法101条1号には主観的要件はないため、専用品だと知らずに製造・販売等したとしても間接侵害が成立する）

問8：〇（実施者に直接侵害が成立しないとされる趣旨に応じて間接侵害の成否を判断する通説では、このケースでは間接侵害成立）

■20 特許権の制限・存続期間

問1：×（消尽論はもっぱら解釈によって認められている）

問2：〇（BBS事件判決、インクタンク事件判決参照）

問3：×（「特許製品の新たな製造」と評価されない限

り、消尽論はなお及ぶ）

問4：×（最高裁は特許権者がわが国における特許権行使の権利を留保することを認めた）

問5：〇（特許性調査や迂回技術研究等にも適用される）

問6：〇（事業の準備をしていた者にも認められる（特許法79条））

問7：〇（実施または準備をしていた実施形式に具現された発明と同一性を失わない範囲内であれば変更可能（ウォーキングビーム式加熱炉事件判決））

問8：×（審査に要する時間の分だけ20年よりも短くなる）

■21 特許権をめぐる攻防

問1：〇（特許法100条1項の差止請求権）

問2：×（廃棄請求は侵害の予防に必要な範囲で認められる）

問3：〇（損害賠償請求権の根拠となるのは民法709条）

問4：〇（著作権の場合、公報の制度がなく、「業として」ではない行為も侵害となりうるため、特許法103条のような規定は設けられていない）

問5：×（侵害者側が「販売することができないとする事情」について証明する責任を負う）

問6：〇（侵害者の利益額は損害額として推定されるにとどまり、推定の覆滅の可能性がある）

問7：×（特許を無効にする審決に対して不服のある特許権者は取消訴訟を提起できる）

問8：〇（無効の抗弁）

■22 特許を使ったイノベーション戦略

問1：〇（独占的通常実施権者は、特許権者が他の第三者に実施許諾しないことを求めることができる）

問2：×（大学特許のライセンスにより研究成果の社会還元を進めることができる場合がある）

問3：〇（営業秘密の「不正」な取得が不正競争防止法に違反する）

問4：〇（特許の無償利用による市場拡大は、特許権者の利益を増加させうる）

問5：×（特許は認められるが、標準必須特許としてFRAND宣言をすることが求められる）

問6：〇（FRAND条件は、実施料が非差別的であることも求める）

問7：〇（アップル対サムスン事件）

問8：〇（アップル対サムスン事件は、標準必須特許全体の累積ロイヤリティの上限を考慮している）

■23 医薬品・バイオの特許保護

問1：〇（10年以上の年月と1000億円以上の研究開発費をかけて開発される）

問2：〇（医薬用途特許という）

問3：〇（入手困難な微生物の発明は、寄託により第三者による発明の再現が可能となる）

問4：〇（ワトソンとクリックはDNAの二重らせん構造を発見した）

問5：〇（特許法67条2項・4項）

問6：〇（特許法69条1項）

問7：〇（医薬品、医薬部外品、化粧品、医療機器および再生医療等製品が規制対象）

問8：〇（先発医薬品の再審査終了後、後発医薬品の製造販売承認の申請が認められる）

■24 ソフトウエアの法的保護

問1：〇（1946年アメリカで発表された）

問2：×（ゲームソフトの無断コピーは、プログラムの著作物の複製権侵害）

問3：〇（プログラムの著作物として保護される）

問4：〇（特許法2条3項4号）

問5：〇（囲碁という領域に能力を発揮する特化型人工知能）

問6：〇（第一次ブームは探索と推論、機械学習は第三次ブームの中心技術）

問7：〇（自動的に学習して対応パターンを見つけることができる）

問8：〇（著作権法30条の4）

■25 意匠法とは

問1：〇（意匠法は意匠を保護する法律である）

問2：〇（部分意匠制度により可能である）

問3：〇（意匠法3条1項3号により、公知意匠に類似する意匠も新規性を欠く）

問4：×（図面によって権利範囲が特定される）

問5：×（秘密意匠制度の例外）

問6：〇（物品の類似と形状等の類似の両方が必要である）

問7：〇（用途・機能の共通性が検討される）

問8：×（利用にあたるとして侵害となる可能性がある）

■26 デザインの法的保護

問1：〇（商標法、著作権法、不正競争防止法などでも保護される）

問2：〇（応用美術も著作権法で保護される可能性がある）

問3：〇（物品にかかる意匠の意匠権侵害の成立には物品の同一または類似が前提とされる）

問4：〇（色の商標も商標法で保護される）

問5：〇（最高裁はタイプフェイスも一定要件を充たせば著作権法で保護されるとする）

問6：〇（ピクトグラムを著作物とした裁判例がある）

問7：〇（建築物は意匠法でも著作権法でも保護される可能性がある）

問8：〇（著作物として著作権法で保護される可能性がある）

■27 標識法とは

問1：〇（商標法は、出所識別機能を中心に保護する）

問2：〇（不正競争防止法および著作権法によっても保護されうる）

問3：〇（登録主義）

問4：〇（商品・役務の類似は要件ではない）

■28 商標とは

問1：〇（商標法2条1項柱書に「立体的形状」という文言がある）

問2：×（匂いを保護対象に含めることは見送られた）

問3：〇（商標法3条2項）

問4：〇（商標法4条1項10号）

問5：×（商品・役務の同一または類似が必要となる）

問6：×（III❷左図a〜cの場合に限られる）

問7：〇（Brother事件）

問8：×（隣接都道府県に及ぶ程度の地域で足りる）

■29 不正競争防止法における標識保護

問1：×（混同のおそれは2号の要件ではない）

問2：〇（BAO BAO ISSEY MIYAKE事件判決）

問3：〇（著名性）／問4：〇（南急事件判決など）

■30 不正競争防止法とは

問1：〇（このとおり）

問2：×（営業秘密に該当するデータは保護対象から除外されている）

問3：〇（不競法2条1項20号の品質等誤認表示に該当する）

問4：×（特許が無効となった場合、不競法2条1項21号の信用毀損に該当しうる）

■31 営業秘密

問1：〇（新日鐵住金事件、東芝事件など）

問2：〇（たとえば、秘密管理されていない会社の情報は営業秘密に該当しない）

問3：×（当該従業員が図利加害目的で使用、開示すれば、不競法2条1項7号の不正競争に該当する）

問4：〇（このとおり。国外犯処罰）

■32 パブリシティ権

問1：〇（人格説で理解しつつ、財産権モデルで理解する立場もありうる）

問2：×（パブリシティ権侵害には「専ら」顧客吸引力を利用する必要がある）

問3：×（氏名の顧客吸引力の利用でも、パブリシティ権侵害となりうる）

問4：×（物の有する顧客吸引力について、パブリシティ権は認められない。ギャロップレーサー事件判決）

索引

編者・執筆者紹介

【編者】
前田 健（まえだ・たけし）　17・18 担当
［現在］神戸大学大学院法学研究科教授
［略歴］東京大学大学院法学政治学研究科法曹養成専攻修了。主要著作として、『特許法における明細書による開示の役割』（商事法務・2012年）。

金子敏哉（かねこ・としや）　15・21 担当
［現在］明治大学法学部教授
［略歴］東京大学大学院法学政治学研究科総合法政専攻博士課程修了、博士（法学）。主要著作として、『しなやかな著作権制度に向けて―コンテンツと著作権法の役割』（共編著、信山社・2017年）。

青木大也（あおき・ひろや）　1・25 担当
［現在］大阪大学大学院法学研究科准教授
［略歴］東京大学大学院法学政治学研究科法曹養成専攻修了。主要著作として、「パロディ目的での著作物の利用に関する一考察―近時の欧米での議論を参考に」著作権研究 46号（2020年）。

【執筆者】※執筆順
山根崇邦（やまね・たかくに）　2・30・31 担当
［現在］同志社大学法学部教授
［略歴］北海道大学大学院法学研究科博士後期課程修了、博士（法学）。主要著作として、『知財のフロンティア1・2―学際的研究の現在と未来』（共編著、勁草書房・2021年）。

長谷川遼（はせがわ・りょう）　3・11 担当
［現在］立教大学法学部国際ビジネス法学科准教授
［略歴］東京大学大学院法学政治学研究科法曹養成専攻修了。主要著作として、「著作者人格権の保護法益について（一）」法学協会雑誌137巻9号（2020年）。

小島 立（こじま・りゅう）　4・13 担当
［現在］九州大学大学院法学研究院教授
［略歴］東京大学法学部卒業、ハーバード・ロースクール法学修士課程（LL.M.）修了。主要著作として、「地域資源の創出と利活用における知的財産法の役割についての基礎的考察」同志社大学知的財産法研究会編『知的財産法の挑戦II』（弘文堂・2020年）。

比良友佳理（ひら・ゆかり）　5 担当
［現在］京都教育大学教育学部講師
［略歴］北海道大学大学院法学研究科博士後期課程修了、博士（法学）。主要著作として、「著作権と表現の自由」論究ジュリスト34号（2020年）。

渕麻依子（ふち・まいこ）　6担当
［現在］神奈川大学法学部准教授
［略歴］東京大学法学部卒業、神戸大学大学院法学研究科博士課程後期課程修了、博士（法学）。主要著作として、「権利制限法理の歴史的展開―アメリカおよびコモンウェルスの議論を中心に」著作権研究46号（2020年）。

髙野慧太（たかの・けいた）　7・10・32 担当
［現在］中京大学法学部准教授
［略歴］神戸大学大学院法学研究科実務法律専攻修了、博士（法学）。主要著作として、「著作物の類似性要件における創作インセンティヴと市場代替性―日米の比較の観点から」同志社大学知的財産法研究会編『知的財産法の挑戦II』（弘文堂・2020年）。

平澤卓人（ひらさわ・たくと）　8 担当
［現在］福岡大学法学部講師
［略歴］北海道大学大学院法学研究科博士後期課程修了、博士（法学）。主要著作として、「拡大する商標保護と表現の自由の保障」田村善之＝山根崇邦編『知財のフロンティア　第1巻：学際的研究の現在と未来』（勁草書房・2021年）。

佐藤 豊（さとう・ゆたか）　9 担当
［現在］山形大学学術研究院准教授
［略歴］一橋大学大学院法学研究科博士後期課程単位取得満期退学。主要著作として、「情報へのアクセスに対する社会的障壁と著作権制度」障害法1号（2017年）。

澤田悠紀（さわだ・ゆき）　12 担当
［現在］高崎経済大学経済学部准教授
［略歴］東京大学法学部卒業、法学修士（ハーバード大学）。主要著作として、「応用美術の西欧史的考察―諸技術の統合あるいは『美の一体性理論』をめぐって」特許研究63号（2017年）。

谷川和幸（たにかわ・かずゆき）　14・16 担当
［現在］関西学院大学法学部教授
［略歴］京都大学大学院法学研究科法曹養成専攻修了。主要著作として、「発信者情報開示請求事件における著作権法解釈」NBL1172号（2020年）。

西井志織（にしい・しおり）　19 担当
［現在］名古屋大学大学院法学研究科教授
［略歴］東京大学大学院法学政治学研究科博士課程修了、博士（法学）。主要著作として、「特許発明の保護範囲の画定と出願経過（1）～（8・完）」法学協会雑誌130巻6号（2013年）～131巻3号（2014年）。

武生昌士（たけお・まさし）　20 担当
［現在］法政大学法学部教授
［略歴］東京大学大学院法学政治学研究科博士課程修了、博士（法学）。主要著作として、「英米特許法における先使用概念に関する一考察」日本工業所有権法学会年報38号（2015年）。

中山一郎（なかやま・いちろう）　22 担当
［現在］北海道大学大学院法学研究科教授
［略歴］東京大学法学部卒業、法学修士（ワシントン大学）、国際関係学修士（コロンビア大学）。主要著作として、「知的財産政策と新たな政策形成プロセス―『知的財産立国』に向けた10年余」知的財産法政策学研究46号（2015年）。

吉田悦子（よしだ・えつこ）　23・24 担当
［現在］大阪工業大学知的財産学部准教授
［略歴］大阪大学大学院法学研究科博士後期課程単位取得退学。主要著作として、「発明者の認定―動態管理システム事件」髙部眞規子裁判官退官記念『知的財産権訴訟の煌めき』（きんざい・2021年）。

麻生 典（あそう・つかさ）　26 担当
［現在］九州大学大学院芸術工学研究院准教授
［略歴］慶應義塾大学大学院法学研究科民事法学専攻後期博士課程単位取得退学、博士（法学）。主要著作として、『デザイン保護法制の現状と課題―法学と創作の視点から』（共編著、日本評論社・2016年）。

小嶋崇弘（こじま・たかひろ）　27・28・29 担当
［現在］駒澤大学法学部准教授
［略歴］北海道大学大学院法学研究科博士後期課程修了、博士（法学）。主要著作として、「標識法における機能性法理」田村善之編著『知財とパブリック・ドメイン　第3巻：不正競争防止法・商標法篇』（勁草書房・2023年）。

図録 知的財産法

2021（令和3）年 2 月 28 日　初版1刷発行
2023（令和5）年 6 月 30 日　同 3刷発行

編　者　前田健・金子敏哉・青木大也

発行者　鯉渕　友南

発行所　株式会社 弘文堂　　101-0062　東京都千代田区神田駿河台1の7
　　　　　　　　　　　　　　TEL 03(3294)4801　　振 替 00120-6-53909
　　　　　　　　　　　　　　https://www.koubundou.co.jp

デザイン・イラスト　宇佐美純子
印　刷　三陽社
製　本　井上製本所

ISBN978-4-335-35858-6